Cómo hacer grandes cosas

Bent Flyvbjerg
y Dan Gardner

Cómo hacer
grandes cosas

Los sorprendentes factores que marcan el destino
de cualquier proyecto desde la reforma
de una casa hasta la exploración
espacial y todo lo imaginable

Traducción de Joaquín Chamorro Mielke

Papel certificado por el Forest Stewardship Council®

Título original: *How Big Things Get Done*

Primera edición: junio de 2023

© 2023, Connaught Street Inc. y Bent Flyvbjerg
Publicado en Estados Unidos por Currency,
un sello de Random House, y división de Penguin Random House LLC, Nueva York.
Representado en España por Carmen Balcells Agency, S. A.
© 2023, Penguin Random House Grupo Editorial, S. A. U.
Travessera de Gràcia, 47-49. 08021 Barcelona
© 2023, Joaquín Chamorro Mielke, por la traducción

Printed in Spain – Impreso en España

ISBN: 978-84-666-7424-9
Depósito legal: B-7.882-2023

Compuesto en Llibresimes, S. L.

Impreso en Rodesa
Villatuerta (Navarra)

BS 7 4 2 4 9

A Carissa, con admiración y gratitud

Índice

Introducción

El sueño californiano

¿De qué manera una visión da origen a un plan que se materializa en una nueva realidad triunfante?

Permítame el lector que le cuente una historia. Es posible que haya oído hablar de ella, sobre todo si vive en California. Si es así, está pagando por ella.

En 2008 se pidió a los votantes del Estado Dorado que se imaginaran en la Union Station del centro de Los Ángeles a bordo de un lustroso tren plateado. El tren sale de la estación y se desliza silenciosamente a través de la dispersión urbana y los interminables atascos de tráfico y acelera al entrar en los espacios abiertos del Valle Central hasta atravesar el campo a toda velocidad. Se sirve el desayuno. Para cuando los empleados recogen las tazas de café y los platos, el tren aminora la marcha y se desliza hacia otra estación. Es el centro de San Francisco. Todo el viaje ha durado dos horas y media, no mucho más de lo que tardaría un angelino medio en conducir hasta el aeropuerto, pasar el control de seguridad y subir a un avión que hará cola en la pista esperando la salida. El coste del billete de tren era de 86 dólares.

El proyecto se llamaba Tren de Alta Velocidad de California. Conectaría dos de las grandes ciudades del mundo junto con Silicon Valley, la capital mundial de la alta tecnología. Palabras como «visionario» se utilizan con demasiada largueza, pero esto sí que era visionario. Y con un coste total de 33.000 millones de dólares estaría en marcha en 2020.[1] Los californianos lo aprobaron en un referéndum estatal. Y comenzaron las obras.

Mientras escribo esto, ya han transcurrido catorce años. Gran parte del proyecto sigue siendo incierto, pero podemos estar seguros de que el resultado final no será el prometido.

Después aprobar los votantes el proyecto, se iniciaron las obras en varios puntos del trazado, pero el proyecto sufrió constantes retrasos. Los planes cambiaron repetidamente. Las estimaciones de los costes se dispararon hasta 43.000 millones, 68.000 millones, 77.000 millones y casi 83.000 millones de dólares. Mientras escribo esto, la estimación actual más alta es de 100.000 millones de dólares.[2] Pero lo cierto es que nadie sabe cuál será el coste final.

En 2019, el gobernador de California anunció que el estado completaría solo una parte del trazado: el tramo de 171 millas (275 km) entre las ciudades de Merced y Bakersfield, en el Valle Central de California, con un coste estimado de 23.000 millones de dólares. Pero cuando se complete ese tramo interior, el proyecto se detendrá. Dependerá de algún futuro gobernador decidir si se vuelve a lanzar el proyecto y, en caso afirmativo, averiguar cómo conseguir los aproximadamente 80.000 millones de dólares —o las cifras que sean por entonces— para ampliar las vías y conectar finalmente Los Ángeles y San Francisco.[3]

Para hacernos una idea, consideremos que el coste de la línea entre solo Merced y Bakersfield es igual o superior al producto interior bruto anual de Honduras, Islandia y unos cien países más. Y con ese dinero se construirá la línea ferroviaria más sofisticada de Norteamérica entre dos ciudades de las que la mayoría de la gente de fuera de California nunca ha oído hablar. Será —como dicen los críticos— el «tren bala a ninguna parte».

¿Cómo se traducen las visiones en planes que dan lugar a proyectos de éxito? No como se ha hecho en California. Una visión ambiciosa es algo magnífico. California fue audaz. Soñó a lo grande. Pero, aun con dinero en abundancia, una visión no es suficiente.

Permítame el lector contar otra historia. Esta es desconocida, pero creo que nos acerca a las respuestas que necesitamos.

A comienzos de la década de 1990, unos funcionarios daneses tuvieron una idea. Dinamarca es un país pequeño con una población inferior a la de Nueva York, pero es rico, dona mucho dinero en ayuda exterior y quiere que se emplee bien. Pocas cosas hacen tan bien como la educación. Los funcionarios daneses se reunieron con colegas de otros gobiernos y acordaron financiar un sistema escolar para la nación himalaya de Nepal. Se construirían veinte mil escuelas y aulas, la mayoría en las regiones más pobres y remotas. Las obras comenzarían en 1992 y durarían veinte años.[4]

La historia de la ayuda exterior está plagada de despilfarros, y el proyecto podría haber terminado fácilmente en un caos. Sin embargo, se concluyó conforme al presupuesto en 2004, ocho años antes de lo previsto. En los años siguientes, los niveles educativos aumentaron en todo el país, con una larga lista de resultados positivos, en particular un incremento del número de niñas en las aulas. Las escuelas incluso salvaron vidas: cuando un gran terremoto sacudió Nepal en 2015, murieron casi nueve mil personas, muchas de ellas aplastadas por el derrumbe de edificios. Pero las escuelas habían sido diseñadas desde el principio a prueba de terremotos y se mantuvieron en pie. Hoy, la Fundación Bill y Melinda Gates utiliza el proyecto como ejemplo de cómo mejorar la salud aumentando la matriculación en las escuelas, sobre todo de las niñas.[5]

Yo era el planificador de ese proyecto.[6] En aquel entonces estaba satisfecho de cómo había salido todo, pero no pensé mucho en ello. Era mi primer gran proyecto y, al fin y al cabo, solo hicimos lo que habíamos dicho que haríamos: traducir una visión en un plan que se llevó a cabo según lo prometido.

Sin embargo, además de planificador, soy académico, y cuanto más estudiaba cómo se llevan a cabo —o fracasan— grandes proyectos, tanto más comprendía que mi experiencia en Nepal no fue normal. De hecho, no fue ni remotamente normal. Como veremos, los datos demuestran que los grandes proyectos que cumplen lo prometido son raros. Lo normal se parece mucho más al tren de alta velocidad de California. La práctica usual es un desastre, y la mejor práctica un caso atípico, como señalaría más tarde en mis descubrimientos sobre la gestión de megaproyectos.[7]

¿Por qué es tan malo el historial de los grandes proyectos? Y lo que es aún más importante, ¿qué ocurre en las raras y tentadoras excepciones? ¿Por qué alcanzan el éxito donde tantos otros fracasan? ¿Tuvimos suerte con las escuelas en Nepal? ¿Podríamos volver a hacerlo? Como profesor de planificación y gestión, he pasado muchos años respondiendo a esas preguntas. Como consultor, he pasado muchos años poniendo en práctica mis respuestas. En este libro las pongo por escrito.

Mi trabajo se centra en los *megaproyectos* —proyectos *muy* grandes— y muchas cosas de esa categoría son especiales. Navegar por la política nacional y los mercados mundiales de bonos, por ejemplo, no es algo con lo que tenga que lidiar el remodelador medio de viviendas. Pero esas cosas son para otro libro. Lo que aquí me interesa son los propulsores del fracaso y del éxito en los proyectos, que son universales. Esto explica el título: *Cómo hacer grandes cosas*, que es una alusión a mi experiencia en megaproyectos, proyectos que son grandes para los estándares de cualquiera. Pero «grande» es relativo. Para los propietarios medios de viviendas, la remodelación de una casa puede ser fácilmente uno de los proyectos más caros, complejos y desafiantes que afronten en su vida. Hacerlo bien significa para ellos tanto o más como el destino de los megaproyectos para las empresas y los gobiernos. Es de todo punto una «gran cosa».

Entonces ¿cuáles son los propulsores universales que marcan la diferencia entre el éxito y el fracaso?

Psicología y poder

Uno de los propulsores es la psicología. En cualquier gran proyecto —es decir, un proyecto que los responsables consideren grande, complejo, ambicioso y arriesgado— la gente piensa, emite juicios y toma decisiones. Y allí donde hay pensamiento, juicio y decisiones, entra en juego la psicología; por ejemplo, bajo la forma del optimismo.

Otro propulsor es el poder. En cualquier gran proyecto, las personas y las organizaciones compiten por los recursos y tratan de sacar ventaja. Donde hay competencia y pugna, hay poder; por ejemplo, el de un CEO o el de un político que fuerza a aceptar su proyecto favorito.

La psicología y el poder impulsan proyectos a todas las escalas, desde rascacielos hasta reformas de cocinas. Están presentes en proyectos ejecutados con ladrillos y cemento, bits y bytes, o cualquier otra cosa. Se encuentran siempre que a alguien le entusiasma una visión, quiere convertirla en un plan y hacer que ese plan se haga realidad: da lo mismo si la visión es colocar otra joya arquitectónica en el horizonte de Manhattan o crear un nuevo negocio, ir a Marte, inventar un nuevo producto, cambiar una organización, diseñar un programa, convocar una conferencia, escribir un libro, celebrar una boda familiar o renovar y transformar una vivienda.

Con los impulsores universales en funcionamiento, podemos esperar que haya patrones en la forma en que se desarrollan proyectos de todo tipo. Y los hay. El más común viene perfectamente ilustrado por el tren bala a ninguna parte de California.

El proyecto fue aprobado y los trabajos comenzaron en un arrebato de entusiasmo. Pero pronto proliferaron los problemas. El progreso se desaceleró. Surgieron más problemas. Las cosas se ralentizaron aún más. El proyecto se alargó y alargó. Llamo a este patrón «pensar rápido y actuar despacio» por razones que explicaré más adelante. Es un sello distintivo de los proyectos fracasados.

Los proyectos coronados por el éxito, en cambio, suelen seguir el patrón opuesto y avanzan rápidamente hasta la línea de meta. Así es como se desarrolló el proyecto de las escuelas de Nepal. También lo hizo la presa Hoover, que se terminó por debajo del presupuesto en menos de cinco años, dos antes de lo previsto.[8] Boeing tardó veintiocho meses en diseñar y construir el primero de sus icónicos 747.[9] Apple contrató al primer empleado para trabajar en lo que se convertiría en el legendario iPod a finales de enero de 2001, el proyecto se aprobó formalmente en marzo de 2001 y el primer iPod se envió a los clientes en noviembre de 2001.[10] Amazon Prime, el programa online de afiliación y envío gratuito de artículos por minoristas, de tan enorme éxito, pasó de ser una vaga idea a un anuncio público entre octubre de 2004 y febrero de 2005.[11] La primera aplicación de mensajes de texto SMS se desarrolló en solo unas semanas.

También hemos de incluir aquí el Empire State Building.

Una historia de éxito en Nueva York

La visión que dio origen al que posiblemente sea el rascacielos más legendario del mundo empezó con un lápiz. Quién sostuviera el lápiz depende de la versión de la historia en la que creamos. En una de ellas fue el arquitecto William Lamb. En otra, fue John J. Raskob, un mago de las finanzas y antiguo ejecutivo de General Motors. En cualquiera de las dos, alguien tomó un lápiz de un escritorio y lo sostuvo en vertical con la punta hacia arriba. Es lo que sería el Empire State: esbelto, recto y extendiéndose más alto hacia el cielo que cualquier otro edificio del planeta.[12]

La idea de erigir una torre la tuvo probablemente Al Smith a principios de 1929. Neoyorquino de toda la vida y exgobernador de Nueva York, Smith había sido el candidato presidencial demócrata en las elecciones de 1928. Como la mayoría de los neoyorquinos, Smith se oponía a la Ley Seca. La mayoría de los estadounidenses no estaban de acuerdo y Smith perdió frente a Herbert Hoover. Desempleado, Smith necesitaba un nuevo reto. Llevó su idea a John Jakob Raskob y ambos fundaron Empire State Inc., con Smith como presidente y rostro de la corporación y Raskob como su inversor. Decidieron una ubicación —el emplazamiento del hotel Waldorf-Astoria original, que en su día fue la cúspide del lujo en Manhattan—, establecieron los parámetros del proyecto y desarrollaron el plan financiero. Fijaron el presupuesto total, que incluía la compra y demolición del Waldorf-Astoria, en cincuenta millones de dólares (820 millones en dólares de 2021), y programaron la gran inauguración para el 1 de mayo de 1931. Contrataron al estudio de William F. Lamb. Alguien tomó un lápiz. A partir de ese momento tenían dieciocho meses para pasar del primer boceto al último remache.

Se movieron con rapidez, pues el momento era propicio. A finales de la década de 1920, Nueva York había superado a Londres como metrópoli más poblada del mundo, el jazz estaba de moda, las acciones se disparaban, la economía estaba en auge y se levantaban rascacielos —emocionante nuevo símbolo de la próspera América de la Era de la Máquina— por todo Manhattan. Los financieros buscaban nuevos proyectos que respaldar, cuanto más ambiciosos mejor. El edificio Chrysler pronto sería el más alto de los titanes, cosechando todo el prestigio y los ingresos por alquiler que acompañaban al nombre. Raskob, Smith y Lamb estaban decididos a que su lápiz los superara a todos.

En la planificación el edificio, el método de Lamb era sobremanera práctico. «Los días en que [el arquitecto] podía sentarse ante su tablero de dibujo y hacer para sí mismo bonitos bocetos de monumentos decididamente antieconómicos han pasado —escribió en enero de 1931—. Su desdén hacia las cosas "prácticas" ha sido sustituido por el propósito más serio de hacer de las necesidades prácticas el armazón sobre el que modela la forma de su idea».

Trabajando en estrecha colaboración con los constructores e

ingenieros del proyecto, Lamb desarrolló diseños conformes con el emplazamiento y la necesidad de ajustarse al presupuesto y al calendario. «La adaptación del diseño a las condiciones de uso, construcción y rapidez de ejecución ha ido por delante durante todo el desarrollo de los planos del Empire State», escribió. Los diseños se probaron rigurosamente para garantizar su idoneidad. «Apenas se admitió un detalle que los constructores y sus expertos no hubieran analizado a fondo y ajustado y modificado para hacer frente a todos los retrasos previstos».[13]

En una publicación de 1931, la corporación se jactaba de que, antes de que se hubiera realizado ningún trabajo en la construcción, «los arquitectos sabían exactamente cuántas vigas y de qué longitudes, incluso cuántos remaches y pernos se necesitarían. Sabían cuántas ventanas tendría el Empire State, cuántos bloques de piedra caliza y de qué formas y tamaños, cuántas toneladas de aluminio y acero inoxidable, y cuántas de cemento y de mortero. Antes de empezar su construcción, el Empire State estaba totalmente terminado sobre el papel».[14]

La primera excavadora a vapor clavó sus garras en la tierra de Manhattan el 17 de marzo de 1930. Más de tres mil trabajadores pululaban por el lugar, y la construcción avanzó rápidamente. Se empezó levantando primero el esqueleto de acero para, a continuación, dejar terminada la primera planta. Luego la segunda, la tercera, la cuarta... Los periódicos informaban sobre el ascenso del rascacielos como si se tratara del camino por las eliminatorias de los New York Yankees.

A medida que los trabajadores aprendían y los procesos eran más fluidos, el progreso se aceleraba. Se levantaban tres plantas en una semana. Luego cuatro, cuatro y media... En el punto culminante de la construcción, el ritmo llegó a ser de una planta al día. Y un poco más.[15] Richmond Shreve, socio de Lamb, lo recordaba así: «Cuando estábamos a pleno rendimiento erigiendo la torre principal, las cosas funcionaban con tal precisión que una vez levantamos catorce plantas y media en diez días laborables: acero, hormigón, piedra y todo».[16] Era una época en que la gente se maravillaba de la eficacia de las fábricas que producían coches en serie, y los diseñadores del Empire State se inspiraron imaginando su proceso como una cadena de montaje vertical, excepto que en este caso «la cadena de montaje se movía», explicaba Shreve, mientras que «el producto acabado permanecía en su sitio».[17]

Cuando el Empire State Building fue inaugurado oficialmente por el presidente Herbert Hoover —exactamente como estaba previsto, el 1 de mayo de 1931— ya era una celebridad local y nacional. Su altura era sobrecogedora. La eficiencia de su construcción fue legendaria. Y aunque la practicidad había sido lo primero en la mente de Lamb, el edificio era indudablemente bello. El afán de Lamb por la eficiencia había creado un diseño esbelto y elegante, y la división neoyorquina del Instituto Estadounidense de Arquitectos le concedió la Medalla de Honor de 1931.[18] Luego, en 1933, King Kong subió al edificio en la gran pantalla mientras agarraba a la glamurosa Fay Wray, y el Empire State se convirtió en una estrella mundial.

Se había estimado que el Empire State Building costaría cincuenta millones de dólares. Acabó costando cuarenta y un millones (679 millones de dólares en 2021). Esto es un 17 por ciento por debajo del presupuesto, o 141 millones de dólares en 2021. La construcción finalizó varias semanas antes de la ceremonia de inauguración.

Para el patrón seguido en el Empire State Building y otros proyectos de éxito tengo estas palabras: «Piensa despacio, actúa rápido».

Al principio me preguntaba cómo se traduce una visión en un plan que se materializa en una nueva realidad triunfante. Como veremos, la respuesta es pensar despacio y actuar con rapidez.

1

Piensa despacio, actúa rápido

El historial de los grandes proyectos es peor de lo que parece.
Pero hay una solución: acelerar ralentizando.

Dinamarca es una península con islas diseminadas a lo largo de su costa oriental. Por ello, los daneses llegaron a ser, hace mucho tiempo, expertos en el manejo de transbordadores y la construcción de puentes. No fue así ninguna sorpresa que, a finales de la década de 1980, el gobierno anunciara el proyecto del Gran Cinturón. Este comprendía dos puentes, uno de los cuales sería el puente colgante más largo del mundo, para conectar dos de las islas más grandes, incluida la que incluye la ciudad de Copenhague. También habría un túnel submarino para trenes —el segundo más largo de Europa—, que construiría un contratista dirigido por daneses. Esto era de interés, porque los daneses tenían poca experiencia en la perforación de túneles. Vi el anuncio en las noticias con mi padre, que trabajaba en la construcción de puentes y túneles. «Mala idea —refunfuñó—. Si yo tuviera que abrir un agujero tan grande, contrataría a alguien que lo hubiera hecho antes».

Las cosas fueron mal desde el principio. Primero hubo un retraso de un año en la entrega de cuatro tuneladoras gigantes. Luego, en cuanto las máquinas estuvieron sobre el terreno, resultaron ser defectuosas y hubo que rediseñarlas, lo que retrasó los trabajos cinco meses más. Finalmente, las grandes máquinas empezaron a abrirse paso lentamente bajo el lecho marino.

Arriba, los constructores del puente trajeron una enorme draga oceánica para preparar la obra.[1] Para hacer su trabajo, la draga se estabilizó bajando unas gigantescas patas de apoyo al fondo marino. Una vez terminada esta labor, las patas se levantaron, dejando profundos agujeros. Accidentalmente, uno de los agujeros resultó estar en la trayectoria proyectada del túnel. Ni los constructores del puente ni los encargados del túnel vieron el peligro.

Un día, tras unas semanas de perforación, una de las cuatro máquinas se detuvo para permitir tareas de mantenimiento. Se encontraba a unos 250 metros dentro del mar y a unos 10 metros bajo el lecho marino. El agua se filtraba en la zona de mantenimiento situada frente a la máquina, y un contratista poco familiarizado con la excavación de túneles conectó una bomba para extraer el agua. Los cables de la bomba se arrastraron hasta la tuneladora a través de una boca de inspección. De repente, el agua empezó a entrar a una velocidad que indicaba una brecha en el túnel. La evacuación fue inmediata, sin tiempo para retirar la bomba y los cables y cerrar la boca. La máquina y el túnel entero se inundaron. También un túnel paralelo y la máquina perforadora que tenía dentro.

Por suerte, nadie resultó herido ni murió. Pero el agua salada del túnel fue como un ácido para el metal y los componentes electrónicos. Los ingenieros del proyecto me dijeron en aquel momento que sería más barato abandonar el túnel y empezar de nuevo que sacar las perforadoras, drenar el túnel y repararlo. Pero los políticos no les hicieron caso, porque un túnel abandonado sería demasiado bochornoso. Inevitablemente, todo el proyecto se retrasó mucho y su coste quedó muy por encima del presupuesto.

Esta historia no es tan inusual. Hay muchas más como ella en los anales de los grandes proyectos. Pero fue ese el que me movió a iniciar un gran proyecto propio: una base de datos de grandes proyectos. Sigue creciendo. De hecho, ahora es la mayor del mundo en su género.

Y tiene mucho que enseñarnos sobre lo que funciona, lo que no funciona y cómo hacer mejor las cosas.

Números honestos

Tras el accidente, la recuperación y la finalización de los puentes y el túnel del Gran Cinturón, todo el mundo estuvo de acuerdo en que el proyecto había rebasado mucho el presupuesto. Pero ¿en cuánto? La dirección dijo que en un 29 por ciento para todo el proyecto. Indagué en los datos, hice mi propio análisis y descubrí que su cifra era, digamos, optimista. El rebasamiento real fue del 55 por ciento, y del 120 solo para el túnel (en porcentajes reales, medidos a partir de la decisión final de inversión). Aun así, la dirección siguió repitiendo su cifra en público y yo seguí corrigiéndola, hasta que hicieron una encuesta de opinión pública que demostró que el público se ponía de mi parte. Entonces se rindieron. Más tarde, una auditoría nacional oficial confirmó mis cifras y el caso quedó cerrado.[2]

Esta experiencia me enseñó que la gestión de megaproyectos puede no ser un campo de lo que Walter Williams, profesor de Asuntos Públicos de la Universidad de Washington, llamó «números honestos».[3] Por muy sencillo que debería ser en teoría juzgar los proyectos, en la práctica es cualquier cosa menos eso. En todo gran proyecto hay avalanchas de números generados en diferentes fases por distintas partes. Encontrar los correctos —los que son válidos y fiables— requiere habilidad y trabajo. Incluso los académicos entrenados se equivocan.[4] Y no ayuda el que los grandes proyectos impliquen dinero, reputaciones y política. Los que tienen mucho que perder darán vueltas a los números para que no se pueda confiar en ellos. Esto no es fraude. O mejor dicho, no suele ser fraude; es la naturaleza humana. Y con tantos números para elegir, darles vueltas es mucho más fácil que encontrar la verdad.

Es un problema bien serio. A los proyectos se les promete que estarán terminados en un plazo determinado, con un coste determinado y con ciertos beneficios resultantes, beneficios que son cosas como ingresos, ahorros, pasajeros trasladados o megavatios de electricidad generada. Entonces ¿con qué frecuencia los proyectos cumplen lo prometido? Esa es la pregunta más directa que uno puede hacerse. Pero cuando empecé a indagar en la década de 1990, me quedé atónito al descubrir que nadie podía responderla. Sencillamente, no se habían recopilado ni analizado los datos. Eso no tenía sentido cuando se habían gastado *billones* de dólares en los gigantescos proyectos que cada vez más se denominan megaproyectos: proyectos con presupuestos superiores a mil millones de dólares.

Nuestra base de datos empezó con proyectos de transporte: el túnel Holland de Nueva York; el sistema BART de San Francisco; el túnel del Canal de la Mancha en Europa; puentes, túneles, autopistas y ferrocarriles construidos a lo largo del siglo xx. Tardé cinco años, pero con mi equipo conseguí introducir 258 proyectos en la base de datos, lo que la convirtió en la mayor de su clase en aquel momento.[5] Cuando por fin empezamos a publicar los números en 2002, estos causaron sensación, porque no se había hecho nada parecido con anterioridad.[6] Además, la imagen que daban no era buena.

«Las estimaciones de los proyectos realizados entre 1910 y 1998 se quedaron cortas respecto a los costes finales en una media del 28 por ciento —según *The New York Times* en un resumen de nuestros hallazgos—. Los mayores errores se produjeron en los proyectos ferroviarios, que se quedaron, de media, un 45 por ciento por encima de los costes estimados [en dólares ajustados a la inflación]. Los puentes y túneles estaban un 34 por ciento por encima; las carreteras, un 20 por ciento. Nueve de cada diez estimaciones eran bajas, según el estudio».[7] Los resultados en cuanto al tiempo y los beneficios fueron similarmente malos.

Y estas son lecturas conservadoras de los datos. Medidos de otro modo —desde una fecha anterior e incluyendo la inflación— los números son *mucho* peores.[8]

La consultoría global McKinsey se puso en contacto conmigo y me propuso que hiciéramos una investigación conjunta. Sus investigadores habían empezado a analizar importantes proyectos de tecnología de la información —el mayor de los cuales costó más de diez mil millones de dólares—, y sus números preliminares eran tan desalentadores que indicaban que haría falta una gran mejora para que los proyectos de tecnología de la información alcanzaran el nivel de horror de los proyectos de transporte. Me eché a reír. Parecía imposible que la TI pudiera ser tan mala. Pero trabajé con McKinsey y, efectivamente, descubrimos que los desastres de la TI eran incluso mayores que los del transporte. Pero, por lo demás, era una historia muy similar de sobrecostes, retrasos en los plazos y déficit de beneficios.[9]

Aquello era alarmante. Pensemos en un puente o un túnel. Y ahora imaginemos la *website* HealthCare.gov del gobierno estadounidense, que era un desastre cuando se abrió por primera vez como portal de inscripción en el «Obamacare». O imaginemos el sistema de información que utiliza el Servicio Nacional de Salud del Reino Unido. Estos proyectos informáticos están hechos de códigos, no de acero y hormigón. Parecerían ser diferentes de las infraestructuras de transporte en todos los aspectos posibles. Entonces ¿por qué sus resultados son estadísticamente tan similares, con sobrecostes y sobreplazos constantes y déficit de beneficios?

Dirigimos nuestra investigación hacia megaeventos como los Juegos Olímpicos y obtuvimos el mismo resultado. ¿Grandes presas? Lo mismo. ¿Cohetes? ¿Defensa? ¿Energía nuclear? Otro tanto. ¿Proyectos de petróleo y gas? ¿Minería? Lo mismo de siempre. Incluso algo tan común como la construcción de museos, salas de conciertos y rascacielos encajaba en el patrón. Me quedé estupefacto.[10]

Y el problema no se limitaba a ningún país o región; en todo el mundo encontramos el mismo patrón.[11] Los muy eficientes alemanes tienen algunos ejemplos notables de hinchazón y despilfarro, como el nuevo aeropuerto de Brandemburgo en Berlín, que sufrió años de retraso y costó miles de millones de euros por encima del presupuesto, y además estuvo al borde de la quiebra solo un año después de su inauguración en octubre de 2020.[12]

Incluso Suiza, la nación de los relojes precisos y los trenes puntuales, tiene su ración de proyectos embarazosos; por ejemplo, el túnel de base de Lötschberg, que se terminó tarde y con un sobrecoste del cien por cien.

Por encima del presupuesto y por encima del plazo una y otra vez

El patrón era tan claro que empecé a llamarlo la «ley de hierro de los megaproyectos»: *Por encima del presupuesto, por encima del plazo y por debajo de los beneficios, una y otra vez*.[13]

La ley de hierro no es una «ley» como en la física newtoniana, es decir, algo que produce invariablemente el mismo resultado. Estudia a las personas. En las ciencias sociales, las «leyes» son probabilísticas (también lo son en las ciencias naturales, pero Isaac Newton no prestó mucha atención a eso). Y la probabilidad de que cualquier gran proyecto reviente su presupuesto y su calendario y produzca beneficios decepcionantes es muy alta y muy esperable.

La base de datos, que empezó con 258 proyectos, contiene ahora más de 16.000 proyectos de más de 20 campos diferentes en 136 países de todos los continentes excepto la Antártida, y sigue creciendo. Hay algunas deformidades recientes e importantes en los números que comentaré más adelante, pero la historia general sigue siendo la misma: en total, solo el 8,5 por ciento de los proyectos dan en el blanco tanto en costes como en tiempo. Y un minúsculo 0,5 por ciento da en el clavo en costes, tiempo y beneficios. O, dicho de otro modo: el 91,5 por ciento de los proyectos se salen del presupuesto, del calendario o de ambos. Y el 99,5 por ciento de los proyectos exceden el presupuesto, o alargan el calendario, o reducen los beneficios o combinan las tres cosas. Hacer lo que se dijo que se haría debería ser algo rutinario, o al menos habitual. Pero casi nunca sucede.

Gráficamente, la ley de hierro tiene este aspecto:

LA LEY DE HIERRO DE LA GESTIÓN DE PROYECTOS:

«Por encima del presupuesto, por encima del plazo y por debajo de los beneficios, una y otra vez»

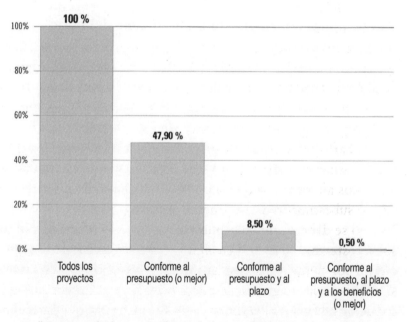

Es bien revelador que el 0,5 por ciento de los proyectos que se ajustan al presupuesto, al plazo y a los beneficios sean casi invisibles a simple vista. Es difícil exagerar lo malo que es este historial. Para cualquiera que contemple un gran proyecto, es francamente deprimente. Pero por sombrías que sean estas cifras, no cuentan toda la verdad, que es *mucho* peor.

Sé por experiencia que la mayoría de las personas son conscientes de que los sobrecostes y las demoras son habituales. No saben *hasta qué punto* son comunes —suelen sorprenderse cuando les muestro mis cifras— pero conocen perfectamente que, si dirigen un gran proyecto, deben considerar los excesos, en particular el de los costes, y protegerse contra ellos. La forma obvia de hacerlo es incorporar un colchón al presupuesto. Uno espera que no haga falta, pero estará cubierto por si acaso. ¿De qué tamaño debe ser ese colchón? Normalmente, la gente lo fija en un 10 o un 15 por ciento.

Pero supongamos que una persona inusualmente precavida está planificando la construcción de un gran edificio. Establece un colchón del 20 por ciento en el presupuesto y piensa que ya está bien protegida. Pero entonces se topa con mi investigación y descubre que el sobrecoste medio real de un importante proyecto de construcción es del 62 por ciento. Sería desalentador. También puede serlo la paralización de un proyecto. Pero supongamos que un rarísimo planificador consigue que sus financiadores cubran ese riesgo y sigue adelante con el proyecto. Ahora tiene un extraordinario colchón del 62 por ciento incorporado a su presupuesto. En el mundo real, eso casi nunca ocurre. Pero es uno de los pocos afortunados. ¿Está por fin protegido? No. De hecho, aún ha subestimado drásticamente el peligro.

Eso se debe a que ha supuesto que, si se ve afectado por un sobrecoste, este se situará en algún punto alrededor de la media, o el 62 por ciento. ¿Por qué ha supuesto eso? Porque sería cierto si los sobrecostes siguieran lo que los estadísticos llaman una «distribución normal». Es la famosa curva en campana, que parece una campana en su representación gráfica. Gran parte de la estadística se basa en las curvas en campana —muestreo, medias, desviaciones estándares, ley de los grandes números, regresión a la media, pruebas estadísticas— y estas se han filtrado en la cultura y el imaginario popular, donde encajan bien en la forma en que intuitivamente entendemos el riesgo. En una distribución normal, los resultados se agrupan abrumadoramente en el centro y hay muy pocas o ninguna observación apreciable en ninguno de los extremos, las llamadas colas de distribución. Por lo tanto, se dice que estas colas son *delgadas*.

La estatura se distribuye de esta forma considerada normal. Dependiendo de dónde vivan, la mayoría de los varones adultos miden alrededor de 1,75 metros, y la persona más alta del mundo solo es 1,6 veces más alta.[14]

Pero la distribución «normal» no es el único tipo de distribución que existe, ni siquiera el más común. Por tanto, no es normal en el sentido propio de la palabra. Existen otras distribuciones que se denominan de «colas gruesas» porque, en comparación con las distribuciones normales, contienen resultados mucho más extremos en sus colas.

La riqueza, por ejemplo, tiene cola gruesa. En el momento de escribir estas líneas, la persona más rica del mundo es 3.134.707 veces más rica que la persona media. Si la estatura humana siguiera la misma distribución que la riqueza humana, la persona más alta del mundo no sería 1,6 veces más alta que la persona media, sino que mediría 5.329 kilómetros, lo que significa que su cabeza estaría trece veces más lejos en el espacio exterior que la Estación Espacial Internacional.[15]

La cuestión crítica es entonces la siguiente: ¿los resultados de los proyectos se distribuyen «normalmente» o tienen colas gruesas? Mi base de datos reveló que los proyectos de tecnología de la información tienen colas gruesas. Para ilustrarlo, diré que el 18 por ciento de los proyectos de tecnología de la información tienen sobrecostes superiores al 50 por ciento en términos reales. Y para estos proyectos, ¡el sobrecoste medio es del 447 por ciento! Tal es la media en la cola, lo que significa que muchos proyectos de TI tienen en la cola sobrecostes aún mayores que esa media. La tecnología de la información tiene *auténticas* colas gruesas.[16] También los proyectos de almacenamiento nuclear. Y los Juegos Olímpicos. Y las centrales nucleares. Y las grandes presas hidroeléctricas. Y lo mismo los aeropuertos, los proyectos de defensa, los grandes edificios, los proyectos aeroespaciales, los túneles, los proyectos mineros, el ferrocarril de alta velocidad, el ferrocarril urbano, el ferrocarril convencional, los puentes, los proyectos petrolíferos, los proyectos gasísticos y los proyectos hídricos. (Véase el Apéndice A).

De hecho, la mayoría de los tipos de proyectos tienen colas gruesas. Cómo de «gruesas» son sus colas —cuántos proyectos caen en los extremos y cómo de extremos son esos extremos— varía. Los he citado por orden, de los de colas más gruesas a los de colas menos gruesas (pero aun así gruesas) —o, si se prefiere, del más expuesto a tremendos sobrecostes al menos expuesto (pero, aun así, muy expuesto).[17]

Con todo, hay algunos tipos de proyectos que no tienen colas gruesas. Esto es importante, y en el último capítulo explicaré por qué y cómo podemos sacar partido de este hecho.

Pero, por ahora, la lección es sencilla, clara y alarmante: la mayoría de los grandes proyectos no solo corren el riesgo de no cumplir lo prometido. Tampoco corren solo el riesgo de salir francamente mal. Corren el riesgo de salir desastrosamente mal porque su riesgo es de colas gruesas. En este contexto, es interesante observar que la literatura sobre gestión de proyectos ignora casi por completo el estudio sistemático del riesgo de las colas gruesas en los proyectos.

¿Qué aspecto tienen los resultados de colas gruesas? El «Big Dig» de Boston —la sustitución de una autopista elevada por un túnel, cuya construcción comenzó en 1991— puso a la ciudad en apuros durante dieciséis años y costó más del *triple* de lo que se había previsto. El telescopio espacial James Webb de la NASA, que ahora se encuentra a casi 1.600.000 kilómetros de la Tierra, se preveía que tardara doce años en terminarse, pero necesitó diecinueve, y su coste final de 8.800 millones de dólares rebasó el presupuesto en un astronómico —discúlpenme— 450 por ciento. El registro de armas de fuego de Canadá, un proyecto informático, superó el presupuesto en un 590 por ciento. Y luego tenemos el edificio del Parlamento de Escocia. Cuando se inauguró en 2004, arrastraba tres años de retraso y un 978 por ciento de sobrecoste.

Nassim Nicholas Taleb apodó con la célebre expresión de «cisnes negros» los eventos de baja probabilidad y elevadas consecuencias. Los resultados desastrosos de proyectos como los mencionados pueden acabar con carreras, hundir compañías e infligir una variedad de otros graves perjuicios. Sin duda, pueden calificarse de cisnes negros.

No hay más que ver lo que un cisne negro hizo con Kmart: en respuesta a la presión competitiva de Walmart y Target, en 2000 lanzó dos enormes proyectos de tecnología de la información. Los costes se dispararon, contribuyendo directamente a la decisión de la empresa de declararse en quiebra en 2002.[18] O considérese lo que otro reventón en tecnología de la información hizo al legendario fabricante de vaqueros Levi Strauss: previsto en un principio con un coste de 5 millones de dólares, el proyecto obligó a la empresa a asumir unas pérdidas de 200 millones y a enseñar la puerta a su CIO.[19]

Hay destinos peores para los ejecutivos. Cuando un problemático proyecto de central nuclear en Carolina del Sur se retrasó considerablemente en el plazo previsto, el CEO de la compañía encargada ocultó esa información a los reguladores «en un esfuerzo por mantener el proyecto en marcha», señalaba en 2021 un comunicado de prensa del Departamento de Justicia de Estados Unidos, que también anunciaba que el ejecutivo había sido sentenciado a dos años de prisión federal y obligado a pagar 5,2 millones de dólares en embargos y multas.[20] Los desenlaces de cisne negro tienen, en efecto, consecuencias para los proyectos y para quienes los dirigen.

Si no es ejecutivo de una empresa o funcionario del gobierno, y si el ambicioso proyecto que contempla es de una escala mucho menor que la de los mencionados gigantes, puede resultarle tentador pensar que nada de esto le sucederá. Resista esa tentación. Mis datos demuestran que los proyectos más pequeños también son propensos a las colas gruesas. Además, las distribuciones con colas gruesas, no las normales, son típicas dentro de los sistemas complejos, tanto naturales como humanos, y todos vivimos y trabajamos dentro de sistemas cada vez más complejos, lo que significa sistemas cada vez más interdependientes. Las ciudades y los pueblos son sistemas complejos. Los mercados son sistemas complejos. La producción y distribución de energía son sistemas complejos. La fabricación de productos y el transporte son sistemas complejos. Las deudas son sistemas complejos. También lo son los virus. Y el cambio climático. Y la globalización. Y la lista sigue y sigue. Si alguien tiene un proyecto ambicioso y depende de otras personas y de muchas partes, es casi seguro que su proyecto se verá inmerso en sistemas complejos.

Esto describe proyectos de todo tipo y escala; hasta las reformas de viviendas. Hace unos años, en un programa de la BBC sobre la reforma de propiedades históricas británicas, un episodio presentó a una pareja londinense que compró una casa destartalada en el campo y pidió a un constructor que estimara el coste de una reforma completa. Lo cifró en 260.000 dólares. Dieciocho meses después, el proyecto distaba mucho de estar terminado y la pareja ya había gastado 1,3 millones de dólares.[21] Es el tipo de sobrecoste que esperaríamos encontrar en una distribución de colas gruesas. Y, desde luego, no es único. Más adelante en el libro, seremos testigos de cómo la reforma de una casa en Brooklyn se descontrola salvajemente e inflige un sobrecoste igualmente devastador a los infortunados e ilusos propietarios.

Al parecer, la mencionada pareja londinense era lo suficientemente rica como para seguir financiando la reforma. Del mismo modo, las grandes empresas endeudadas por proyectos desbocados pueden mantener las cosas en marcha pidiendo prestado más y más dinero. Los gobiernos también pueden acumular deuda.

O subir los impuestos. Pero la mayoría de la gente corriente y las pequeñas empresas no pueden recurrir a una gran reserva de riqueza, ni endeudarse ni subir los impuestos. Si inician un proyecto que se precipita hacia la cola gruesa de la distribución, sencillamente serán barridas, lo que les da aún más razones que a un ejecutivo de una empresa o un funcionario del gobierno para tomarse en serio el peligro.

Y eso empieza por comprender cuáles son las causas del fracaso de un proyecto.

La ventana de la perdición

Los patrones que he mencionado antes, confirmados por mis datos, son pistas claras: los proyectos que fracasan tienden a alargarse, mientras que los que tienen éxito avanzan con rapidez y terminan.

¿Por qué sucede esto? Pensemos en la duración de un proyecto como una ventana abierta. Cuanto mayor sea la duración, más abierta estará la ventana. Cuanto más abierta esté la ventana, más oportunidades hay de que algo se cuele y cause problemas, incluido un gran cisne negro.

¿Qué podría ser ese cisne negro? Casi cualquier cosa. Podría ser algo dramático, como un vuelco electoral, un colapso bursátil o una pandemia. Tras la aparición de la covid, el 19 de enero de 2020, proyectos de todo el mundo, desde los Juegos Olímpicos de Tokio de 2020 hasta el estreno de la película de James Bond *Sin tiempo para morir*, se retrasaron, pospusieron o abandonaron por completo. Acontecimientos como estos pueden ser extremadamente improbables un día, un mes o un año cualquiera. Pero, cuanto más tiempo transcurre desde la decisión de realizar un proyecto hasta su materialización, mayor es su probabilidad.

Fijémonos en que estos grandes y dramáticos acontecimientos, que pueden perjudicar con facilidad un proyecto hasta el punto de provocar un resultado de cisne negro, son en sí mismos de baja probabilidad y grandes consecuencias. Es decir, son cisnes negros. Así que un cisne negro que se estrelle contra la ventana de la vulnerabilidad puede provocar por sí mismo un resultado de cisne negro.

Pero el drama no es necesario para que el cambio eche abajo y entierre proyectos. Incluso un cambio en la rutina puede hacerlo. Los periodistas que escriben biografías de políticos con futuro, por ejemplo, saben que el mercado de sus obras depende de que el político continúe haciendo carrera cuando se publique el libro. Algunos acontecimientos pueden cambiar esto: un escándalo, unas elecciones perdidas, una enfermedad, un fallecimiento. Incluso algo tan simple como que el político se aburra de la política y prefiera otra ocupación arruinaría el proyecto. De nuevo, cuanto más tiempo transcurra desde la decisión hasta la realización, mayor será la probabilidad de que ocurran uno o varios de estos acontecimientos. Incluso es posible que acontecimientos insignificantes en circunstancias adversas tengan consecuencias devastadoras.

Es difícil pensar en algo más insignificante para la mayoría de la gente en el mundo entero como las rachas de viento en el desierto egipcio. Sin embargo, el 23 de marzo de 2021, fueron precisamente esas rachas, justo en un mal momento, las que empujaron la proa del *Ever Given*, un gigantesco portacontenedores, contra una orilla del canal de Suez. El barco encalló y no se pudo mover durante seis días, bloqueando el canal, deteniendo cientos de barcos, congelando un comercio estimado en diez mil millones de dólares diarios y provocando sacudidas en las cadenas de suministro mundiales.[22] Puede que las personas y los proyectos que sufrieron las consecuencias de esos problemas en la cadena de suministros nunca se enterasen, pero la causa de sus problemas fue, en última instancia, los fuertes vientos en un lejano desierto.[23]

Un teórico de los sistemas complejos podría describir lo ocurrido diciendo que las interdependencias dinámicas entre las partes del sistema —el viento, el canal, el barco y las cadenas de suministros— generaron fuertes respuestas no lineales y una amplificación. En lenguaje llano, cambios menores se combinaron de tal manera que produjeron un desastre. En los sistemas complejos, esto ocurre con tanta frecuencia que el sociólogo de Yale Charles Perrow llamó a tales sucesos «accidentes normales».[24]

La creciente complejidad e interdependencia pueden hacer que tales resultados sean más probables en el mundo actual, pero apenas son un fenómeno nuevo. Un proverbio procedente de la Edad Media y que se presenta en muchas formas nos dice: «Por falta de un clavo, se perdió la herradura. Por falta de la herradura, se perdió el caballo. Por falta del caballo, se perdió el jinete. Por falta del jinete, se perdió una batalla. Por falta de una batalla, se perdió el reino». Esta versión la publicó Benjamin Franklin en 1758 y la introdujo con la advertencia de que «una pequeña negligencia puede engendrar grandes males». La palabra clave es «puede». La mayoría de los clavos pueden perderse sin que ocurra nada malo. Algunas de esas pérdidas tendrán consecuencias, pero serán menores, como la pérdida de un caballo o un jinete. Pero a veces un clavo perdido puede causar algo verdaderamente terrible.

Desde lo dramático a lo mundano y lo insignificante, un cambio puede sacudir o arruinar un proyecto —si se produce durante la ventana de tiempo en que este está en marcha.

¿Solución? Cerrar la ventana.

Por supuesto, un proyecto no puede completarse al instante, así que no podemos cerrar la ventana por completo. Pero podemos hacer que la abertura sea radicalmente menor acelerando el proyecto y llevándolo a término más rápidamente. Este es uno de los principales medios para reducir el riesgo en cualquier proyecto.

En suma, ¡acortar el tiempo!

La necesidad de rapidez

¿Cómo conseguir que un proyecto se lleve a cabo lo más rápidamente posible? La respuesta obvia —y sin duda la más común— es fijar plazos serios, empezar enseguida y exigir que todos los implicados trabajen a un ritmo frenético. El empuje y la ambición son la clave, dice la sabiduría convencional. Si observadores experimentados creen que un proyecto llevará dos años, hay que decir que se hará en uno. Es necesario comprometerse con el proyecto en cuerpo y alma y seguir adelante. Y al dirigir a otros, ser inmisericorde. Exigir que todo se haga para ayer. Como el tambor en una galera romana que se prepara para embestir a otro barco, marcar un ritmo furioso.

Esta forma de pensar es tan equivocada como común. Hay un monumento a ella en Copenhague.

El Teatro de la Ópera de Copenhague, sede de la Ópera Real Danesa, fue una visión de Arnold Maersk Mc-Kinney Møller, CEO y presidente de Maersk, el gigante naviero danés. A finales de la década de 1990, Møller, entonces de ochenta y tantos años, decidió que quería un gran edificio situado en un lugar prominente del puerto como su legado más visible y permanente. Y quería que se diseñara y construyera rápidamente. La reina de Dinamarca asistiría a la inauguración y Møller no tenía intención de perderse su gran noche. Cuando Møller preguntó al arquitecto, Henning Larsen, cuánto tardaría, este dijo que cinco años. «¡Tendrás cuatro!», respondió secamente Møller.[25] Con mucho redoble de tambores de galera, el plazo se cumplió, y Møller y la reina inauguraron juntos la ópera el 15 de enero de 2005.

Pero el coste de aquella precipitación fue terrible, y no solo en lo referente a los sobrecostes. Larsen quedó tan consternado por el aspecto del edificio terminado, que escribió un libro entero para limpiar su reputación y explicar la confusa estructura, que él llamó «mausoleo».

La prisa estropea proyectos.

Incluso aquel coste es leve comparado con el que pueden conllevar los proyectos apresurados. En 2021, después de que un paso elevado se derrumbara sobre un tren del metro en Ciudad de México, tres investigaciones independientes concluyeron que la culpa era de un trabajo apresurado y chapucero. Una empresa noruega contratada por la ciudad para llevar a cabo una investigación concluyó que la tragedia había sido causada por «deficiencias en el proceso de construcción», al igual que un informe posterior publicado por el fiscal general de Ciudad de México.[26] *The New York Times* hizo su propia investigación y concluyó que la insistencia de la ciudad en que la construcción se terminara antes de que el poderoso alcalde de la ciudad dejara su cargo había sido una causa clave en el derrumbe. «La prisa condujo a un frenético proceso de construcción que comenzó antes de que se hubiera finalizado un plan maestro, y produjo desde el principio una línea de metro con defectos», concluyó el *Times*.[27] El derrumbe del paso elevado mató a veintiséis personas. La prisa no solo estropea proyectos, también provoca tragedias.

Apresúrate... despacio

Para entender la forma correcta de realizar un proyecto con rapidez, es útil pensar que este se divide en dos fases. Esto es una simplificación, pero funciona: primero, la planificación; segundo, la ejecución. La terminología varía según el sector —en el cine, es «desarrollo y producción»; en la arquitectura, «diseño y construcción»— pero la idea básica es la misma en todas partes: primero pensar, luego hacer.

Un proyecto comienza con una visión que en el mejor de los casos es una vaga imagen de la cosa espléndida en que se convertirá el proyecto. Planificar es llevar la visión hasta el punto en que esté lo suficientemente estudiada, analizada, probada y detallada como para que podamos confiar en que tenemos un mapa fiable del camino que hay que seguir.

La mayor parte de la planificación se realiza con ordenadores, papeles y modelos físicos, lo que significa que es relativamente barata y segura. Salvo otras presiones de tiempo, está bien que la planificación sea lenta. La ejecución es otra cuestión. La ejecución es cuando se gasta dinero en serio y el proyecto se vuelve vulnerable en consecuencia.

Imaginemos a un director de Hollywood que trabajaba en un proyecto de película de imagen real en febrero de 2020. La pandemia de la covid estaba a punto de llegar. ¿Hasta qué punto habría perjudicado al proyecto? La respuesta depende de la fase en que se encontrara este. Si el director y su equipo estaban escribiendo guiones, dibujando *storyboards* y programando rodajes en exteriores —si estaban planificando, en otras palabras— era un problema, pero no un desastre. Es probable que gran parte del trabajo continuara a pesar de la pandemia. Pero ¿qué habría pasado si, cuando llegó la pandemia, el director estuviera filmando en las calles de Nueva York con un equipo de doscientas personas y un puñado de estrellas de cine muy caras? ¿O qué habría sucedido si la película estaba terminada, pero aún faltaba un mes para su estreno en unos cines que estaban a punto de cerrar indefinidamente? Esto no es un problema; es un desastre.

La planificación es un puerto seguro. La ejecución es aventurarse en mares embravecidos. Esta es una de las principales razones por las que, en Pixar —el legendario estudio que creó *Toy Story, Buscando a Nemo, Los Increíbles, Soul* y tantas otras películas de animación que definieron una época— «se permite a los directores pasarse años en la fase de desarrollo de una película», señaló Ed Catmull, cofundador de Pixar. Hay un coste asociado a la exploración de ideas, a la escritura de guiones, a la creación de imágenes de *storyboards* y a hacerlo todo una y otra vez. Pero «los costes de las iteraciones son relativamente bajos».[28] Y todo ese buen trabajo produce un plan rico, detallado, probado y revisado. Cuando el proyecto pase a la fase de producción, será, como consecuencia de todo ese trabajo, relativamente fluido y rápido. Esto es esencial, señaló Catmull, porque la producción «es donde los costes estallan».

No solo es más seguro que la planificación sea lenta, sino que es bueno que lo sea, como bien saben los directores de Pixar. Al fin y al cabo, desarrollar ideas e innovaciones lleva más tiempo. Divisar las implicaciones de las distintas opciones y enfoques lleva más tiempo. Analizar problemas complejos, idear soluciones y ponerlas a prueba lleva aún más tiempo. Planificar requiere pensar, y el pensamiento creativo, crítico y cuidadoso es lento.

Se cuenta que Abraham Lincoln dijo que, si tuviera cinco minutos para talar un árbol, pasaría los tres primeros afilando el hacha.[29] Este es exactamente el enfoque correcto para los grandes proyectos: poner un enorme cuidado y esfuerzo en la planificación para garantizar que la ejecución sea fluida y rápida.

Piensa despacio, actúa rápido: tal es el secreto del éxito.

«Piensa despacio, actúa rápido» puede que no sea una idea nueva. Después de todo, ya se puso de manifiesto en 1931, cuando el Empire State Building se elevó hacia el cielo. Incluso podría decirse que la idea se remonta por lo menos al primer emperador de Roma, el poderoso césar Augusto, cuyo lema personal era «*Festina lente*», o «Apresúrate despacio».

Pero «piensa despacio, actúa rápido» no es el modo como suelen hacerse los grandes proyectos. «Piensa rápido, actúa despacio» sí lo es. El historial de los grandes proyectos lo demuestra inequívocamente.

Los proyectos no *salen* mal, *empiezan* mal

Fijémonos en el caso del tren de alta velocidad californiano. Cuando fue aprobado por los votantes y se inició su construcción, había una buena cantidad de documentos y cifras que podían parecerse superficialmente a un plan. Pero no había un programa cuidadosamente detallado, profundamente investigado y probado a fondo, lo que equivale a decir que no había un verdadero plan. Louis Thompson, experto en proyectos de transporte que preside el Grupo de Revisión por Pares del Tren de Alta Velocidad de California, convocado por la Asamblea Legislativa del estado de California, afirma que lo que California tenía entre manos cuando el proyecto se puso en marcha podría describirse, a lo más, como una «visión» o una «aspiración».[30] No es de extrañar que los problemas empezaran a multiplicarse y el progreso avanzase a paso de tortuga poco después de iniciarse la gran obra.

Esto es tristemente típico. En un proyecto tras otro, a una planificación apresurada y superficial le sigue un inicio rápido que hace feliz a todo el mundo porque las palas excavadoras están en movimiento. Pero, inevitablemente, el proyecto se estrella con problemas que se pasaron por alto o que no se analizaron ni trataron seriamente en la planificación. La gente corre de un lado para otro intentando arreglar las cosas. Se rompen cosas. Hay más carreras de un lado para otro. Yo llamo a esto el «ciclo romper-arreglar». Un proyecto que entra en él es como un mamut atascado en un pozo de alquitrán.

Se dice que los proyectos «salen mal», cosa que ocurre con demasiada frecuencia. Pero expresarlo así es engañoso; los proyectos no *salen* mal tanto como *empiezan* mal.

Esto plantea una pregunta urgente: Si «piensa despacio, actúa rápido» es la estrategia sabia, ¿por qué los líderes de grandes proyectos hacen tan a menudo lo contrario? Responderé a esa pregunta en el capítulo 2.

En el capítulo 3 veré cómo iniciar un proyecto sin caer en el pozo de alquitrán del «piensa rápido, actúa despacio».

La gente suele pensar que la planificación consiste en rellenar diagramas. Y con demasiada frecuencia, lo es. Pero no debería serlo. En el capítulo 4 analizaré de cerca lo que llamo «planificación Pixar»; de qué manera este estudio cinematográfico y otros utilizan la simulación y la iteración para producir un plan que sea creativo, riguroso, detallado y fiable —y tenga muchas probabilidades de hacer que su ejecución sea fluida y rápida—. Utilizaré la «planificación Pixar» como nombre y modelo para la planificación, no solo en Pixar, sino para cualquier planificación que desarrolle un plan probado y revisado; es decir, un plan digno de su nombre.

En el capítulo 5 examinaré el inestimable papel de la experiencia tanto en la planificación como en la ejecución de grandes proyectos —o mejor dicho, el inestimable papel que podría desempeñar si no se la marginara, malinterpretara o simplemente ignorara tan a menudo.

El capítulo 6 tratará de la previsión. ¿Cuánto durará el proyecto? ¿Cuánto costará? Tener unas expectativas equivocadas al principio puede abocarlo al fracaso incluso antes de haber empezado. Afortunadamente, existe una solución. Y lo que es más afortunado: es sorprendentemente fácil.

Algunas personas se opondrán a todo este énfasis en la planificación. Creen que los grandes proyectos, en particular los proyectos creativos como las películas, la arquitectura de autor o el *software* innovador, obtienen mejores resultados cuando se da un salto a la fe, se empieza de inmediato y se confía en el ingenio para sacarlos adelante. En el capítulo 7 examinaré este argumento en su forma más rotunda y presentaré los datos que demuestran que está totalmente equivocado.

Pero ni siquiera el mejor plan tendrá éxito si no cuenta con un equipo sólido que lo ejecute. Por eso, en el capítulo 8, me detendré en un proyecto gigantesco que logró reunir a miles de personas de cientos de organizaciones diferentes con distintos intereses y formó con ellas un equipo unido, decidido y eficaz que obtuvo los beneficios previstos a tiempo y sin salirse del presupuesto.

En el último capítulo me basaré en los temas de los capítulos anteriores para tratar de un concepto que los une a todos: la modularidad. Su potencial es enorme. No solo puede reducir costes, aumentar la calidad y acelerar las cosas en una amplia gama de proyectos, desde tartas nupciales hasta líneas de metro, sino que puede transformar la manera en que construimos infraestructuras e incluso ayudar a salvar al mundo del cambio climático.

Pero primero tenemos que responder a la pregunta acerca de la razón por la que los proyectos se inician tan a menudo de forma prematura. Permítaseme que cuente la historia de un hombre con prisas y de cómo estuvo a punto de arruinar uno de los lugares más bellos de Estados Unidos.

2

La falacia del compromiso

*Si «Piensa despacio, actúa rápido» es la estrategia sabia para
los grandes proyectos, ¿por qué tanta gente hace exactamente
lo contrario? Porque se apresuran a comprometerse.
Hay que comprometerse. Pero no de la forma
en que suele entenderse.*

En julio de 1941, Estados Unidos era la última gran potencia que
permanecía al margen de la Segunda Guerra Mundial. Pocos esperaban que eso durara. El presidente Franklin Delano Roosevelt
había declarado una emergencia nacional y estaba ampliando rápidamente el diminuto ejército del país en tiempos de paz para
convertirlo en un gigante capaz de luchar contra el fascismo en
Europa y el Pacífico.

El Departamento de Guerra del Gobierno, disperso por Washington DC en una serie de pequeños edificios de oficinas, necesitaba urgentemente una sede propia. Tendría que ser enorme. Y tendría que construirse rápidamente. Esa fue la conclusión del general
de brigada Brehon B. Somervell, jefe de la División de Construcción del ejército. Y cuando Brehon Somervell decidía hacer algo,
normalmente se hacía. Era un ingeniero con un historial de construcción de grandes cosas —la más reciente, el aeropuerto La Guar-

dia de Nueva York— más rápido de lo que nadie había creído posible. «Hacía trabajar a su personal sin descanso, siete días a la semana, hasta dejar a los oficiales exhaustos», escribió Steve Vogel, el autor de *The Pentagon: A History*, una magnífica crónica de la construcción del edificio.[1]

El Pentágono, deforme

En la tarde del 17 de julio, un jueves, Somervell dio a su personal la orden de ponerse en marcha: debían redactar un plan para un edificio de oficinas de ciento cincuenta y dos mil metros cuadrados, el doble que en el Empire State Building. Pero no podía ser un rascacielos; eso requeriría demasiado acero en un momento en que se necesitaba para barcos y tanques. Y no podía estar en el Distrito de Columbia; no había espacio. Tenía que estar enfrente del río Potomac, en Virginia, donde había un aeródromo recientemente abandonado. La mitad del edificio debía estar terminado y operativo en seis meses, les dijo Somervell. Todo debía estar completamente acabado en un año. Dejen el plan sobre mi mesa el lunes por la mañana, dijo el general, dando por terminadas sus instrucciones.

El personal de Somervell enseguida se dio cuenta de que el lugar elegido era una llanura aluvial pantanosa, inadecuada para la construcción. Se apresuraron a buscar otro emplazamiento y dieron con uno a ochocientos metros río arriba, en una meseta entre el Cementerio Nacional de Arlington y el Potomac. El nuevo emplazamiento se llamaba «Granja de Arlington». Somervell aprobó el cambio.

La Granja de Arlington se hallaba limitada en cinco lados por carreteras, lo que le daba una forma irregular. Para que el edificio fuera todo lo grande que se necesitaba, el personal de Somervell lo diseñó para que ocupara la mayor parte del terreno dentro de los cinco lados. El resultado fue un pentágono deforme. Era francamente feo, recordó más tarde un dibujante, pero «encajaba».[2]

El lunes por la mañana, el plan estaba sobre la mesa de Somervell. Lo aprobó, lo llevó al secretario de Guerra, lo elogió y obtuvo la autorización de este. Luego llevó el plan a un subcomité del Congreso, lo elogió un poco más y obtuvo el apoyo unánime del subcomité. A continuación, el secretario de Guerra llevó el plan al gabinete, donde el presidente Roosevelt dio su aprobación personal. Todo el proceso duró exactamente una semana.

Al leer esto tantas décadas después, es posible que creamos saber cómo acaba la historia. Efectivamente, el Pentágono se construyó, desempeñó un papel fundamental durante la Segunda Guerra Mundial y se convirtió en uno de los edificios más famosos del mundo. ¿Es este un modelo de cómo planificar y ejecutar rápidamente un gran proyecto? No. Fijémonos en que el Pentágono aquí descrito era «deforme». El Pentágono que conocemos hoy no lo es. Es simétrico. Y *no* es el producto del plan original de Somervell, que nunca se utilizó. Porque el plan era espantoso.

Para ver por qué razón, tenemos que seguir a los millones de turistas que anualmente cruzan el río Potomac para pararse en el corazón del Cementerio Nacional de Arlington. Es un peñasco elevado. A lo lejos, puede verse la cúpula del Capitolio, el Monumento a Washington y todos los demás grandes edificios y monumentos de Washington, DC. Las suaves laderas del peñasco son verdes y están cubiertas de largas y rectas hileras de lápidas que marcan los últimos lugares de descanso de los estadounidenses que murieron en combate o sirvieron a su país de uniforme desde la guerra de Secesión. Entre ellas destaca la tumba de John F. Kennedy.

Y justo ahí, justo en medio de esa hermosa y agridulce vista, se encuentra el lugar entonces conocido como la Granja de Arlington, donde Brehon Somervell quería construir el edificio de oficinas más grande y feo del mundo. Imaginemos un anillo de rascacielos banales alrededor de la Torre Eiffel. Así de malo era el plan de Somervell. «La incomparable vista de Washington desde las alturas del Cementerio de Arlington quedaría distorsionada por hectáreas y hectáreas de feos tejados planos», se quejó un editorialista de un periódico en 1941, después de que se hiciera público el plan de Somervell. «Sería un acto de vandalismo».[3]

En defensa de Somerwell podríamos pensar que Estados Unidos se enfrentaba a una emergencia mundial, por lo que las preocupaciones estéticas y culturales debían echarse por la borda. Y que su personal no tenía elección.

Pero hubo una alternativa. A menos de kilómetro y medio al sur de la Granja de Arlington, y fuera de la espectacular vista del Cementerio de Arlington, se encontraba el emplazamiento del «Depósito de Intendencia». Cumplía todos los requisitos técnicos. Los críticos de Somervell identificaron el emplazamiento y lucharon por trasladar allí el proyecto. Y finalmente ganaron. Allí es donde está hoy el Pentágono. Ese emplazamiento no solo dejaba intacta la vista desde el cementerio de Arlington, sino que su tamaño permitió a los arquitectos igualar los lados del edificio y hacerlo simétrico. Eso hizo que el edificio fuera más funcional, más barato de construir y mucho menos feo.

Entonces ¿por qué Somervell no se percató de que había un emplazamiento mucho mejor disponible antes de solicitar y obtener la aprobación del diseño original? ¿Por qué ninguno de los que dieron el visto bueno al plan se dio cuenta del error? Porque el plan de Somervell era tan absurdamente precipitado y superficial que nadie había buscado otros lugares, y mucho menos considerado detenidamente sus méritos relativos. Todos habían tratado el primer emplazamiento identificado como el *único* adecuado y se habían apresurado a poner en marcha la construcción lo antes posible. Una visión tan limitada está profundamente arraigada en nuestra psicología, como veremos más adelante. Eso no la hace más sabia para los grandes proyectos.

Harold Ickes, secretario de Interior de Roosevelt durante muchos años, se sintió consternado cuando el presidente dio su rápida aprobación al plan original de Somervell. «He aquí otro ejemplo de actuar antes de pensar», escribió en su diario —palabras que pueden decirse con deprimente frecuencia de los grandes proyectos.[4]

La prisa por comprometerse

Brehon Somervell no era en modo alguno una persona ingenua o incompetente. Lo mismo puede decirse de Franklin Delano Roosevelt y de las demás personas, todas altamente capacitadas, que aprobaron el plan de Somervell. Pero, en este caso, procedieron de una manera evidentemente ingenua e incompetente. Parece difícil de comprender. Pero debemos entenderlo. Aunque los detalles de esta historia puedan parecer extremos —especialmente la velocidad—, sigue en lo fundamental la manera en que se desarrollan los grandes proyectos. *No* se consideran cuidadosamente los propósitos y objetivos. *No* se exploran alternativas. *No* se investigan las dificultades y los riesgos. *No* se encuentran soluciones. Y al análisis superficial le sigue un rápido *lock-in* de una decisión que deja de lado todas las demás formas que podría adoptar el proyecto.

Este «*lock-in*», como llaman los estudiosos a esta situación, significa que, aun habiendo alternativas, la mayoría de las personas y organizaciones se comportan como si no tuvieran más remedio que seguir adelante, incluso más allá del punto en el que se exponen a más costes o riesgos de los que habrían aceptado al principio. A esto le sigue la acción. Y normalmente, algún tiempo después, los problemas; por ejemplo, bajo la forma del «ciclo romper-arreglar» mencionado en el capítulo 1.

Llamo a ese *lock-in* prematuro la «falacia del compromiso». Se trata de un sesgo conductual parejo a los demás sesgos identificados por la ciencia del comportamiento.

Lo único verdaderamente insólito de la historia del Pentágono es que un grupo de críticos con conexiones políticas consiguió poner en evidencia los defectos del plan de Somervell después de que se hubiera aprobado y conseguir que el proyecto se trasladara a otro emplazamiento, en el que hoy se encuentra el Pentágono. Los finales felices son raros cuando los proyectos se inician con los apresuramientos a que da lugar la falacia del compromiso.

No es precisamente un secreto que pensar detenidamente lo que se pretende conseguir con un proyecto, además de la mejor manera de llevarlo a cabo, tiene más probabilidades de conducir a un resultado positivo que un compromiso precipitado. «Actúa deprisa, arrepiéntete a gusto» es un refrán centenario. Una variación de este dicho sustituye «actuar» por «casarse». Y en su novela *La broma infinita*, David Foster Wallace observó que este viejo adagio parece «hecho a medida para los tatuajes». Tatuajes, matrimonios, grandes proyectos: en todos los casos sabemos que deberíamos pensarlo detenidamente. Entonces ¿por qué dejamos de hacerlo tan a menudo?

No puedo aportar nada en relación con los tatuajes y los matrimonios, pero cuando se trata de grandes proyectos, tengo varias explicaciones.

Una es lo que llamo «tergiversación estratégica», la tendencia a distorsionar deliberada y sistemáticamente la información con fines estratégicos.[5] Si se quiere conseguir un contrato o la aprobación de un proyecto, la planificación superficial es útil porque pasa por alto los principales retos, lo cual mantiene bajos el coste y el tiempo estimados y permite conseguir contratos y aprobaciones de proyectos. Pero tan cierto como la ley de la gravedad es que los retos ignorados durante la planificación tendrán un efecto bumerán en forma de retrasos y sobrecostes durante la ejecución. Entonces, el proyecto estará demasiado avanzado como para dar marcha atrás. Llegar a ese punto de no retorno es el verdadero objetivo de la tergiversación estratégica. Esto es política, y el resultado es el fracaso por obra del diseño.

La segunda es la psicología. En 2003 mantuve un animado debate con Daniel Kahneman, premio Nobel y posiblemente el psicólogo vivo más influyente del mundo, en las páginas de la *Harvard Business Review* después de que coescribiera un artículo en el que atribuía la responsabilidad de las malas decisiones a la psicología. Estuve de acuerdo, por supuesto, en que la psicología desempeñaba un papel. La cuestión era cuánta culpa tenía en relación con la política.[6]

Tras debatir en letra impresa, Kahneman me invitó a reunirme con él para seguir conversando. También le organicé una visita a los planificadores de megaproyectos para que pudiera estudiar sus experiencias de primera mano. Finalmente, cada uno de nosotros llegó a aceptar la posición del otro: yo, la psicología, y Kahneman, la política.[7] La importancia de cada factor depende del carácter de las decisiones y los proyectos. En los experimentos de laboratorio de Kahneman, lo que está en juego es poco. Normalmente no hay lucha por la posición, ni competencia por recursos escasos, ni individuos u organizaciones poderosos, ni política de ningún tipo. Cuanto más se acerque un proyecto a esa situación, más dominará la psicología individual, que es lo que han descubierto Kahneman, Amos Tversky y otros científicos del comportamiento. Pero, a medida que los proyectos son más grandes y las decisiones tienen más consecuencias, crece la influencia del dinero y del poder. Individuos y organizaciones con poder toman las decisiones, y aumenta el número de partes interesadas, las cuales presionan en favor de sus intereses específicos, y el nombre del juego es «política». La balanza se inclina entonces de la psicología a la tergiversación estratégica.[8]

Dicho esto, el común denominador de cualquier proyecto es que son personas las que toman las decisiones sobre él. Y donde hay personas, hay psicología y poder.

Empecemos por la psicología.

Queremos que la azafata, no el piloto, sea optimista

Somos una especie profundamente optimista. Eso hace de nosotros una especie excesivamente confiada.[9] La gran mayoría de los automovilistas dicen que sus habilidades al volante están por encima de la media.[10] La mayoría de los propietarios de pequeñas empresas confían en que su nuevo negocio tendrá éxito a pesar de que la mayoría de las pequeñas empresas fracasan.[11] Los fumadores creen que corren menos riesgo de padecer cáncer de pulmón que otros fumadores.[12] Existen innumerables ejemplos más de esta clase en la literatura psicológica.

La mera omnipresencia del optimismo y el exceso de confianza indica que ambas cosas son útiles para nosotros, tanto individual como colectivamente, y hay muchas investigaciones y experiencias que respaldan esta conclusión. Es indudable que necesitamos el optimismo y una actitud de «se puede hacer» para inspirar grandes proyectos y llevarlos a cabo. O para casarnos y tener hijos. O para levantarnos por la mañana. Pero si, subiendo a un avión, oímos al piloto decir: «Soy optimista sobre el combustible de que disponemos», inmediatamente nos bajamos, porque no es el momento ni el lugar para el optimismo. Mi heurística clave para gestionar el optimismo en los proyectos es «Queremos que la azafata, no el piloto, sea optimista». Lo que necesitamos del piloto, y en lo que debemos insistir, es un análisis riguroso que nos permita ver la realidad con la mayor claridad posible. Lo mismo ocurre con el optimismo sobre los presupuestos y los calendarios de los grandes proyectos, que son sus «lecturas de combustible». Sin control, el optimismo conduce a previsiones poco realistas, objetivos mal definidos, opciones mejores ignoradas, problemas no considerados y no tratados, y ningún plan de contingencias para contrarrestar las inevitables sorpresas. Sin embargo, como veremos en capítulos posteriores, el optimismo desplaza habitualmente al análisis riguroso en los grandes proyectos, como en tantas otras cosas que hace la gente.

«El optimismo está muy extendido, y es obstinado y costoso», observó Kahneman. Su trabajo con Tversky ayudó a explicar por qué.[13]

Una de las ideas básicas de la psicología moderna es que los «juicios instantáneos» e intuitivos son el sistema operativo por defecto de la toma de decisiones humana: el «Sistema Uno», por utilizar el término acuñado por los psicólogos Keith Stanovich y Richard West, y que Kahneman ha hecho famoso. El razonamiento consciente es un sistema diferente: el Sistema Dos.[14] Una diferencia clave entre los Sistemas Uno y Dos es la velocidad. El Sistema Uno es rápido, por lo que siempre actúa primero. El Sistema Dos es lento; solo puede actuar después de hacerlo el Sistema Uno. Ambos sistemas pueden acertar o equivocarse.

Para generar juicios rápidos, el cerebro no puede ser demasiado exigente con la información. Procede sobre la base de lo que Kahneman denomina «WYSIATI» (What You See Is All There Is; lo que se ve es todo lo que hay), es decir, la suposición de que cualquier información que tengamos a mano es toda la información disponible para tomar la decisión.

Después de que el Sistema Uno emita un juicio rápido e intuitivo, podemos pensar en el problema lenta y detenidamente, si tenemos tiempo, utilizando el Sistema Dos, la mente consciente, y ajustar el juicio rápido o invalidarlo por completo. Pero otra idea básica de la psicología es que, cuando tenemos un juicio instantáneo rotundo, rara vez lo sometemos a un escrutinio lento, cuidadoso y crítico. Simplemente nos dejamos llevar por él, conformándonos espontáneamente con lo que haya decidido el Sistema Uno.

Es importante distinguir los juicios intuitivos derivados de emociones como la ira, el miedo, el amor o la tristeza. Ellos también pueden inspirar conclusiones precipitadas. Todos sabemos —al menos cuando pensamos fríamente— que las emociones fuertes no son necesariamente lógicas ni están respaldadas por pruebas, y, por lo tanto, son una base poco sólida para un juicio. Cualquier jefe razonable que padezca un acceso de ira contra un empleado sabe que debe esperar un día y calmarse antes de decidir si lo despide o no. Pero los juicios intuitivos generados por el Sistema Uno no se experimentan como emociones. Simplemente «se sienten» como ciertos. Y con la verdad en la mano, parece perfectamente razonable actuar en consecuencia. Como escribió Kahneman, el Sistema Uno es «una máquina de sacar conclusiones precipitadas».

Esto es lo que hace que el sesgo optimista sea tan potente. Los propietarios de pequeñas empresas que están seguros de que evitarán el destino de la mayoría de los propietarios de pequeñas empresas —la quiebra— se ofenderían si se les dijera que su creencia procede menos de una evaluación racional de las evidencias y más de un sesgo psicológico. Eso no lo *sienten* como cierto. Lo que sienten como cierto es que su negocio tendrá éxito.

Aunque gran parte del trabajo de Kahneman y Tversky se centra en cómo puede fracasar la toma de decisiones dominada por el Sistema Uno, es importante reconocer que el juicio rápido e intuitivo a menudo funciona extraordinariamente bien. *Por eso* es nuestro juicio por defecto, como arguye el psicólogo alemán Gerd Gigerenzer.[15] Hace unas décadas, cuando Gary Klein, otro psicólogo, empezó a estudiar cómo la gente toma decisiones en el trabajo y en casa, rápidamente advirtió que la teoría clásica de la decisión que le habían enseñado en la universidad —que la gente identifica el conjunto de opciones disponibles, las sopesa cuidadosamente y elige la mejor— no era ni remotamente el modo de obrar en la vida real. Normalmente no realizamos un cálculo tan cuidadoso, ni siquiera cuando estamos pensando si aceptamos una oferta de trabajo o tomamos alguna otra decisión de importantes consecuencias.[16] En su lugar, como demostró Klein, la gente suele tomar la primera opción que se le ocurre y la pasa rápidamente por una simulación mental. Si parece funcionar, se decanta por esa opción. En caso contrario, busca otra y repite el proceso. Este método tiende a funcionar bien para las decisiones familiares, sobre todo cuando hay poco tiempo para tomarlas, y puede funcionar brillantemente cuando lo lleva a cabo un experto, como veremos más adelante. Pero en las circunstancias equivocadas es un error.

Fijémonos en cómo Brehon Somervell decidió dónde situar el

Pentágono. El primer sitio que se le ocurrió fue el aeródromo abandonado. A primera vista, parecía el adecuado, así que dijo a su personal que planificara el edificio para ese emplazamiento. Su personal descubrió que el sitio no era el adecuado e identificó otro, la Granja Arlington, que parecía serlo. Así que Somervell optó por ese lugar, de nuevo sin preguntarse si podría haber otros emplazamientos mejores. Estaba aplicando el proceso de decisión estándar en unas circunstancias equivocadas. No era ni mucho menos un problema familiar, y sin duda podría haberse permitido, durante los pocos días que ello le habría llevado, buscar y comparar emplazamientos. Aunque tenía gran experiencia en muchas otras cosas, nunca había planificado y construido un enorme edificio de oficinas y nunca había trabajado en el Distrito de Columbia o en Virginia. Hasta cierto punto, al menos en las fases de planificación del proyecto, era un novato.

Esto es típico de la planificación de grandes proyectos. No es adecuado para el tipo de toma de decisiones rápida e intuitiva que nos resulta natural. Pero con demasiada frecuencia lo aplicamos de todos modos, precisamente porque nos es natural. Si nos inclinamos habitualmente por los juicios rápidos y el optimismo poco realista, y estos métodos no dan resultado, sufriremos. ¿No deberíamos aprender de esas dolorosas experiencias? Deberíamos, sí. Mas, para ello, hemos de prestar atención a la experiencia. Y, por desgracia, con demasiada frecuencia no lo hacemos.

La ley de Hofstadter

Hace cuarenta años, Kahneman y Tversky demostraron que las personas suelen subestimar el tiempo necesario para completar tareas incluso cuando disponen de información indicativa de que la estimación no es razonable. Llamaron a esto la «falacia de la planificación», un término que, con el profesor de Derecho de Harvard Cass Sunstein, he aplicado también a las subestimaciones de los costes y a las sobreestimaciones de los beneficios.[17] El físico y escritor Douglas Hofstadter la bautizó burlonamente como la «ley de Hofstadter»: «Siempre se tarda más de lo que se espera, incluso cuando se tiene en cuenta la ley de Hofstadter».[18]

La investigación documenta que la falacia de la planificación es omnipresente, pero solo tenemos que mirarnos a nosotros mismos y a la gente que nos rodea para saberlo. Uno espera llegar al centro de la ciudad un sábado por la noche en veinte minutos, pero tarda cuarenta y llega tarde, igual que la última vez y la anterior. Cree que tendrá a su hijo pequeño dormido tras quince minutos de cuentos para dormir, pero tarda media hora, como siempre. Está seguro de que esta vez entregará su trabajo trimestral unos días antes, pero acaba pasando una noche en vela y cumple con el plazo en el último momento, como siempre.

No se trata de errores de cálculo intencionados. Gran parte de las voluminosas investigaciones sobre el tema se refieren a personas que no están intentando conseguir un contrato, o financiación para un proyecto, o construirse un monumento a sí mismas, por lo que no tienen motivos para rebajar sus estimaciones. Pero, aun así, las estimaciones son demasiado optimistas. En un estudio, los investigadores pidieron a unos estudiantes que calcularan cuánto tardarían en terminar diversas tareas académicas y personales, y a continuación, que ordenaran sus estimaciones por grado de confianza: es decir, que alguno podría decir que tenía un 50 por ciento de confianza en terminar en una semana, un 60 por ciento de confianza: en terminar en dos semanas, y así sucesivamente, hasta llegar al 99 por ciento de confianza. Increíblemente, cuando decían que había un 99 por ciento de probabilidades de terminar —es decir, que era prácticamente seguro—, solo el 45 por ciento terminó realmente en ese plazo.[19]

Para que nos equivoquemos de forma tan sistemática, tenemos que ignorar sistemáticamente la experiencia. Y lo hacemos por varias razones. Cuando pensamos en el futuro, puede que el pasado simplemente no nos venga a la mente y no se nos ocurra desenterrarlo porque lo que nos interesa es el presente y el futuro.

Si sale a la superficie, puede que pensemos «esta vez será diferente» y lo descartemos (una opción siempre disponible, porque, en cierto sentido, cada momento de la vida es único). O puede que simplemente seamos un poco perezosos y prefiramos no molestarnos: una preferencia bien documentada en la obra de Kahneman. Todos lo hacemos. Pensemos en lo que nos sucede cuando nos llevamos trabajo a casa el fin de semana. Seguro que lo que conseguiremos hacer será menos de lo que habíamos planeado. Y no una vez; repetidamente. Y es que ignoramos nuestra experiencia al hacer una estimación.

Entonces ¿en *qué* se basa la estimación? Nos imaginamos cómo será el trabajo en casa. De esa imagen mental brota rápida e intuitivamente una idea de cuánto trabajo podemos hacer el fin de semana. La idea que nos hacemos la sentimos como cierta, así que confiamos en ella. Sin embargo, es muy probable que nuestra idea sea errónea. Esto se debe a que, al formárnosla, solo nos imaginamos a nosotros mismos trabajando. Esa estrecha imagen excluye a todas las personas y cosas que nos rodearán y que podrían restarnos tiempo de trabajo. En otras palabras: nos imaginamos un escenario que es «el mejor posible». Esto es típico. Cuando se pide a alguien que piense en el escenario «mejor estimado» —el que cuente con más probabilidades de suceder—, lo que se le ocurre pensar es por lo general indistinguible de lo que se imagina cuando se le pide que piense en «el mejor» de los escenarios.[20]

Utilizar el mejor de los casos como base para una estimación es muy mala idea, porque el mejor de los casos rara vez es la forma más probable que nos depare el futuro. A menudo ni siquiera es probable. Hay un número casi infinito de cosas que podrían acaecer durante el fin de semana y comerse el tiempo de trabajo: una enfermedad, un accidente, insomnio, la llamada de un viejo amigo, una urgencia familiar, la rotura de una cañería y otras cosas más. Esto significa que el número de futuros posibles que podrían presentarse durante el fin de semana es enorme, pero solo en uno, el mejor de los casos, no hay complicaciones que resten tiempo de trabajo. Así que nadie debería sorprenderse cuando llegue el lunes por la mañana y no haya hecho tanto como esperaba. Aunque también es probable que acabe sorprendiéndose.

Si alguien encuentra este tipo de previsión casual muy alejado de las estimaciones de coste y tiempo de los grandes proyectos, debería pensárselo de nuevo. Es habitual que esas estimaciones se realicen dividiendo un proyecto en tareas, estimando el tiempo y el coste de cada tarea y sumando después los totales. A menudo se ignora la experiencia —en forma de resultados pasados de proyectos similares— y se presta poca o ninguna atención a las muchas formas en que las previsiones podrían desbaratarse. En realidad, se trata de previsiones basadas en el mejor de los casos, y tienen tantas probabilidades de ser exactas como las estimaciones que se nos pasan por la cabeza.

Un sesgo contra el pensamiento

La preferencia por hacer en lugar de hablar —a veces destilada en la frase «sesgo de la acción»— es una idea tan común como necesaria en los negocios. Perder el tiempo puede ser peligroso. «La rapidez importa en los negocios —reza uno de los famosos principios de liderazgo de Amazon que escribió Jeff Bezos—. Muchas decisiones y acciones son reversibles, y no necesitan un estudio exhaustivo. Valoramos la asunción de riesgos calculados».[21] Obsérvese, sin embargo, que Bezos limitó cuidadosamente el sesgo de la acción a las decisiones que son «reversibles». No hay que pasar mucho tiempo rumiando ese tipo de decisiones, aconseja. Probemos algo. Si no funciona, demos marcha atrás e intentemos otra cosa. Eso es perfectamente razonable. También es inaplicable a muchas decisiones sobre grandes proyectos, porque resultan tan difíciles o costosas de revertir que son efectivamente irreversibles: no se puede construir el Pentágono, luego derribarlo y construirlo en otro lugar después de descubrir que arruina la vista.

Cuando el sesgo de la acción se generaliza en la cultura de una organización, la advertencia sobre la reversibilidad suele perderse. Lo que queda es un eslogan —«¡Simplemente hazlo!»— que parece aplicable en todas las situaciones. «Cuando encuestamos a los participantes en nuestras clases de formación de ejecutivos, descubrimos que los directivos se sienten más productivos ejecutando tareas que planificándolas —observaron los profesores de Empresariales Francesca Gino y Bradley Staats—. Especialmente cuando están bajo la presión del tiempo, perciben la planificación como un esfuerzo hecho en vano».[22] Para decirlo en términos de comportamiento más generales, las personas con poder, entre las que se incluyen los ejecutivos que deciden sobre grandes proyectos, prefieren seguir el flujo rápido del sesgo de disponibilidad frente al esfuerzo lento de la planificación.[23] Los ejecutivos de todo el mundo reconocerán esta actitud. No es el sesgo *por* la acción promovido por Jeff Bezos; es un sesgo *contra* el pensamiento.

Adoptar esta actitud es obviamente una mala idea. Pero recordemos que nace del deseo de ponerse en marcha en un proyecto, de ver cómo se trabaja, de tener pruebas tangibles del progreso. Eso es bueno. Todos los embarcados en un proyecto deberían tener ese deseo. Solo se convierte en un problema cuando menospreciamos la planificación como algo molesto de lo que tenemos que ocuparnos antes de empezar *realmente* con el proyecto.

Planificar *es* trabajar en el proyecto. El progreso en la planificación *es* progreso en el proyecto y, a menudo, el progreso más provechoso que se puede lograr en relación con los costes. Perdemos de vista estos hechos por nuestra cuenta y riesgo. Veamos por qué.

Tergiversación estratégica

El arquitecto francés Jean Nouvel, ganador del Premio Pritzker de Arquitectura —el Nobel de la arquitectura—, fue tajante sobre la finalidad de la mayoría de los presupuestos de la arquitectura de autor. «En Francia se establece a menudo un presupuesto teórico porque es la suma que políticamente se ha concedido para hacer algo. En tres de cada cuatro casos, esta suma no corresponde a nada en términos técnicos. Es un presupuesto que se hizo porque políticamente podía ser aceptado. El precio real viene después. Y los políticos hacen público el precio real donde quieren y cuando quieren».[24] Es una forma larga de decir que los presupuestos no pretenden ser exactos, sino que pretenden vender el proyecto. En una palabra, son mentiras —o invenciones, para utilizar un lenguaje más educado.

Un político estadounidense se pronunció con más tranquilidad y bien a las claras, en una columna de 2013 para el *San Francisco Chronicle*, sobre las infraestructuras de transporte en el Área de la Bahía. «La noticia de que la terminal Transbay está algo así como trescientos millones de dólares por encima del presupuesto no debería sorprender a nadie —escribió Willie Brown, exalcalde de San Francisco y legislador del estado de California—. Siempre supimos que la estimación inicial estaba por debajo del coste real. Igual que nunca tuvimos el coste real del Central Subway o del puente de la Bahía o de cualquier otro proyecto de construcción masiva. Así que dejémoslo. En el mundo de los proyectos civiles, *el primer presupuesto es en realidad solo un pago inicial*. Si la gente conociera el coste real desde el principio, nunca se aprobaría nada» (cursiva añadida).[25] Huelga decir que Brown estaba retirado de la política cuando escribió esto.

Un alto consejero de Transportes me confió una vez que los tan cacareados «estudios de viabilidad» sirven más como tapadera para los ingenieros que como análisis imparciales. «En prácticamente todos los casos estaba claro que los ingenieros simplemente querían justificar el proyecto y recurrían a las previsiones de tráfico para ayudar en el proceso». El único objetivo era poner en marcha el proyecto. «Una vez pregunté a un ingeniero por qué sus estimaciones de costes estaban invariablemente infraestimadas, y me contestó simplemente: "Si diéramos los verdaderos costes previstos, no se construiría nada"».[26] No es ninguna coincidencia que las palabras de ese ingeniero fueran notablemente similares a las de Brown.

Ejecutivos de muchos campos diferentes me han hablado de la tergiversación estratégica, pero casi siempre en conversaciones privadas. El director de una importante revista estadounidense de arquitectura y diseño llegó a rechazar un artículo que le propuse acerca de la tergiversación estratégica alegando que mentir sobre los proyectos es tan rutinario que sus lectores lo dan por sentado y, por tanto, el artículo no tendría interés periodístico. «Nuestro país está plagado de grandes proyectos que se ajustan a su descripción», me escribió.[27] Pero eso es en privado. En público, es raro que alguien lo diga sin rodeos.

Una planificación apresurada y superficial no supone ningún problema para una estimación arbitrariamente baja. De hecho, puede ser enormemente útil. Los problemas y retos que se pasan por alto son problemas y retos que no incrementarán la estimación.

También ayuda expresar una confianza férrea en las estimaciones, como hizo el alcalde de Montreal, Jean Drapeau, cuando prometió que los Juegos Olímpicos de 1976 no costarían más de lo presupuestado. «Es tan imposible que los Juegos Olímpicos de Montreal tengan déficit como que un hombre pueda tener un bebé», dijo.[28] A quien habla así le espera un futuro bochornoso. Pero eso queda para después. Después de conseguir lo que quiere. Y quizá después de haberse jubilado.

«Empezar cavando un hoyo»

Con los contratos firmados, el siguiente paso es poner las excavadoras en el suelo. De inmediato. «La idea es ponerse en marcha —concluyó Willie Brown—. Empezar cavando un hoyo, y hacerlo tan grande que no haya más alternativa que conseguir el dinero para rellenarlo».[29]

Es una historia tan antigua al menos como Hollywood. «Mi táctica era familiar para los directores que hacen películas fuera de lo acostumbrado» —escribió el director de cine Elia Kazan (entonces retirado, naturalmente) cuando explicó cómo había conseguido que Columbia Pictures financiara una película que quería rodar a finales de la década de 1940—. Poner el trabajo en marcha, implicar contractualmente a los actores, construir decorados, reunir atrezo y vestuario, obtener el negativo y así implicar de lleno al estudio. Una vez que se hubiera gastado una cantidad significativa de dinero, a Harry [Cohn, presidente de Columbia Pictures] le resultaría difícil hacer otra cosa que no fuera gritar y vociferar. Si suspendía una película que llevaba semanas rodándose, se encontraría con una pérdida irreparable, no solo de dinero sino también de "cara". Lo que había que hacer era poner la película en marcha».[30]

Ese tipo de comportamiento se dio en el legendario estudio United Artists. A finales de la década de 1970, el joven director de moda Michael Cimino quería hacer *La puerta del cielo*, un western épico como *Lawrence de Arabia* ambientado en Wyoming. Iba a costar 7,5 millones de dólares (unos 30 millones en dólares de 2021), en la franja superior de lo que costaban las películas en aquella época, pero razonable para una epopeya. United Artists le preguntó si podía cumplir el plazo propuesto. Cimino dijo que sí. El estudio firmó los contratos.

Comenzó la producción. En los seis primeros días de rodaje, el proyecto se retrasó cinco días del plazo. Cimino impresionó dieciocho mil trescientos metros de película, lo que costó unos 900.000 dólares, y con todo ello había producido «aproximadamente un minuto y medio de material utilizable», observó Steven Bach, el ejecutivo de United Artists responsable de la película, en su libro *Final Cut: Art, Money, and Ego in the Making of* Heaven's Gate, *the Film That Sank United Artists*, que es uno de los escrutinios más detallados y sorprendentes que se han realizado sobre una producción de Hollywood.[31] Aquello debería haber hecho saltar las alarmas en United Artists. Hallarse tan desorientados a la semana de comenzar la producción indica claramente que las estimaciones originales no valían ni el papel en el que estaban escritas.

Pero las cosas no hicieron más que empeorar. El tiempo se eternizó. Los costes se dispararon. Los ejecutivos del estudio exigieron finalmente a Cimino que optimizara la producción, y él les dijo que se largaran. Haría las cosas a su manera, y los ejecutivos se callarían y pagarían las facturas. Si no les gustaba, podían romper los contratos y él se llevaría el proyecto a otro estudio. Los ejecutivos se echaron atrás. Estaban furiosos y temerosos de que la película resultara un fiasco, pero demasiado comprometidos como para retirarse. Cimino los tenía atados de la manera que Kazan describe más arriba.

Hoy, *La puerta del cielo* es famosa en Hollywood, pero no en el buen sentido. Al final costó cinco veces más de lo inicialmente estimado y se estrenó con un año de retraso. La reacción de la crítica fue tan salvaje que Cimino retiró la película, la montó de nuevo y la volvió a estrenar seis meses después. Fue un fracaso de taquilla. Y United Artists quebró.

La estrella de Cimino se apagó como consecuencia del fracaso de *La puerta del cielo*, pero a menudo los costes de los proyectos fuera de control no recaen sobre quienes los ocasionan. Cuando los Juegos Olímpicos de Montreal superaron en un espectacular 720 por ciento el presupuesto, un caricaturista dibujó burlonamente a un alcalde Drapeau muy embarazado. Pero ¿y qué? Drapeau tuvo sus Olimpiadas. Y aunque Montreal tardó más de treinta años en saldar la montaña de deuda, la responsabilidad recayó sobre los contribuyentes de Montreal y Quebec. Drapeau ni siquiera perdió unas elecciones; se jubiló en 1986.[32]

Conducir en medio de la ventisca

Sin embargo, sigue en el aire una pregunta perturbadora: por qué funciona la tergiversación estratégica. Willie Brown no estaba estrictamente en lo cierto cuando escribió que una vez se cava un hoyo no hay «más alternativa» que seguir pagando el proyecto. En teoría, se podría desechar el proyecto y vender el emplazamiento de la construcción. En teoría, United Artists podría haber dado por perdida *La puerta del cielo* y abandonarla cuando el gasto se descontroló. Pero, en la práctica, Brown tiene razón. Una vez más, los estudiosos llaman a este fenómeno «lock-in» o «escalada del compromiso».[33] Si la escalada del compromiso viene después de la falacia del compromiso, se produce un sobrecompromiso de segundo grado. Esto suele significar el desastre, o al menos un resultado muy inferior al que se podría haberse logrado con un planteamiento más reflexivo.

Por qué la gente se precipita en esta espiral es una cuestión inmensamente importante que psicólogos, economistas, politólogos y sociólogos han estudiado durante décadas. Un metaanálisis de 2012 de esta literatura incluía ciento veinte menciones, aun después de excluir los numerosos análisis no cuantitativos.[34] No es sorprendente que no exista una explicación sencilla. Pero un elemento central en cualquier explicación es la «falacia del coste hundido».

El dinero, el tiempo y el esfuerzo invertidos previamente para hacer avanzar un proyecto están perdidos en el pasado. No se pueden recuperar. Están «hundidos». Lógicamente, quien decida si va a dedicar más recursos a un proyecto debe considerar únicamente si hacerlo tiene sentido *ahora*. Los costes irrecuperables no deberían ser un factor en su pensamiento, pero probablemente lo serán, porque a la mayoría de las personas les resulta sumamente difícil quitárselos de la cabeza. Y así suelen «tirar el dinero bueno tras el malgastado», por utilizar la vieja frase.

Imaginemos a dos amigos con entradas para un partido de baloncesto profesional a gran distancia de donde viven. El día del partido hay un gran temporal de nieve. Cuanto mayor sea el precio que los amigos pagaron por las entradas —sus costes irrecuperables—, más probable es que desafíen a la ventisca e intenten conducir hasta el lugar del partido, invirtiendo más tiempo, dinero y riesgo. Pero, en este caso, lo racional sería olvidarse de lo que ya han invertido y quedarse en casa. La falacia del coste irrecuperable es aplicable a individuos, grupos y organizaciones enteras.[35]

«Conducir en medio de la ventisca» es particularmente habitual en la política. A veces se debe a los propios políticos. Pero, incluso los políticos que más saben entienden que es probable que el público se deje influir por los costes irrecuperables, por lo que aferrarse a una falacia es políticamente más seguro que tomar una decisión lógica. Seguro que, cuando el gobernador de California, Gavin Newsom, decidió no desechar el proyecto del tren de alta velocidad de California, sino solo limitarlo, él y sus asesores pensaron muy detenidamente en cuánto pesarían los costes irrecuperables en la mente del público, y sabían que desechar el proyecto sería interpretado por el público como «tirar a la basura» los miles de millones de dólares ya gastados. Como resultado, se convenció a los contribuyentes del estado de la necesidad de seguir escalando su compromiso y gastar miles de millones más en una versión reducida del proyecto que los contribuyentes nunca habrían aprobado si se les hubiera presentado al principio.

Espero que el «tren bala a ninguna parte» de California sea algún día la ilustración estándar de libro de texto sobre la falacia de los costes irrecuperables y la escalada del compromiso.

La espiral de Somervell

No podemos saber con certeza qué fuerza —la psicología o la política— llevó a Brehon Somervell a apresurar la planificación del Pentágono. Pero, como suele ocurrir con los grandes proyectos, hay razones para pensar que ambas desempeñaron un papel.

Al igual que Willie Brown, Somervell era políticamente astuto. A menudo «ajustaba» su plan reduciendo el coste esperado, el número de plantas o los metros cuadrados para adaptarlo a lo que los poderosos querían oír para que les dieran la aprobación que necesitaba y ponerse en marcha. Eso produciría inevitablemente grandes brechas entre lo que se decía y lo que se hacía, pero «a Somervell le preocupaban poco los sobrecostes», como señaló Steve Vogel.[36] Y al igual que Willie Brown, Somervell estaba decidido a «empezar a cavar un hoyo» sabiendo que la existencia de un hoyo suficientemente grande garantizaría el futuro de su proyecto. Además, Somervell había absorbido la cultura del «se puede hacer» dominante en la ingeniería del ejército, que valoraba la decisión del Sistema Uno y conseguir que las cosas se hicieran a toda costa.

Debemos cuidarnos de ver la psicología y la política como fuerzas separadas; pueden reforzarse mutuamente y suelen hacerlo en los grandes proyectos.[37] Cuando se alinean a favor de un plan superficial y un comienzo rápido, eso es lo que probablemente ocurrirá —con consecuencias predecibles.

Cuando un grupo de críticos decididos del plan de Somervell presionó para trasladar el proyecto al emplazamiento superior del Depósito de Intendencia, Somervell contraatacó. Criticó a los críticos e insistió en que solo el emplazamiento de la Granja de Arlington era el adecuado. Mientras presionaba aún más a su personal para que empezara a cavar un hoyo en la Granja de Arlington, los críticos instaron al presidente a que interviniera. Y lo hizo diciéndole a Somervell que cambiara de emplazamiento. Increíblemente, Somervell siguió en sus trece. En un viaje que hizo en automóvil con el presidente para visitar el emplazamiento del Depósito de Intendencia, insistió con tenacidad en que solo el emplazamiento de la Granja de Arlington era el adecuado y que el presidente debía cambiar de opinión. «Mi querido general —dijo finalmente Roosevelt—, sigo siendo el comandante en jefe del ejército». Por si no había quedado suficientemente claro, terminó la visita señalando el emplazamiento del Depósito y diciendo: «Vamos a levantar allí el edificio del Departamento de Guerra».[38] Eso zanjó definitivamente la discusión. Somervell se aguantó y aceptó lo inevitable.

Para ser justos, la culpa del chapucero plan inicial no fue enteramente del general. Quizá ni siquiera lo fuera en su mayor parte. En esa primera semana, casi cómicamente apresurada, Somervell presentó su plan al secretario de Guerra, a un subcomité del Congreso y al gabinete de la Casa Blanca, incluido el presidente. En cada ocasión se hicieron tan pocas indagaciones que los flagrantes defectos del plan no salieron a la luz. Y en cada ocasión, el plan obtuvo una rápida aprobación. Los superiores de Somervell simplemente no hicieron su trabajo. El hecho de que al final se descubriera el fallo y se detuviera el plan —en parte porque uno de los críticos decididos del plan resultó ser el tío del presidente— evidenciaba su negligencia y la arbitrariedad de la decisión.

Por desgracia, estos fallos en la toma de decisiones no son exclusivos de casos como el del Pentágono. La planificación superficial es habitual, y solo sale a la luz si quienes tienen autoridad para supervisar y aprobar los planes —incluido el público en general cuando se trata de proyectos gubernamentales— ejercen ese poder adecuadamente sometiendo los planes a un serio cuestionamiento. Con demasiada frecuencia, no lo hacen, prefiriendo aceptar una historia simplista y «conducir en medio de la ventisca», como hizo Somervell. Es mucho más fácil. Y puede servir a sus intereses individuales. Pero el resultado hablará por sí solo en su inferioridad respecto a lo que se podría haber conseguido.

Comprometerse a no comprometerse

Pero dejemos a un lado la historia y los generales. La lección para nosotros es tan simple como el error inicial de Somervell: no demos dar por sentado que sabemos todo lo que hay que saber. Quien sea director de un proyecto y vea que la gente de su equipo hace esta suposición —lo que es habitual— debe educarla o sacarla del equipo. No debe permitir que ni él ni su equipo saquen conclusiones aparentemente obvias. Ese tipo de compromiso prematuro le hace correr el riesgo de que se le escapen no solo defectos notorios, sino también oportunidades que podrían hacer que su proyecto sea mucho mejor de lo que ahora tiene en su mente.

En el próximo capítulo pasaremos de los megaproyectos a un proyecto doméstico y veremos cómo otra conclusión prematura convirtió una simple reforma de la cocina en un desastre y en años de miseria para la familia implicada, y cómo uno de los edificios más famosos y celebrados del mundo empezó con una mente abierta, curiosidad y preguntas.

El proceso que expongo es anti-Somervell. Encuentra los defectos y las oportunidades. Si alguien siente el impulso de comprometerse —y probablemente lo hará—, comprométase a completar ese proceso antes de sacar conclusiones sobre su gran proyecto.[39] Al principio comprométase a tener la mente abierta; es decir, comprométase a no comprometerse.

3

Pensar de derecha a izquierda

A menudo los proyectos se inician lanzándose directamente a una solución, incluso a una tecnología específica. Ese es el lugar equivocado para empezar. Es mejor comenzar haciendo preguntas y considerando alternativas. Al principio hay que asumir siempre que hay más cosas que aprender. Y empezar por la pregunta más básica de todas: ¿por qué?

El gran proyecto de David y Deborah era reformar su cocina. Por pequeño que esto parezca, la cocina era aún más pequeña.

David y Deborah viven en las dos primeras plantas de una casa adosada de ladrillo de cuatro plantas construida en el siglo XIX en Cobble Hill, un encantador barrio de Brooklyn que parece el plató de todas las películas que se han rodado en Nueva York. Las casas adosadas de Cobble Hill son altas, pero apretadas y estrechas, con escaleras angostas y habitaciones pequeñas. La vivienda entera de David y Deborah tenía 366 metros cuadrados, y la cocina era tan diminuta, que podría ser la cocina de un velero. Reformarla difícilmente parecería un reto del mismo nivel que construir el Empire State Building. Sin embargo, a diferencia del Empire State Building, el modesto proyecto de David y Deborah llegó tarde y acabó por encima del presupuesto. Y no por poco; tardó dieciocho meses y superó en más de medio millón de dólares lo presupuestado.

La causa de aquel asombroso resultado no fue la prisa por ponerse a trabajar. De hecho, David y Deborah hicieron lo contrario que el loco apresuramiento de Brehon Somervell. Desde alrededor de 2011 estuvieron años dándole vueltas a la idea de reformar la cocina. Cuando por fin decidieron empezar, no blandieron almádenas; contrataron a un arquitecto experimentado. El arquitecto les sugirió que derribaran un tabique entre la cocina y una pequeña habitación para duplicar el tamaño de la cocina. Aceptaron la modesta ampliación. El arquitecto se pasó meses preparando dibujos detallados antes de mostrar finalmente los planos. «Tenía un gran rollo de dibujos —recuerda David—, y minuciosamente nos enseñaba ocho repeticiones de posibles diseños, hablándonos de cada una largo y tendido, y luego explicándonos por qué, sin embargo, ese no era exactamente el diseño correcto, así que sacaba la siguiente hoja, nos mostraba un diseño diferente y concluía: "Pero la verdad es que esta tampoco es la solución perfecta, así que permítanme mostrarles otra versión"».

El coste total estimado del proyecto, cuidadosamente detallado, era de 170.000 dólares. Es mucho, pero en Nueva York todo es caro, así que David y Deborah decidieron seguir adelante. Se mudaron, esperando regresar en tres meses.

«El proyecto empezó a transformarse y deshacerse ya al principio», recordó David con un suspiro. De pie en la cocina, el contratista se puso a saltar para probar las tablas del suelo. No le gustó lo que notó. Cuando levantó la vieja cocina y echó un vistazo a lo que había debajo, vio por qué: «Debido a una construcción de mala calidad en la década de 1840, y a que nadie la arregló nunca, no había suficiente soporte estructural para sostener este edificio». Había que retirar todo el suelo e instalar vigas y soportes de acero en el sótano.

Cuando se les pasó el susto, David y Deborah pensaron en los suelos de madera existentes. Eran viejos y feos. Si había que quitar las tablas de todos modos, ¿no deberían sustituirlas en lugar de volver a ponerlas? El suelo de la cocina tenía que desaparecer a pesar de todo, «¿y qué van a hacer, poner madera nueva en una mitad del suelo y no en la otra?». Acordaron sustituir todas las tablas del suelo. David y Deborah también pensaron en la chimenea de ladrillo del salón. Era un trabajo de bricolaje feo y moderno. ¿Por qué no aprovechar para sustituirla?

Y la chimenea no era la peor característica del salón. Había un pequeño cuarto de aseo bajo las escaleras, justo al lado del salón. La madre de David decía que era «vulgar». Sería estupendo trasladarlo, pensaron David y Deborah, y fácil de hacer mientras el suelo de madera estaba fuera. «Así que el arquitecto volvió atrás y lo redibujó todo», recordó David.

Y ya que se realizarían obras en el sótano, ¿por qué no redirigir las escaleras del sótano para crear un pequeño cuarto para la lavadora y la secadora? «Eso suponía más diseño, más planos arquitectónicos, más retrasos». Además, cada nuevo plano tenía que presentarse a la notoriamente complicada burocracia neoyorquina.

No había nada extravagante ni caprichoso en ninguno de los cambios. Cada uno era razonable. Cada uno llevaba al siguiente. Además, el valor de las propiedades en el barrio se había disparado, por lo que recuperarían al menos parte del dinero que habían invertido en la vivienda si lo vendieran.

De esa forma gradual y sucesiva, el proyecto se fue ampliando desde la cocina hasta que la planta baja fue totalmente destripada, rediseñada y reformada.

Pero el proyecto no se detuvo ahí. El cuarto de baño principal de la primera planta era horrible y estaba mohoso. Si te has mudado y tienes contratistas haciendo trabajos en la vivienda, dijo la madre de David, ¿por qué no arreglarlo ahora mismo para no tener que volver a pasar por todo esto más adelante? Otro argumento razonable. Y de nuevo, ese cambio condujo a otros. Que a su vez llevaron a otros. Hasta que la primera planta también fue totalmente destripada, rediseñada y reformada.

«Los 170.000 dólares se convirtieron en 400.000, y luego en 600.000 y 700.000». David cifra el total final en unos 800.000. Es una factura tan grande que David probablemente tendrá que posponer su jubilación. Y esas sumas no tienen en cuenta el trastorno que ha supuesto para sus vidas. En lugar de los tres meses de espera que preveían, David y Deborah volvieron a instalarse allí un año y medio después de haberse marchado.

Cuando por fin se terminó el trabajo, todo el mundo estuvo de acuerdo en que la vivienda totalmente reformada era bastante bonita. Pero eso era un pequeño consuelo. Si el proyecto se hubiera planificado desde el principio como la reforma de abajo arriba en que se convirtió, habría habido un único plan y una única solicitud al ayuntamiento, y el contratista podría haber organizado las obras en el orden más eficiente. El coste —en dólares, tiempo y disgustos— habría sido mucho menor que el que David y Deborah pagaron. Se mire como se mire, el proyecto fue un desastre.

¿Por qué?

El pensamiento de David era indiscutiblemente lento y el trabajo del arquitecto, meticuloso. Pero el plan —seré cortés— no era bueno. Esto subraya un punto crítico sobre mi consejo de «pensar despacio».

La lentitud no es buena en sí misma. Como David y Deborah, la gente puede pasarse años soñando despierta sobre un proyecto, pero no tener más que ensoñaciones para él, del mismo modo que las organizaciones pueden pasarse un tiempo inacabable celebrando reuniones llenas de discusiones y divagaciones que nunca van a ninguna parte. Además, un análisis minucioso como el realizado por el arquitecto de David puede ser laborioso y llevar años, pero si su enfoque es demasiado estrecho, no revelará fallos fundamentales o lagunas en el plan, y mucho menos los corregirá. Y por su impresionante detallismo puede dar la falsa idea de que el plan general es más sólido de lo que es, como una hermosa fachada sin estructura detrás. Los gobiernos y las corporaciones públicas burocratizadas son buenos elaborando este tipo de análisis. Es una de las principales razones por las que el proyecto de tren de alta velocidad de California pudo pasar más de una década «en planificación» antes de que comenzara la construcción, produciendo cantidades impresionantes de papel y de números sin entregar un plan digno de ese nombre.

En cambio, una buena planificación explora, imagina, analiza, prueba e itera. Eso lleva tiempo. La lentitud es entonces una consecuencia de hacer bien la planificación, no una causa. La causa de la buena planificación es el alcance y la profundidad de las preguntas que se hace y la imaginación y el rigor de las respuestas que ofrece. Repárese en que he puesto «preguntas» antes de «respuestas». Es evidente que las preguntas van antes que las respuestas. O mejor dicho, *debería* ser evidente. Por desgracia, no lo es. Los proyectos suelen comenzar con respuestas, no con preguntas.

El proyecto de David y Deborah empezó con «reformar la cocina». Eso es una respuesta, no una pregunta. Como ocurre a menudo con los proyectos, el objetivo del proyecto parecía obvio, se daba por sentado. La única pregunta era cuándo llevar a cabo el proyecto y, una vez decidido eso, era el momento de entrar en la planificación detallada. El hecho de no hacerse preguntas sobre el objetivo del proyecto era la causa fundamental de su fracaso.

Frank Gehry, posiblemente el arquitecto más valorado del mundo, nunca empieza con respuestas. «Crecí con el Talmud —me dijo cuando le entrevisté en 2021— y el Talmud empieza con una pregunta». Esto es típico del judaísmo, dijo. «Los judíos se cuestionan todo».[1]

Lo que Gehry entiende por cuestionar no es dudar o criticar, y mucho menos atacar o echar algo abajo. Se refiere a hacer preguntas con un deseo franco de aprender. Es, en una palabra, exploración. «De esta manera, se está siendo curioso», dice. Eso es lo contrario de la inclinación natural a pensar que «lo que se ve es todo lo que hay» (WYSIATI), la falacia que vimos en el capítulo anterior. Por el contrario, Gehry supone que *tiene que haber* más cosas que aprender. Con esa suposición evita la trampa de la falacia.

Y con esa disposición mental, lo primero que hace Gehry cuando se reúne con clientes potenciales es entablar largas conversaciones. No se trata de cháchara ni de que Gehry se muestre afable, ni de que dé lecciones sobre teoría arquitectónica o se detenga en visiones que bullen en su imaginación. En vez de eso, hace preguntas. Sin más motivo que la curiosidad, explora las necesidades del cliente, sus aspiraciones, sus miedos y todo lo que le ha llevado hasta su puerta. Toda la conversación comienza con una simple pregunta: «¿Por qué este proyecto?».

Pocos proyectos empiezan así. Todos deberían hacerlo.

La casilla de la derecha

El edificio más célebre de Frank Gehry —el que le elevó de las filas de las estrellas emergentes a la cima del mundo de la arquitectura— es el Museo Guggenheim de Bilbao. Esta galería de arte contemporáneo construida en Bilbao, España, es un edificio espectacular y resplandeciente, diferente de todo lo visto hasta ahora, tan obra de arte como las que se exponen en su interior.

Es comprensible que el Guggenheim de Bilbao se presente a menudo como el producto de nada más que la imaginación y el genio del arquitecto. Los observadores más cínicos lo ven como un ejemplo del fenómeno «starchitect», en el que los arquitectos dan rienda suelta a sus egos hinchados y a su idiosincrasia. Ambas caracterizaciones son falsas.

Cuando, en la década de 1990, se le propuso por primera vez que considerase el proyecto, voló a Bilbao y se reunió con funcionarios del gobierno del País Vasco, una comunidad autónoma del norte de España. El gobierno era el posible cliente, ya que había concebido un plan por el que pagaría a la Fundación Solomon R. Guggenheim para que creara y gestionara un Museo Guggenheim en Bilbao, la mayor ciudad del País Vasco. Los funcionarios habían seleccionado un edificio elegante, pero abandonado, construido originalmente en 1909 como almacén de vinos, para que fuese la futura sede del museo. ¿Consideraría Gehry la posibilidad de llevar a cabo la reforma?

Otro arquitecto podría haber dicho simplemente «No, gracias», y haberse marchado. O «Sí», y se hubiera puesto manos a la obra como hizo el arquitecto de David y Deborah. Gehry no; él hizo preguntas, empezando por la fundamental: «¿Por qué se hace este proyecto?».

El País Vasco fue una vez un centro de la industria pesada y la navegación, le dijeron. Pero eso fue en el pasado. «Bilbao estaba, no tan mal como Detroit, pero casi —recordó años después—. La industria siderúrgica desapareció. La industria naviera desapareció. Tenía un aspecto bastante triste».[2] La ciudad de Bilbao estaba anquilosada y en un lugar remoto, y pocos extranjeros habían oído hablar de ella, por lo que no se benefició del enorme flujo de turistas que inundaba anualmente el sur de España y Madrid. Un Guggenheim, esperaban los funcionarios, atraería visitantes a Bilbao y reanimaría la economía. Los funcionarios dijeron a Gehry que querían un edificio que pudiera hacer por Bilbao y el País Vasco lo que la Ópera de Sídney había hecho por Sídney y Australia: ponerlos en el mapa y estimular un nuevo desarrollo.[3]

Gehry inspeccionó el antiguo almacén. Le gustó el edificio, pero no para un proyecto con ese objetivo. Habría que derribar el edificio y sustituirlo, dijo. Y eso sería una pena cuando se le podría dar un buen uso de otra manera.

Pero Gehry tenía otra idea. Había visto un solar industrial abandonado junto a la ría de Bilbao que tenía buenas vistas en muchas direcciones. Olvídense de la reforma, dijo. Construyamos un nuevo y deslumbrante museo en ese sitio a orillas de la ría.[4]

Los funcionarios estuvieron de acuerdo. Y por una buena razón; su objetivo de impulsar la economía era ambicioso y requería un aumento del turismo. Un nuevo Guggenheim en un edificio reformado quizá podría conseguirlo en teoría. Pero ¿hasta qué punto era probable? ¿Alguna reforma, por brillante que fuera, ha causado alguna vez un revuelo global que atrajera a gran número de personas de todo el mundo? Es difícil pensar en una. Pero los nuevos edificios espectaculares en lugares impresionantes pueden atraer la atención mundial, y de hecho lo hacen. Algunos incluso han atraído a visitantes en grandes cantidades, como la Ópera de Sídney. Seguiría siendo un reto enorme, pero esa concepción parecía más probable que alcanzara lo que los vascos querían, o eso argumentaba Gehry.

El edificio resultante entusiasmó tanto a los críticos de arquitectura como a la gente corriente, y el Guggenheim de Bilbao causó sensación de la noche a la mañana. Los turistas inundaron la ciudad. Y trajeron dinero. En los tres primeros años de funcionamiento, casi cuatro millones de personas visitaron el antaño oscuro rincón de España, inyectando poco menos de mil millones de dólares (en dólares de 2021) en la región.[5]

La imaginación, el genio y el ego de Frank Gehry intervinieron sin duda en la creación del Guggenheim de Bilbao. Pero el edificio estuvo fundamentalmente conformado al objetivo del proyecto. Como demuestra su historial, Gehry es perfectamente capaz de diseñar edificios modestos y discretos en comparación con lo que hizo en Bilbao. De hecho, incluso hizo años más tarde una discreta reforma de un museo en Filadelfia.[6] Pero lo que el cliente quería conseguir en Bilbao exigía mucho más que eso, de modo que puso el museo donde está y lo hizo como es porque así se lograría mejor el objetivo del proyecto.

Los proyectos no constituyen objetivos en sí mismos. Los proyectos son el modo de alcanzar objetivos. Las personas no construyen rascacielos, pronuncian conferencias, desarrollan productos o escriben libros solo por el mero hecho de hacer tales cosas. Hacen estas cosas para conseguir otras.

Es una idea simple y evidente, pero es fácil y común olvidarla cuando la falacia del WYSIATI del capítulo 2 nos precipita a una conclusión que parece tan obvia que ni siquiera merece la pena discutirla. Si les hubieran preguntado a David y Deborah al principio de su proyecto cuál era su objetivo, probablemente se habrían encogido de hombros y habrían dicho algo así como «tener una cocina bonita». Eso es lo que dice la gente cuando confunde medios y fines.

Al principio de un proyecto tenemos que interrumpir la carrera, impulsada por la psicología, hacia una conclusión prematura desentrañando los medios y los fines y pensando de manera detenida qué es exactamente lo que queremos conseguir. La pregunta de Frank Gehry —¿Por qué se hace este proyecto?— consigue eso.

Imaginemos a unos políticos que quieren conectar una isla con el continente. ¿Cuánto costaría un puente? ¿Dónde debería estar situado? ¿Cuánto tiempo llevaría construirlo? Si discuten todo esto en detalle, es probable que piensen que han hecho una planificación excelente cuando, en realidad, empezaron con una respuesta —un puente es la mejor solución— y procedieron a partir de ahí. Si, en cambio, considerasen *por qué* quieren conectar la isla con el continente —para reducir el tiempo de desplazamiento al trabajo, para estimular el turismo, para proporcionar un acceso más rápido a la asistencia sanitaria de urgencia, lo que fuere—, se centrarían primero en los *fines* y solo después pasarían a discutir sobre los *medios* para alcanzar esos fines, que sería el orden correcto de las cosas. Así es como surgen las nuevas ideas: ¿Qué tal un túnel? ¿Un transbordador? ¿Un helipuerto? Hay muchas maneras de conectar una isla con el continente y satisfacer una necesidad. Dependiendo del objetivo, puede que ni siquiera tenga que ser una conexión física. Un excelente servicio de banda ancha puede hacer lo que se necesita, y más, por una fracción del coste. «Conectar» la isla puede que ni siquiera sea necesario o aconsejable. Si lo que preocupa es el acceso a la asistencia sanitaria de urgencia, por ejemplo, la mejor opción puede ser instalar ese servicio en la isla. Pero nada de esto saldrá a la luz si la discusión comienza con una respuesta.

Tener una idea clara e informada de cuál es el objetivo y por qué lograrlo —y no perderlo nunca de vista de principio a fin— es la base del éxito de un proyecto.

En la planificación de proyectos, una herramienta estándar es un diagrama de flujo que expone, de izquierda a derecha, lo que hay que hacer y cuándo; el proyecto concluye cuando se alcanza el objetivo, situado en la casilla final de la derecha. Este sencillo concepto también es valioso en las fases iniciales de planificación, porque puede ayudarnos a visualizar un proyecto no como un fin en sí mismo, sino como un medio para alcanzar un fin: el objetivo es la casilla de la derecha. Ahí es donde debe comenzar la planificación del proyecto planteándose la pregunta de Frank Gehry y explorando detenidamente qué debe haber en esa casilla. Una vez resuelto esto, se puede pasar a considerar qué debe haber en las casillas de la izquierda: los medios que mejor llevarán a su objetivo.

Llamo a esto «pensar de derecha a izquierda». Pero muchas otras personas que trabajan en distintos campos han identificado nociones similares y han utilizado un lenguaje diferente para describir lo que es fundamentalmente la misma idea.

El término «*backcasting*» se utiliza en la planificación urbana y medioambiental. Propuesto originalmente por John B. Robinson, profesor de la Universidad de Toronto, para abordar los problemas energéticos, el *backcasting* comienza por hacer una descripción detallada de un estado futuro deseable; después se trabaja hacia atrás para desentrañar lo que tiene que ocurrir para que ese futuro imaginado se haga realidad.[7] Un ejercicio de *backcasting* que analizó las necesidades de agua de California comenzó por imaginar una California ideal dentro de veinticinco años, y después se preguntó qué tendría que ocurrir —en el suministro, las tasas de consumo, la conservación, etc.— para hacer realidad ese feliz resultado.[8]

La «teoría del cambio» es un proceso similar que suelen utilizar las agencias gubernamentales y las organizaciones no gubernamentales (ONGs) que buscan el cambio social, como aumentar las tasas de alfabetización, mejorar el saneamiento o proteger mejor los derechos humanos. De nuevo, comienza definiendo el objetivo y solo después considera los cursos de acción que podrían producir el resultado deseado.

Silicon Valley está muy alejado de estos mundos, pero la misma idea básica está muy extendida en los círculos tecnológicos. «Hay que empezar por la experiencia del cliente y trabajar hacia atrás hasta dar con la tecnología —dijo Steve Jobs al público en la Conferencia Mundial de Desarrolladores de Apple de 1997—. No se puede empezar por la tecnología e intentar averiguar cómo intentar venderla. Yo cometí este error probablemente más que nadie en esta sala y tengo el tejido cicatricial que lo demuestra».[9] Hoy en día, «trabajar hacia atrás» es un mantra en Silicon Valley.

Perder de vista la derecha

La forma más habitual de fracasar al pensar de derecha a izquierda es perder de vista la derecha, el objetivo. Incluso Steve Jobs cometió este error después de insistir en lo contrario: que los proyectos tienen que empezar por la experiencia del cliente y trabajar hacia atrás hasta dar con la tecnología necesaria. El ejemplo más notorio fue el ordenador Power Mac G4 Cube de Apple. Lanzado en 2000, el G4 era un cubo translúcido que incluso hoy tiene un aspecto maravillosamente futurista. No tenía interruptor de encendido. Simplemente se hacía un gesto con la mano y se encendía. Tan original. Tan Steve Jobs. Y ahí estaba el problema. El G4 no se había diseñado teniendo en cuenta quiénes eran los clientes de Apple y qué les prestaría mejores servicios. Su combinación de coste, capacidades y estética fue moldeada por las pasiones de Steve Jobs, y por impresionante que fuera la máquina, resultaba incómoda para los clientes. El G4 fracasó y Apple lo desechó un año después con un gran coste.[10]

Pero el «trabajo hacia atrás» también fracasa cuando los planificadores no se ven obligados a concretar lo que hay en esa casilla final de la derecha en el diagrama de flujo, ni forzados a pensar de derecha a izquierda. Sin eso, es fácil dejarse consumir por la ventisca de detalles y dificultades que surgen durante la planificación de cualquier proyecto mientras el objetivo, que al principio solo se comprendía vagamente, desaparece de la vista. Entonces el proyecto puede desviarse en direcciones imprevisibles, como ocurrió de forma tan espectacular con la reforma de la cocina de David y Deborah.

Jeff Bezos era muy consciente de ese peligro e ideó una forma elegante de mantener a Amazon centrada en los clientes, que es el principal credo de la empresa. Bezos señaló que, cuando un proyecto se completa con éxito y está listo para anunciarse públicamente, el último paso convencional es hacer que el departamento de comunicaciones redacte dos documentos. Uno es un comunicado de prensa (PR) muy breve que resume en qué consiste el nuevo producto o servicio y por qué es valioso para los clientes. El otro es un documento de «preguntas frecuentes» (FAQ) con más detalles sobre costes, funcionalidad y otras cuestiones. La gran idea de Bezos fue convertir este *último* paso de un proyecto convencional en el *primer* paso en los proyectos de Amazon.[11]

Para lanzar un nuevo proyecto en Amazon, primero hay que escribir un PR y un FAQ, poniendo el objetivo justo en las primeras frases del comunicado de prensa. Todo lo que ocurra después será trabajar hacia atrás a partir del PR/FAQ, como se denomina en Amazon. Lo más importante es que el lenguaje de ambos documentos sea claro. «Yo lo llamaba "Oprah-speak" —dice Ian McAllister, un antiguo ejecutivo de Amazon que escribió múltiples PR/FAQ para Jeff Bezos—.[12] Ya sabe, Oprah tenía a alguien en su programa que decía algo, y Oprah se dirigía a su audiencia y lo explicaba de una forma muy sencilla que cualquiera podía entender». Con un lenguaje así, los defectos no pueden ocultarse tras la jerga, los eslóganes o los términos técnicos. El pensamiento queda al descubierto. Si es confuso, poco meditado o ilógico, o si se basa en suposiciones sin fundamento, un lector atento lo verá.

Los proyectos se presentan en una reunión de una hora con los altos ejecutivos. Amazon prohíbe las presentaciones en PowerPoint y todas las herramientas habituales del mundo corporativo, por lo que se reparten copias del PR/FAQ alrededor de la mesa y todos las leen, lenta y cuidadosamente, en silencio. A continuación comparten sus ideas iniciales, siendo los más veteranos los últimos en hablar para evitar influir prematuramente en los demás. Por último, el redactor repasa los documentos línea por línea, y cualquiera puede intervenir en cualquier momento. «Esta discusión de los detalles es la parte crítica de la reunión —escribieron Colin Bryar y Bill Carr, dos antiguos ejecutivos de Amazon—. La gente hace preguntas difíciles. Entran en intensos debates y discusiones sobre las ideas clave y la forma en que se expresan».[13]

A continuación, el redactor del PR/FAQ tiene en cuenta los comentarios, escribe otro borrador y lo vuelve a presentar al grupo. El mismo proceso se desarrolla de nuevo. Y otra vez. Y otra. Todo lo relacionado con la propuesta se pone a prueba y se refuerza a través de múltiples iteraciones. Y como se trata de un proceso participativo con las personas pertinentes, profundamente implicadas desde el principio, se garantiza que el concepto que finalmente emerge se vea con la misma claridad en las mentes de todos, desde la persona que propone el proyecto hasta el CEO. Todo el mundo está en sintonía desde el principio.

Pero ningún proceso es infalible. Cuando a Jeff Bezos se le ocurrió la idea de una pantalla de teléfono en 3D que permitiera el control mediante gestos en el aire (¡otra vez el gesto con la mano!), se enamoró del concepto. Más tarde, fue coautor efectivo del PR/FAQ que lanzaría el proyecto Amazon Fire Phone. Bill Carr, exvicepresidente de medios digitales de Amazon, recuerda que cuando oyó hablar por primera vez del Fire Phone en 2012 se preguntó por qué alguien querría una pantalla 3D que consume batería en un teléfono.[14] Pero el trabajo siguió adelante, ocupando a más de mil empleados. Cuando el Fire Phone salió a la venta en junio de 2014 a un precio de doscientos dólares, no se vendió. El precio se redujo a la mitad. Luego, el teléfono era gratis. Amazon no podía regalarlo. Un año después se dejó de fabricar y se dieron por perdidos cientos de millones de dólares. «Fracasó por todas las razones por las que dijimos que iba a fracasar: la locura de la ocurrencia», dijo un ingeniero de *software*. Preguntarse «¿por qué?» solo puede funcionar allí donde las personas se sienten libres para decir lo que piensan y los responsables de la toma de decisiones escuchan de verdad. «Muchos empleados que trabajaron en el Fire Phone tenían serias dudas sobre él —concluyó el periodista y escritor Brad Stone, que ha escrito historias autorizadas de Amazon—, pero nadie, al parecer, había sido lo suficientemente valiente o inteligente como para pronunciarse y ganar en una discusión a su obstinado líder».[15]

Pensar de derecha a izquierda es exigente porque no es natural. Lo que es natural es WYSIATI —lo que se ve es todo lo que hay— y centrarse exclusivamente en lo que se tiene delante. Y cuando uno está obsesionado con una idea genial o metido de lleno en el diseño del proyecto, o enterrado en mil y un detalles, la casilla de la derecha no aparece por ninguna parte. Es entonces cuando empiezan los problemas.

Robert Caro puede ser de ayuda en esto.

Caro es el mejor biógrafo estadounidense vivo, famoso por sus libros voluminosos, de contenido profundamente investigado y en extremo complejos, sobre el presidente Lyndon B. Johnson y Robert Moses, el hombre que construyó Nueva York, unas obras que tarda hasta una década o más en escribir. Comienza todos sus descomunales proyectos de la misma manera: rellena la casilla de la derecha.

«¿De qué trata este libro? —se pregunta—. ¿Cuál es su sentido?». Se obliga a «reducir el libro a tres párrafos, o dos, o uno».[16] Estos párrafos expresan el tema narrativo con perfecta sencillez.

Pero no hay que confundir sencillo con fácil. Caro escribe un borrador y lo tira. Luego otro y otro, en iteraciones aparentemente interminables. Esto puede durar semanas mientras compara su resumen con su voluminosa investigación. «Todo el tiempo me digo a mí mismo: "no, eso no es exactamente lo que intentas hacer en este libro"». Se pone de mal humor. «Llego a casa y [mi mujer] ni siquiera quiere verme durante las primeras horas». Pero la lucha merece la pena. Cuando por fin tiene sus preciados párrafos, los pega a la pared detrás de su escritorio, donde le resulta literalmente imposible perder de vista su objetivo.

En los largos años que tiene por delante mientras escribe su libro y se adentra cada vez más en la jungla de su investigación, con el peligro creciente de perderse en su complejidad, Caro mira constantemente su resumen y lo compara con lo que está escribiendo en ese momento. «¿Encaja esto en esos tres párrafos? —se pregunta—. ¿Cómo encaja? Lo que has escrito es bueno, pero no encaja. Así que tienes que desecharlo o encontrar la manera de que encaje».

Con el objetivo siempre a la vista, no puede perderse. Eso es pensar de derecha a izquierda.

De vuelta a Cobble Hill

Imaginemos que estamos en 2011. David y Deborah están sentados en su pequeña cocina, tomando café y hablando de la reforma de la cocina. ¿Cómo debería ser esa conversación para dar al proyecto una base sólida? Debería empezar con la pregunta de Frank Gehry: ¿Por qué se hace este proyecto?

Probablemente empezarían por lo obvio, algo así como «Sería agradable pasar más tiempo cocinando en la cocina». Pero eso es la superficie. Necesitan profundizar más. ¿Para quién van a cocinar? Si se trata de invitados, ¿son familiares cercanos? ¿Amigos? ¿Conocidos de negocios? ¿Por qué quieren hacerlo más veces?

Entonces ¿qué debe ir en la casilla de la derecha? Eso no se puede decidir sin entrar en muchos más detalles sobre la vida, las aspiraciones y las prioridades de David y Deborah. Pero una posibilidad es «tener más invitados en casa». Habría que profundizar en ello. ¿Por qué quieren tenerlos? El proyecto necesita un objetivo claro y explícito. Eso no puede resolverse a la ligera; es el tema de todo el proyecto y debe tratarse en consecuencia.

Si el objetivo es tener más invitados en casa, ¿cuál sería la mejor forma de conseguirlo para David y Deborah? No pueden hacerlo sin una reforma de la cocina. ¿Pero les llevará eso a su objetivo? Los invitados no solo utilizarán la cocina, sino también el salón, con su fea chimenea de bricolaje y ese horrible cuarto de aseo. Si ese pensamiento les hace avergonzarse, es que han descubierto que el mal estado de la cocina no es el único obstáculo para su objetivo. También tienen que retirar el cuarto de aseo y reformar la chimenea.

Al estudiar cuidadosamente lo que hay que hacer para lograr su objetivo, la lógica que afloró a mitad de la construcción y convenció a David y Deborah de hacer ampliaciones parciales del proyecto aflorará en una conversación acerca de qué otras reformas podrían considerar. Y si las obras principales están en marcha y de todos modos tendrían que mudarse, ¿no tendría sentido considerar también otras obras que podrían querer hacer en el futuro? Para acabar con todo de una vez. Además, es más barato que los trabajadores vengan una vez a la obra y hagan muchas tareas en lugar de volver muchas veces.

Si el alcance del proyecto se amplía de esta manera —en la conversación, recordemos, no en la realidad— seguramente se planteará la cuestión del dinero. ¿Pueden permitírselo? Eso depende no solo de sus finanzas actuales, sino también de sus planes futuros. El valor de las propiedades ha subido mucho desde que se mudaron, así que podrían recuperar parte del dinero si vendieran la casa. Pero ¿*venderán* la casa? ¿Piensan quedarse allí hasta el final de sus carreras? ¿Dónde vivirán cuando se jubilen? Estas decisiones pueden estar demasiado lejos como para preocuparles o pueden ser objeto de consideraciones importantes. Solo podrán saberlo sacándolas a relucir y discutiéndolas.

Quizá la conversación habría llevado a David y Deborah a ampliar un poco el proyecto. O mucho. Tal vez habrían decidido que el proyecto debería tener un objetivo más ambicioso —algo así como «hacer que el tiempo en casa sea más agradable en todos los aspectos y elevar el valor de la vivienda a su máximo potencial de mercado»— y habrían concluido que deberían hacer una reforma de arriba abajo.

O quizá habrían analizado el coste, sus finanzas y sus planes de jubilación y lo habrían reducido. Tal vez habrían decidido que era demasiado caro hacerlo en su totalidad y que no valdría la pena desarrollarlo parcialmente, de modo que lo habrían cancelado todo.

Tal vez habrían decidido que la granja donde pasan los veranos es donde deberían poner su dinero. O que, en lugar de hacer mejoras de capital, deberían invertir el dinero.

Pero hay dos cosas de las que podemos estar seguros: si se hubieran hecho estas preguntas, David y Deborah nunca habrían decidido hacer la reforma del modo como la hicieron. Y cada uno de los posibles planteamientos habría producido un resultado superior al que obtuvieron. La planificación se habría hecho una vez. Los planos se habrían presentado una vez. El trabajo se habría hecho en el orden más eficiente, más rápido. Y solo una vez. El proyecto habría costado a David y Deborah mucho menos dinero, tiempo y sufrimientos.

Y lo que es más importante, el proyecto no habría quedado fuera de control y habría sido el producto de sus decisiones informadas. En lugar de algo que les ocurrió, habría sido algo que ellos hicieron que ocurriera.

Epílogo

Al escribir este capítulo, omití una parte sustancial de la historia de David y Deborah. Recordemos que la casa adosada tiene cuatro pisos más un sótano. David y Deborah solo poseen los dos pisos inferiores y el sótano. Sus vecinos son propietarios de los dos pisos superiores. David y Deborah estaban legalmente obligados a conseguir que sus vecinos dieran el visto bueno a su propuesta de reforma de la cocina, y así lo hicieron, pero ellos y sus vecinos no discutieron seriamente su plan, y mucho menos lo que podrían hacer conjuntamente dentro de lo que es, después de todo, un único edificio pequeño.

Fue una lástima, porque después de que David y Deborah pasaran por dieciocho meses de infierno, sus vecinos vieron la vivienda terminada, les gustó su aspecto y decidieron hacer lo mismo, de la misma manera. Al igual que David y Deborah, no decidieron cuidadosamente qué objetivo debía ir en la casilla de la derecha. Al igual que David y Deborah, no pensaron cuidadosamente en los mejores medios para lograr ese fin. Incluso recurrieron al contratista de David y Deborah.

El resultado fue el mismo, salvo que se extendió a lo largo de dos años más de agonía. El trabajo en el piso de arriba llenaba de polvo el piso de abajo y en ocasiones causaba desperfectos. Deborah no pudo soportarlo. Se mudó mientras tanto. En un momento dado, David pasó tres meses a oscuras porque unas planchas de madera contrachapada cubrían sus ventanas. Finalmente se hartó y se fue a vivir con un amigo durante un año. Las obras que se habían hecho en la primera reforma tuvieron que ser deshechas y rehechas en la segunda. El momento más desalentador fue cuando los vecinos descubrieron que la fachada de ladrillo del edificio corría peligro de desmoronarse, lo que obligó a retirar todos los ladrillos y volver a colocarlos. La parte de la factura que les correspondió a David y Deborah ascendió a 180.000 dólares.

Según los cálculos aproximados de David, Deborah, él y sus

vecinos gastaron en total cerca de un millón de dólares *cada uno* en reformar la pequeña casa adosada. Si alguien les hubiera sugerido hacer eso al principio, dice, lo habrían calificado de «locura». Pero ahí es donde llegaron, paradójicamente, porque empezaron el proyecto «encerrados en una visión limitada de lo que queríamos conseguir», en palabras de David. Deborah y él no se habrían encerrado en tal visión si hubieran iniciado su proyecto con preguntas al estilo Gehry y un pensamiento firme de derecha a izquierda, y hubieran incluido a sus vecinos en el debate. Pero no lo hicieron.

Al fin y al cabo, solo se trataba de una pequeña reforma de la cocina. ¿Qué podía salir mal?

4

Planificación Pixar

A los humanos se nos da fatal hacer las cosas bien a la primera.
Pero somos geniales retocando. Los planificadores sabios sacan el
máximo partido de este conocimiento básico de la naturaleza
humana. Prueban, aprenden y vuelven a hacerlo. Planifican
como lo hacen Pixar y Frank Gehry.

Esta es la historia de dos obras maestras.

La primera se alza sobre un afloramiento rocoso del puerto de Sídney, en la costa australiana. La Ópera de Sídney es un collage de gráciles curvas blancas que evocan velas hinchadas, nubes o alas de pájaro. Desafiando la masa y la escala, el edificio nos eleva. Se siente ligero y alegre, como si pudiera despegar con el viento. Cuando se terminó hace medio siglo, asombró al mundo. No se había visto nada igual. La Ópera se convirtió en un orgulloso símbolo nacional y un tesoro internacional. «Se alza por sí misma como una de las obras maestras indiscutibles de la creatividad humana», declaró un informe de evaluación de expertos encargado por la UNESCO. En 2007 fue declarado Patrimonio Mundial de la UNESCO, junto con el Taj Mahal y la Gran Muralla China, el primer edificio cuyo arquitecto seguía vivo.[1]

Ya nos hemos encontrado con la segunda obra maestra. Es el Museo Guggenheim de Bilbao. El renombrado escultor estadounidense Richard Serra lo calificó como «uno de los mayores logros de la arquitectura del siglo xx».[2] Cuando en una encuesta realizada en 2010 se pidió a los principales arquitectos y expertos en arquitectura del mundo que nombraran las obras más importantes desde 1980, el Guggenheim de Bilbao ocupó, con diferencia, el primer puesto.[3]

Mucha gente considera que la Ópera de Sídney y el Museo Guggenheim de Bilbao son los mejores edificios del siglo pasado. Yo estoy de acuerdo.

El diseño de la Ópera de Sídney era fruto de la genialidad. El arquitecto fue Jørn Utzon, relativamente desconocido cuando ganó el concurso mundial para concebirla.

El Guggenheim de Bilbao también fue producto de la genialidad. Diseñado por Frank Gehry, es posiblemente la mayor obra de un arquitecto tan original que la única categoría en la que se le puede clasificar es la suya propia.

Pero hay una diferencia entre estos dos edificios. Y es grande.

La construcción de la Ópera de Sídney fue un completo fiasco. Los contratiempos se acumularon. Los costes se dispararon. Programada para construirse en cinco años, tardó catorce. La factura final fue un 1.400 por ciento superior a lo estimado, uno de los mayores sobrecostes de un edificio que ha conocido la historia. Peor aún, la Ópera de Sydney destruyó la carrera de Jørn Utzon.

El Guggenheim de Bilbao se construyó conforme al plazo y dentro del presupuesto. Para ser precisos, costó un 3 por ciento *menos* de lo previsto.[4] Y, como vimos en el capítulo anterior, produjo los beneficios esperados y más, lo cual le dio al proyecto una compañía muy selecta en el único 0,5 por ciento de grandes proyectos que cumplen todas las promesas. Ese éxito elevó a Frank Gehry a la cima de los arquitectos del mundo, lo que le valió muchos más encargos y una vasta y distinguida obra en todo el mundo.

Hay mucho que aprender de este contraste.

Experiri

«Planificar» es un concepto con bagaje. Para muchos evoca una actividad pasiva: sentarse, pensar, mirar fijamente al espacio, abstraerse en lo que se piensa hacer. En su forma más institucional, la planificación es un ejercicio burocrático en el que el planificador redacta informes, colorea mapas y gráficos, programa actividades y rellena casillas en diagramas de flujo. Estos planes suelen parecerse a los horarios de los trenes, pero son aún menos interesantes.

Gran parte de la planificación encaja en esa categoría. Y eso es un problema, porque es un grave error tratar la planificación como un ejercicio de pensamiento y cálculo abstracto y burocrático. Lo que aleja a la buena planificación del resto es algo completamente diferente. Lo capta un verbo latino, *experiri*. *Experiri* significa «experimentar», «ensayar», «probar». Es el origen de dos palabras maravillosas: «experimento» y «experiencia».

Pensemos en cómo aprendemos normalmente: modificamos cosas. Probamos esto. Probamos aquello. Vemos lo que funciona y lo que no. Repetimos. Aprendemos. Esto es experimentación que crea experiencia. O, para usar la expresión de los teóricos, es «aprendizaje experimental». Se nos da bien aprender modificando o corrigiendo cosas, lo cual es una suerte, porque se nos da fatal hacer las cosas bien a la primera.

A veces, modificar o corregir requiere tenacidad, y siempre la voluntad de aprender del fracaso. «No he fracasado diez mil veces —dijo Thomas Edison—. He encontrado con éxito diez mil formas que no funcionan». No era una hipérbole. Solo para averiguar cómo fabricar un filamento de bajo coste y larga duración para una bombilla, Edison tuvo que realizar cientos de experimentos con diferentes sustancias antes de encontrar la única —bambú carbonizado— que funcionaba.[5]

La experimentación en la planificación requiere una simulación del proyecto por venir. Con ella pueden hacerse cambios en la simulación y ver qué ocurre. Los cambios que funcionan —los que llevarán a la casilla de la derecha— se mantienen. Los que no, se desechan. Con muchas iteraciones y pruebas serias, la simulación evoluciona hasta convertirse en un plan creativo, riguroso y detallado, es decir, un plan en el que *confiar*.

Pero la genialidad de nuestra especie es que podemos aprender no solo de nuestra propia experiencia, sino de la de los demás. El propio Edison comenzó sus experimentos con los filamentos de las bombillas estudiando los resultados de otros muchos científicos e inventores que habían intentado crear una bombilla eficaz antes que él. Y una vez que resolvió el problema, cualquiera podía saltarse los experimentos, estudiar lo que él había hecho y fabricar una bombilla que funcionara.

Pero, aunque yo conozca la solución de Edison al problema de la bombilla, mi primer intento de fabricar una bombilla que funcione sería casi con seguridad una lucha. Sería lento, y puede que mi bombilla no funcione bien. Así que lo intentaría de nuevo. Y mejoraría un poco. Y lo volvería a hacer una y otra vez. Y mejoraría mucho. Eso se llama «curva de aprendizaje positiva»: las cosas se tornan más fáciles, más baratas y más eficaces con cada iteración.[6] Esto también es experiencia, y de un valor inestimable. Como dice el viejo adagio latino, «*Repetitio est mater studiorum*»: «La repetición es la madre del aprendizaje».

Un buen plan es aquel que aplica meticulosamente la experimentación o la experiencia. Un gran plan es aquel que aplica rigurosamente ambas. En este capítulo examinaré cómo utilizar la experimentación en la planificación; en el siguiente, la experiencia.

«Un magnífico garabato»

Un mal plan es el que no aplica ni la experimentación ni la experiencia. El plan para la Ópera de Sídney era *muy* malo.

El crítico de arte australiano Robert Hughes describió la propuesta de Jørn Utzon en el concurso de diseño como «nada más que un magnífico garabato».[7] Es un poco exagerado, pero no mucho. La propuesta de Utzon era tan exigua que ni siquiera satisfacía todos los requisitos técnicos establecidos por los organizadores, pero sus sencillos bocetos eran indiscutiblemente brillantes —quizá demasiado—. Hipnotizaron al jurado y arrasaron con las objeciones, dejando un sinfín de preguntas sin respuesta.

El mayor misterio residía en las valvas curvas que constituían el núcleo de la visión de Utzon. Eran hermosas sobre el papel bidimensional, pero ¿qué construcciones tridimensionales les permitirían mantenerse en pie? ¿De qué materiales estarían hechas? ¿Cómo se construirían? Nada de eso se había calculado. Utzon ni siquiera había consultado a los ingenieros.

En aquel momento, los organizadores del concurso deberían haber felicitado a Utzon por su visión y haberle pedido que se tomara el tiempo que fuera necesario para experimentar con sus ideas y aprovechar la experiencia de otros para desarrollar un plan serio. Con eso en la mano, se podrían haber hecho estimaciones de costes y plazos, autorizado presupuestos y comenzado la construcción. Se habría seguido el principio del «piensa despacio, actúa rápido». Pero no fue eso lo que ocurrió, sino todo lo contrario. La Ópera de Sídney es un caso ejemplar de «piensa rápido, actúa despacio».

La fuerza clave que impulsó el proyecto de la Ópera fue Joe Cahill, jefe de Gobierno del estado de Nueva Gales del Sur. Cahill llevaba muchos años en el cargo y estaba enfermo de cáncer. Como tantos políticos antes y después, sus pensamientos se volvieron hacia su legado. Y como otros políticos antes y después, decidió que las políticas públicas que había impulsado no eran suficientes, que su legado debía adoptar la forma tangible de un gran edificio. Pero los colegas del Partido Laborista australiano de Cahill no compartían su sueño. Nueva Gales del Sur se enfrentaba a una grave escasez de viviendas y escuelas, y emplear dinero público en un costoso teatro de la ópera les parecía un disparate.

Enfrentado a un dilema político clásico, Cahill eligió una estrategia política clásica: redujo el coste, ayudado en parte por una estimación preparada para los jueces del concurso que simplemente rellenaba los grandes espacios en blanco del plan con suposiciones optimistas y concluía que el diseño de Utzon era el más barato de los principales concursantes.

Y Cahill aceleró el proceso. Decretó que la construcción comenzara en febrero de 1959, fuera cual fuese el estado de la planificación. No por casualidad, había elecciones en marzo de 1959. Incluso dio instrucciones a sus funcionarios para que empezaran a construir y «progresaran tanto que nadie que me suceda pueda detener esto».[8] Era la estrategia de «empezar cavando un hoyo» comentada en el capítulo 2. Y funcionó para Cahill. En octubre de 1959, él estaba muerto, pero el teatro de la ópera estaba vivo y en construcción, aunque nadie sabía con exactitud lo que estaban construyendo porque aún no se había decidido ni dibujado el diseño final.

A medida que Jørn Utzon trabajaba, veía que los retos que tenía por delante eran muchos y abrumadores, lo que habría estado bien si el proyecto hubiera existido únicamente en su mesa de dibujo. Pero con la construcción en marcha, era solo cuestión de tiempo que los problemas sin resolver y las sorpresas desagradables salieran a la superficie y postraran el proyecto cada vez más en retrasos y números rojos. Utzon se esforzó mucho, y al final consiguió resolver el rompecabezas de construir las valvas curvas sustituyéndolas por un diseño ingenioso, pero sustancialmente más vertical que el que había esbozado al principio.[9] Pero ya era demasiado tarde para evitar el desastre.

Debido sobre todo al precipitado inicio de la construcción, todo lo que subió rápidamente fue el coste. Incluso hubo que dinamitar y desmontar obras terminadas para empezar de nuevo. Inevitablemente, el proyecto se convirtió en un escándalo político. El nuevo ministro responsable, que despreciaba a Utzon, lo acosó y hasta lo privó de sus honorarios. En 1966, Utzon fue apartado y sustituido en mitad de la construcción, con las valvas apenas levantadas y sin ningún trabajo interior realizado.[10] Él y su familia abandonaron Australia en secreto, deslizándose a bordo de un avión minutos antes de que se cerraran las puertas para evitar a la prensa.

Cuando el teatro de la ópera fue finalmente inaugurado por la reina Isabel II en octubre de 1973, era acústicamente inadecuado para la ópera e internamente defectuoso en muchos otros aspectos debido al caótico proceso de su creación y al rechazo que sufrió su creador. El hombre cuya visión había creado la alta estructura ni siquiera estuvo presente en las ceremonias, y su nombre no se mencionó.[11]

Utzon nunca regresó a Australia. Murió en 2008 sin haber contemplado nunca con sus propios ojos su obra maestra terminada. Una tragedia digna de una ópera.

El bulto que redefinió la arquitectura

La historia de la construcción del Museo Guggenheim de Bilbao es mucho menos dramática y mucho más feliz. Aunque fue Gehry quien convenció a los funcionarios de Bilbao para construir un nuevo museo en el emplazamiento junto a la ría, aún tuvo que ganar el concurso para diseñarlo. Para desarrollar su propuesta, pasó por un periodo intensivo de lo que él llama «juego»: probando ideas. En su forma más simple, Gehry esbozaba ideas sobre el papel con garabatos que resultarían desconcertantes para cualquiera que no supiera en qué estaba trabajando. Pero sobre todo trabajaba con maquetas, empezando con bloques de construcción de madera de varios tamaños que juntaba primero de una forma y luego de otra, buscando algo que le pareciese funcional y visualmente agradable. Trabajando con Edwin Chan, arquitecto del estudio de Gehry, empezó con una maqueta preliminar de bloques, a la que luego añadió trozos de papel blanco retorcidos en diversas formas. Estudió atentamente cada cambio y debatió si debía conservarse o eliminarse. Los ayudantes construían un nuevo modelo de madera y cartón, y se repetía el proceso. «A menudo había múltiples modelos en un solo día, ya que Frank probaba y rechazaba varias ideas en rápida sucesión», escribió Paul Goldberger, biógrafo de Gehry.[12] Dos semanas de tales iteraciones crearon la obra ganadora de Gehry, tras lo cual el proceso continuó: probar, aprender y volver a hacerlo.

Gehry ha trabajado con modelos durante toda su carrera. Su estudio está lleno de ellos. De hecho, tiene todo un almacén con décadas de maquetas. Empieza a una escala. Luego, para ver el proyecto desde una perspectiva diferente, suele probar con otra y luego con otra y así sucesivamente. Se centra en algún aspecto del proyecto en una maqueta y se aleja para ver el conjunto en otra, ampliando y reduciendo maquetas hasta que está satisfecho de entender cómo se verá y funcionará el edificio desde todos los puntos de vista. Y siempre está probando nuevas ideas, discutiendo los resultados con su equipo y con los clientes, decidiendo lo que funciona y lo que no. Y esto es solo el principio de su proceso.

Tras conseguir el contrato para diseñar el Guggenheim de Bilbao, Gehry y Chan pasaron la mayor parte de dos años haciendo iteración tras iteración, con el trabajo pasando del mundo decididamente analógico de los bloques de construcción y el cartón a la sofisticada simulación digital mediante un *software* llamado CATIA.[13] Originalmente desarrollado en 1977 por el gigante aeroespacial francés Dassault para diseñar reactores, fue modificado para que Gehry diseñara edificios en toda su complejidad tridimensional. El nivel de detalle y precisión que permite CATIA es asombroso. Ha potenciado el trabajo y la imaginación de Gehry como ninguna otra herramienta.

Al principio de su carrera, Gehry trabajaba sobre todo con líneas rectas y formas de caja, pero cuando sus pensamientos se volvieron cada vez más hacia las curvas, descubrió que lo que imaginaba, una vez construido, le horrorizaba. Me enseñó una foto de uno de sus primeros edificios con curvas, el Museo del

Diseño Vitra en Weil am Rhein (Alemania), terminado en 1989. Es un hermoso edificio, pero el tejado de la escalera de caracol de la parte trasera de la estructura tiene una protuberancia que no parece intencionada.[14] Y no lo era. Gehry no pudo hacer que sus dibujos bidimensionales funcionaran para que los constructores pudieran construir realmente lo que tenía en la cabeza. Así que no lo hicieron por causas ajenas a su voluntad. Simplemente, la visión de Gehry no se trasladaba al mundo real. Pero CATIA se había creado para trabajar con curvas tan sutiles como las líneas del fuselaje de un avión y una física tan implacable como la aerodinámica por encima de la velocidad del sonido. Por primera vez, Gehry y su equipo pudieron experimentar con toda la paleta de formas, seguros de que podrían construirse.

Tres años después de hacer aquel tejado rígido en Alemania, Gehry construyó el Pez Olímpico de Barcelona para los Juegos Olímpicos de 1992. Ese fue su primer diseño realizado íntegramente con CATIA, y solo fue posible gracias a CATIA. Ahora, las curvas fluían. Solo cinco años después, en 1997, se inauguró el Museo Guggenheim de Bilbao. La transformación del bulto de Alemania en las elegantes curvas de Bilbao solo ocho años después es algo excepcional tanto tecnológica como estéticamente. Es una transformación de estilo arquitectónico tan radical —y feliz— como pocas en la historia de la arquitectura.

Las posibilidades de CATIA resultaban inagotables. Gehry y su equipo podían alterar una curva aquí o cambiar una forma allá, y el ordenador calcularía rápidamente las implicaciones para todos los demás aspectos del edificio, desde la integridad estructural (¿se mantendrá en pie?) hasta la funcionalidad de los sistemas eléctrico y de fontanería (¿funcionará?) y el presupuesto (¿podemos permitírnoslo?). La iteración estaba ahora sobrealimentada. Gehry aprovechó al máximo las capacidades del *software*, probando aún más ideas. Realmente, el edificio Guggenheim se construyó por primera vez de forma completa y satisfactoria en un ordenador. Solo tras la finalización de su «gemelo digital» —término que se

acuñaría años después de que Gehry lo creara por primera vez
— comenzó la construcción en el mundo real.

Ese método no solo permitía la audacia artística, sino también
una asombrosa eficacia, como demostraron Gehry y su equipo cuando más tarde afrontaron la construcción del 8 de Spruce Street en
Nueva York, un edificio de viviendas de setenta y seis plantas. Gehry
tuvo la brillante idea de hacer que la fachada de acero inoxidable se
abombara y retrocediera para asemejarse a una tela ondeando al viento. Pero, para conseguirlo, cada pieza de la fachada tenía que ser diferente, fabricarse en una factoría y luego montarse en el sitio. Todo
tenía que encajar a la perfección y cumplir toda la función práctica
de una fachada, creando al mismo tiempo la magnífica ilusión de una
tela ondulante. Y no podía costar mucho más que una fachada ordi-
naria. Para ello fue necesario realizar incesantes pruebas. «Si se hiciera esto a mano, se podrían hacer dos o tres intentos dentro del periodo de diseño permitido», señaló Tensho Takemori, arquitecto del
estudio de Gehry.[15] Pero, gracias a la simulación digital, «tuvimos
miles de iteraciones. Y gracias a ello, fuimos capaces de perfeccionar
aquella cosa con tanta eficiencia que pudimos reducir el coste a casi
lo mismo que un muro de cerramiento plano. La prueba de ello es
que no hubo órdenes de cambio, y ese es un resultado bastante inaudito para una torre de setenta y seis plantas».

Años después de que el Guggenheim de Bilbao convirtiera a
Gehry en uno de los arquitectos más célebres del mundo, hizo una
aparición como invitado en un episodio de *Los Simpson*: Marge
envía una carta al renombrado arquitecto pidiéndole que diseñe
una sala de conciertos para Springfield. Gehry arruga la carta y la
tira al suelo, pero entonces jadea al ver su forma. «¡Frank Gehry,
eres un genio!», grita. Y a continuación se ve a Gehry presentando
una maqueta de la nueva sala de conciertos de Springfield, que se
parece notablemente al Guggenheim de Bilbao.[16] Gehry se arre-
pintió del episodio. Lo hizo como una broma, pero la gente se lo
tomó en serio. «Esto me ha perseguido —explicó a un entrevista-
dor de televisión—. La gente que ha visto *Los Simpson* se lo

cree».[17] Frank Gehry es, en efecto, un genio, pero todo lo demás sobre esa imagen de cómo trabaja es erróneo. De hecho, es lo contrario de la verdad.

El grado de atención y precisión de Gehry en la planificación del Guggenheim de Bilbao fue, y es, muy poco habitual en el mundo de la arquitectura —y en otras áreas—. He hablado con Gehry varias veces a lo largo de los años en su estudio; en Oxford, donde le invité a dar una conferencia, y en sus viajes, y es categórico cuando afirma que la planificación precisa es esencial. «En nuestra práctica no permitimos que el cliente comience la construcción hasta estar seguros de que estamos haciendo un edificio que se ajusta a su presupuesto y cumple sus requisitos. Utilizamos toda la tecnología de que disponemos para cuantificar de la forma más precisa los elementos de la construcción para que no haya demasiadas conjeturas», me dijo.[18] En otra ocasión afirmó: «Quiero garantizar que podemos construir esa visión. Y quiero garantizar que podemos construirla a un precio que el propietario pueda permitirse».[19]

Es difícil exagerar el contraste entre la planificación del Guggenheim de Bilbao y la de la Ópera de Sídney. La primera es la ilustración perfecta del «piensa despacio, actúa rápido»; es decir, de cómo hacer proyectos. La segunda es un penoso ejemplo de «piensa rápido, actúa despacio»; es decir, de cómo *no* hacer proyectos. En tal sentido, esta historia de dos obras maestras trata de mucho más que de arquitectura.

A la manera de Pixar

En la actualidad, Pete Docter es el director ganador de tres Oscar por las películas de animación *Up*, *Inside Out (Del revés)*, y *Soul*. También es el director creativo de Pixar, el famoso estudio del que salió una larga serie de filmes que marcaron una época, empezando por la primera película de animación por ordenador del mundo, *Toy Story*, en 1995. Pero cuando Docter se incorporó a Pixar en 1990, el estudio era pequeño. La animación digital estaba en pañales. Y Docter era joven e ingenuo.

«Me imaginaba que gente como Walt Disney estaría tumbada en la cama y de repente gritaría "¡Dumbo!" —dijo sonriente—. Todo estaría en su cabeza, y podrían contarte la historia de principio a fin».[20] Con la experiencia descubrió que las historias que cuentan los cineastas no son tan fáciles. «Esto empieza como una mancha gris», dijo.

En una larga conversación, Docter detalló el proceso que utiliza Pixar para pasar de una «mancha gris» a una película ganadora de un Oscar en los cines. Yo estaba preparado para ver que aquello era bastante diferente de lo que Gehry hizo para planificar el Guggenheim de Bilbao. Al fin y al cabo, una película de animación es tan diferente de un museo de arte como un teatro de ópera de un parque eólico. Sin embargo, en sus fundamentos, el proceso que Docter describió se parece mucho al de Gehry.

Empieza por el tiempo. Pixar da a sus directores meses para encontrar ideas y desarrollar un concepto para una película. En ese momento es una idea mínima, no más de lo que es una semilla para el árbol en que se convertirá. «A una rata francesa le encanta cocinar», por ejemplo. «Un viejo gruñón». O «Dentro de la cabeza de una niña». Nada más que eso. «Todo lo que quiero es alguna idea con gancho que intrigue», dijo Docter.[21]

El primer y pequeño paso es un esquema de unas doce páginas en el que se explica cómo la idea puede ser la base de una historia. «Es sobre todo una descripción de lo que ocurre. ¿Dónde estamos? ¿Qué ocurre? ¿Qué sucede en la historia?», explica Docter. Se entrega a un grupo de trabajadores de Pixar: directores, guionistas, artistas y ejecutivos. «Ellos lo leen y vuelven con críticas, preguntas, preocupaciones. Y entonces, normalmente, la persona [el director] da un paso atrás y hace un nuevo bosquejo». Tras lo cual puede haber otra ronda de comentarios y redacciones.

Una vez que «podemos ver hacia dónde va eso», dijo Docter, comienza la escritura del guion. El primer borrador tendrá unas ciento veinte páginas, y pasará por el mismo proceso, probablemente con «un par de iteraciones». Docter subrayó que nunca es obligatorio para el director responder a los comentarios de nadie, ni en esta fase ni más adelante. «Todo es simplemente, "oye, esta es una idea libre para que la uses o no". Lo único que se requiere es que sea mejor».

Esa parte del proceso le resultará familiar, al menos en líneas generales, a cualquiera que haya escrito un guion. Pero, una vez que se dispone de un guion decente, Pixar hace algo inusual: el director y un equipo de cinco a ocho artistas convierten todo el guion en *storyboards* detallados que se fotografían y se encadenan en un vídeo que simula a grandes rasgos la película que se va a hacer. Como cada *storyboard* cubre unos dos segundos de película, una película de noventa minutos requiere aproximadamente 2.700 dibujos. Se añaden diálogos leídos por los empleados y efectos de sonido sencillos.

Ahora toda la película existe en bruto. El proceso hasta llegar a ese punto dura unos tres o cuatro meses. «Así que es una inversión bastante grande», me dijo Docter. Pero es pequeña comparada con el coste de la producción real.

A continuación, los trabajadores de Pixar, incluidos muchos que no tienen ninguna otra implicación en el proyecto, visionan el vídeo. «Puedes sentir realmente cuándo tienes público y cuándo no. Sin que nadie diga nada —señaló Docter—. Muchas veces ya sé las cosas que quiero cambiar». El director también se reúne con un pequeño grupo de otros cineastas de Pixar, llamado «brain trust», que critica la película. «Me dirán: "No entendí esto, no estaba de acuerdo con tu personaje principal, te seguía, pero luego me confundiste". Lo que sea. Se percatan de un montón de cosas diferentes».

Invariablemente, después de esa primera proyección, «se desecha un porcentaje significativo de la película», dijo Docter. El guion es sustancialmente reescrito. Se dibujan, fotografían y montan nuevos *storyboards*, se graban nuevas voces y se añaden efectos de sonido. Esta segunda versión de la película se muestra a un público, incluido el *brain trust*, y el director recibe nuevos comentarios.

A repetir.

A hacerlo otra vez. Y otra. Y otra.

Una película de Pixar suele pasar *ocho veces* por el ciclo que va del guion a la respuesta de un público. La cantidad de cambios entre la primera y la segunda versión «suele ser enorme —dijo Docter—. De la segunda a la tercera es bastante grande. Y luego, si hay suerte, a medida que pasa el tiempo, hay suficientes elementos que funcionan como para que los cambios sean cada vez menores».

En la versión de *Inside Out (Del revés)* de Docter, ganadora de un Oscar y estrenada en los cines, la historia se desarrolla principalmente dentro de la mente de una niña con personajes llamados Alegría, Tristeza, Ira y otros que representan las emociones que experimenta la niña. Pero en las primeras versiones de la película, el reparto era mucho mayor, con personajes que representaban toda la gama de emociones que Docter había conocido en conversaciones con psicólogos y neurocientíficos. Hasta *Schadenfreude* y *Ennui* formaban parte del reparto. Y los personajes tenían nombres humanos corrientes. Se esperaba que el público del estudio supiera qué emoción representaba el personaje por su comportamiento. No funcionó. «Resultó muy confuso para la audiencia», dijo Docter riéndose. Así que eliminó varios personajes y simplificó los nombres del resto. Fue cirugía mayor. Pero funcionó.

En una ronda posterior, cuando Docter estaba trabajando en un nivel mucho más granular, el guion tenía a Alegría perdida en las regiones más profundas del cerebro, lejos de su sala de control, donde se toman las decisiones, y ella dice algo así como «¡Tengo que volver a la sala de control!» varias veces. Las frases eran importantes. Indicaban a aquel público cuál era el objetivo y subrayaban su urgencia. Pero los comentarios le dijeron a Docter que Alegría parecía engreída y, por tanto, antipática. ¿La solución de Docter? Darles esas frases a otros personajes. «Así que Tristeza dirá: "¡Alegría, tienes que subirte allí!"». Un pequeño retoque, «pero acaba teniendo un efecto bastante significativo en lo que sientes por ese personaje».

Tras unas ocho rondas de este exhaustivo y agotador proceso, el director dispone de una prueba del concepto extremadamente detallada y rigurosamente verificada. La película se ha simulado del mismo modo que Gehry hace con sus edificios con modelos físicos y con CATIA. Luego empieza la animación real, utilizando los ordenadores de última generación de Pixar. Las escenas se crean fotograma a fotograma. Actores famosos ponen la voz. Se graba una banda sonora profesional. Se crean efectos de sonido. Todos los elementos se unen y finalmente se crea la película que llenará los cines y se verá en las televisiones de todo el mundo. «Cuando se ve la película —dice Docter—, es más o menos la novena versión del filme que hemos creado».

Por qué funciona la iteración

Este proceso implica «una cantidad de trabajo demencial», reconoció Docter. Pero en un proceso altamente iterativo como el de Pixar, el extraordinario trabajo que conlleva merece la pena por cuatro razones.

En primer lugar, la iteración permite experimentar libremente, como hizo Edison con tanto éxito. «Necesito libertad para probar un montón de tonterías. Y muchas veces no funcionan», me dijo Docter. Con este proceso no hay inconvenientes. Puede volver a intentarlo. Y otra vez más. Hasta que consiga algo brillante y claro, como la bombilla de Edison. «Si supiera que tengo que hacer esto una sola vez y que salga bien, probablemente me ceñiría a las cosas que sé que funcionan». Y para un estudio basado en la creatividad, eso sería una muerte lenta.

En segundo lugar, el proceso garantiza que, literalmente cada parte del plan, desde sus líneas generales hasta los detalles más sutiles, se examinará y se pondrá a prueba. No se deja nada por resolver cuando el proyecto entra en la fase de ejecución. Esta es una diferencia básica entre la buena y la mala planificación. En la mala planificación, lo habitual es dejar los problemas, los retos y las incógnitas para más tarde. Así fue como la Ópera de Sídney se encontró con problemas. En aquel caso, Jørn Utzon acabó resolviendo el problema, pero ya era demasiado tarde. El presupuesto se había disparado, la construcción llevaba años de retraso y Utzon fue relevado con su reputación por los suelos. En muchos proyectos, el problema *nunca* se resuelve.

Estos fracasos son tan frecuentes en Silicon Valley que incluso tienen un nombre: «vaporware», y es el que se da al *software* que se promociona públicamente, pero que nunca llega a lanzarse porque los desarrolladores no saben cómo hacer realidad el bombo publicitario. El *vaporware* no es, típicamente, un fraude, o al menos no empieza así, ya que a menudo hay un optimismo sincero y toda la intención de cumplir lo prometido. Pero, pasado cierto punto, puede acabar en fraude. El periodista y escritor John Carreyrou, del *Wall Street Journal*, cree que precisamente esta dinámica está detrás de uno de los peores escándalos de la historia de Silicon Valley. Theranos, una empresa fundada por una carismática directora de diecinueve años, Elizabeth Holmes —con los exsecretarios de Estado George Shultz y Henry Kissinger como miembros del consejo de administración—, recaudó 1.300 millones de dólares de los inversores tras afirmar que había desarrollado una nueva y espectacular tecnología de análisis de sangre.[22] Era un espejismo, y Theranos se hundió en medio de una tormenta de acusaciones de fraude y demandas judiciales.[23]

En tercer lugar, un proceso iterativo como el de Pixar corrige un sesgo cognitivo básico que los psicólogos llaman «ilusión de profundidad explicativa».

¿Cómo funciona una bicicleta? La mayoría de las personas están seguras de que lo saben, pero son incapaces de completar un simple dibujo lineal que muestre cómo funciona una bicicleta. Incluso cuando gran parte de la bicicleta ya está dibujada, no saben hacerlo. «La gente creen que comprende fenómenos complejos con mucha más precisión, coherencia y profundidad de lo que realmente lo hace», concluyen los investigadores. Para los planificadores, la ilusión de profundidad explicativa es obviamente peligrosa. Pero los investigadores también descubrieron que, a diferencia de muchos otros sesgos, existe una solución relativamente fácil: cuando la gente intenta y no consigue explicar lo que erróneamente cree entender, la ilusión se disuelve. Al exigir a los directores de las películas de Pixar que recorran cada paso, desde el más grande al más pequeño, y muestren exactamente lo que harán, el proceso de Pixar les obliga a explicarlo. Las ilusiones se evaporan mucho antes de que comience la producción, que es cuando se volverían peligrosas y costosas.[24]

Esto nos lleva a la cuarta razón por la que funcionan los procesos iterativos, a la que ya me referí en el capítulo 1: planificar es barato. Quizá no en términos absolutos. Los vídeos en bruto que produce Pixar requieren un director al frente de un pequeño equipo de guionistas y artistas. Mantenerlos a todos trabajando durante años supone un coste importante. Pero, comparado con el coste de producir la animación digital lista para los cines, que requiere a cientos de personas altamente cualificadas que utilicen la tecnología más avanzada del mundo, estrellas de cine que pongan voces y compositores destacados que creen la partitura, es tan pequeño que incluso hacer vídeos experimentales una y otra vez es relativamente barato.

Esta diferencia de costes es importante por la sencilla razón de que en un gran proyecto los problemas son inevitables. La única pregunta es: ¿cuándo aparecerán? Un proceso iterativo aumenta mucho la probabilidad de que la respuesta a esa pregunta sea «en la planificación». Esto puede marcar la diferencia. Si se descubre un problema grave en la versión cinco de una película de Pixar y hay que desechar y rehacer escenas enteras, la cantidad de tiempo y dinero perdidos es relativamente modesta. Si el mismo problema se descubre cuando la película está en fase de producción y hay que descartar y rehacer escenas enteras, ello puede resultar terriblemente caro, provocar retrasos peligrosos y, posiblemente, hundir todo el proyecto.

Esta sencilla distinción es aplicable en la mayoría de los campos: todo lo que pueda hacerse en la planificación debe hacerse en esa fase, y la planificación debe ser lenta y rigurosamente iterativa, basada en el *experiri*. Por supuesto, el éxito de Pixar va más allá de su extraordinario proceso de desarrollo, pero no cabe duda de que ese proceso es lo que más contribuye a un éxito como el suyo, sin parangón en la historia de Hollywood. Pixar no solo ha producido películas que han recibido elogios de la crítica, que han cosechado éxitos de taquilla y se han convertido en hitos culturales, sino que además lo ha hecho con una regularidad sin precedentes. Cuando Pixar estrenó *Toy Story*, su primer largometraje, en 1995, era un advenedizo poco conocido. Una década más tarde, Disney, el gigante del entretenimiento, pagó 9.700 millones de dólares de 2021 para comprar la empresa. Y lo que es más revelador: Disney pidió a Ed Catmull, entonces CEO de Pixar, que tomara el control tanto de Pixar como de Disney Animation, el legendario estudio que llevaba tiempo en apuros.

Fue un movimiento inteligente. Catmull dio un vuelco a Disney Animation al tiempo que continuaba la racha de éxitos de Pixar. Catmull ya se ha retirado de Pixar y Disney; bajo su dirección, Pixar ejecutó con éxito veintiuno de los veintidós proyectos que inició, mientras que Disney realizó diez de once. Ningún otro estudio en los más de cien años de historia de Hollywood ha tenido una tasa de éxito similar.

Este es un proceso que funciona.

Pruebas, pruebas

Cualquiera que esté familiarizado con el funcionamiento de Silicon Valley probablemente haya puesto una objeción desde el primer capítulo de este libro. Puede decirse que la capital estadounidense de las tecnologías de la información es el centro empresarial de más éxito e influencia de la historia, y sus empresarios y capitalistas de riesgo no planifican lenta y meticulosamente sus proyectos de un modo explícito. De hecho, a menudo desdeñan las palabras «plan» y «planificación».

En Silicon Valley, el método estándar de las *startups* o empresas emergentes es lanzar un producto rápidamente, aunque esté lejos de ser perfecto, y luego seguir desarrollándolo en respuesta a los comentarios de los consumidores. Se trata del modelo «lean startup» que hizo famoso el emprendedor Eric Ries en su libro así titulado de 2011.[25] Se parece demasiado a las prisas por poner en marcha proyectos antes de haberlos planificado lenta y cuidadosamente: precisamente lo que he desacreditado desde la primera página de este libro como causa clave del fracaso de los proyectos. El éxito de Silicon Valley parecería echar una reprimenda a todo mi planteamiento.

De hecho, el modelo del *lean startup* encaja bien con mis consejos. La contradicción solo surge si se adopta una visión estrecha de la naturaleza de la planificación.

La planificación, tal y como yo la veo, no es simplemente sentarse y pensar, ni mucho menos un ejercicio burocrático de programación basado en normas. Es un proceso *activo*. Planificar es *hacer*: ensayar algo, ver si funciona e intentar otra cosa a la luz de lo aprendido. Planificar es iteración y aprendizaje antes de proceder a una ejecución a gran escala, con pruebas minuciosas, exigentes y exhaustivas que produzcan un plan capaz de aumentar las probabilidades de que su ejecución sea fluida y rápida.

Es lo que Frank Gehry hizo para el Guggenheim de Bilbao y ha hecho en todos sus proyectos desde entonces. Es lo que hace Pixar para producir cada una de sus muy destacables películas. Es lo que hacen los parques eólicos y solares de rápido crecimiento en un intento global de competir con los combustibles fósiles, como veremos más adelante. Y este el núcleo del modelo del *lean startup*.

Ries escribió que las *startups* operan en un entorno de «incertidumbre extrema» en el que es imposible saber si el producto que se ha desarrollado será valorado por los consumidores. «Debemos aprender qué es lo que los clientes realmente quieren —aconsejó—, no lo que dicen que quieren o lo que creemos que deberían querer». La única forma de hacerlo es «experimentar». Crear un «producto mínimo viable», ponerlo a disposición de los consumidores y ver qué ocurre. Y, con las lecciones aprendidas, cambiar el producto, sacarlo de nuevo y repetir el ciclo.

Ries llamó a esto «la fase de construcción», ya que múltiples iteraciones construyen gradualmente el producto final. Yo la llamaría «fase de planificación», ya que el diseño del producto evoluciona siguiendo el dictado del «probar, aprender y volver a hacerlo». Semántica aparte, la única diferencia real es el método de la prueba.

Si no hubiera otras consideraciones, como el dinero, la seguridad y el tiempo, el método ideal de la prueba sería simplemente hacer lo que sea que se piense hacer en el mundo real con gente real, y ver qué ocurre. Esto es lo que hizo la NASA con el Proyecto Apolo, ya que llevó a cabo misiones individuales para probar cada uno de los pasos necesarios para llegar a la Luna y regresar: ponerse en órbita, maniobrar hacia otra nave espacial y acoplarse. Solo cuando la NASA dominaba un paso, daba el siguiente. Y solo cuando dominó todos los pasos que podía probar, envió el Apolo 11 a la Luna. Pero esta clase de pruebas casi nunca es posible en los grandes proyectos porque son demasiado caras. El Proyecto Apolo costó unos 180.000 millones en dólares de 2021.[26] Peor aún, podía ser peligroso. Todos los astronautas del Proyecto Apolo arriesgaron sus vidas a sabiendas. Tres de ellos murieron.

El modelo del «producto mínimo viable» se acerca al ideal imposible realizando suficientes pruebas para que el producto alcance el nivel «mínimo viable» antes de lanzarlo al mundo real para obtener esa valiosa retroalimentación. Pero solo puede hacerse con un rango limitado de proyectos. No se puede construir un rascacielos, ver qué le parece a la gente, derribarlo y construir otro. Ni se puede poner en servicio un avión de pasajeros para ver si se estrella.

Como observó John Carreyrou, uno de los motivos por los que Theranos se metió en problemas fue que utilizó un modelo de Silicon Valley aplicado habitualmente al *software*, que puede permitirse problemas técnicos y fallos iniciales, para pruebas médicas, que no pueden. Incluso en el caso de las empresas basadas en el *software*, el modelo del *lean startup* puede llevarse fácilmente demasiado lejos, como cuando los problemas técnicos provocan fracasos de productos que dañan la reputación, riesgos de seguridad, violaciones de la privacidad y escándalos como el uso de datos personales por parte de Cambridge Analytica. O cuando Instagram perjudica la autoimagen de las adolescentes. O cuando podría decirse que Facebook y Twitter contribuyeron al ataque de 2021 contra el Capitolio estadounidense. Aquí, un lema como el de Facebook «Muévete rápido y rompe cosas» parece francamente irresponsable. Es comprensible que los usuarios y los responsables políticos se opongan e insistan en que Silicon Valley averigüe qué falla en sus productos y los arregle antes de lanzarlos al mundo real.

Máximo producto virtual

Cuando no sea posible el método del mínimo producto viable, cabe probar con el «máximo producto virtual»: un modelo hiperrealista y exquisitamente detallado como los que Frank Gehry hizo para el Guggenheim de Bilbao y todos sus edificios desde entonces, y los que Pixar hace para cada una de sus películas antes de producirlas.

Sin embargo, la creación de un máximo producto virtual requiere tener acceso a la tecnología necesaria. Si no se dispone de ella, es preciso buscar herramientas menos sofisticadas, incluso tecnología en el extremo opuesto del espectro de sofisticación. Recordemos que Gehry desarrolló el diseño básico del Guggenheim

Bilbao, y de tantos otros edificios de renombre, utilizando bocetos, bloques de madera y maquetas de cartón, tecnologías disponibles en aulas de preescolar. Puede que los vídeos de maquetas de Pixar utilicen tecnología más avanzada, pero fotografiar dibujos, grabar voces y combinarlos en un vídeo rudimentario es algo que un niño de doce años puede hacer —y hace— con un iPhone.

El hecho es que una amplia gama de proyectos —eventos, productos, libros, reformas domésticas, etc.— pueden ser simulados, probados e iterados incluso por aficionados en casa. La falta de tecnología no es el verdadero obstáculo para adoptar este enfoque; el obstáculo es pensar en la planificación como un ejercicio estático, abstracto y burocrático. Una vez que se hace el cambio conceptual a la planificación como un proceso activo e iterativo de probar, aprender y volver a probar, surgen por sí mismas todo tipo de formas de «jugar» con las ideas, como hacen Gehry y Pixar.

Por eso, Pete Docter es claro y humilde en la planificación de Pixar. Pixar se juega más de cien millones de dólares en cada proyecto. Cuenta con empleados de talla mundial y una tecnología deslumbrante. Pero, en el fondo, dice Docter, el proceso de planificación de Pixar no es diferente del que seguiría quien diseñara una peladora de zanahorias en el sótano de su casa. «Tienes una idea, haces algo con ella, se lo das a un amigo para que la pruebe. El amigo se hace un corte. "Bien, devuélvemelo. Le haré un cambio. Toma, prueba otra vez". ¡Y es mejor!».[27]

Probar, aprender y volver a hacerlo. Sea cual sea el proyecto o la tecnología, es el camino más eficaz hacia un plan que dé resultado.

5

¿Se tiene experiencia?

El valor de la experiencia es inestimable. Pero con demasiada
frecuencia se la pasa por alto o se la descarta por otras
consideraciones. O simplemente se la malinterpreta
y se la margina. Veamos cómo evitarlo.

Hay un pequeño dato que no mencioné al contrastar la planificación y construcción de la Ópera de Sídney y el Museo Guggenheim de Bilbao: Jørn Utzon (nacido en 1918) tenía treinta y ocho
años cuando ganó el concurso para construir su visionario edificio, mientras que Frank Gehry (nacido en 1929) tenía sesenta y
dos cuando ganó el suyo.

En otro contexto, esa disparidad en la edad sería insignificante.
En este caso es fundamental. La edad refleja el tiempo, y el tiempo
permite la experiencia. La diferencia de edad de los dos arquitectos
visionarios cuando emprendieron las obras que darían forma a sus
vidas y legados nos dice que había una gran brecha en su experiencia.

Y la diferencia de edad suele restar importancia a la diferencia
de experiencia. Utzon era danés y se licenció en Arquitectura durante la Segunda Guerra Mundial, cuando Dinamarca estaba ocupada
por la Alemania nazi. Había poco trabajo durante y después de la

guerra, así que Utzon no había hecho nada notable antes de empezar a diseñar la Ópera de Sídney. Gehry, en cambio, había pasado los primeros años de su carrera en la floreciente Los Ángeles de la posguerra, donde emprendió una larga lista de proyectos pequeños, pero cada vez más ambiciosos. Cuando abordó el Guggenheim de Bilbao, tenía más experiencia que la mayoría de los arquitectos en el momento de su jubilación. La brecha entre la experiencia —o más bien, el gran cañón entre la experiencia— de los dos arquitectos fue otra de las principales razones por las que la construcción de la Ópera de Sídney fue un fiasco, mientras que la del Guggenheim de Bilbao sigue siendo un modelo a seguir.

Todos sabemos que la experiencia es valiosa. En igualdad de condiciones, un carpintero con experiencia es mejor carpintero que uno sin experiencia. También debería ser obvio que en la planificación y ejecución de grandes proyectos hay que maximizar la experiencia siempre que sea posible: contratando al carpintero experimentado, por ejemplo. No debería ser necesario decirlo.

Pero *es* necesario decirlo —en voz alta y con insistencia— porque, como veremos, los grandes proyectos *no* suelen hacer el máximo uso de la experiencia. De hecho, a menudo se la margina agresivamente. Esto sucede cuando se da prioridad a otras consideraciones. Una de las más abultadas es la política. Otra es la ambición de ser el primero, el más grande, el más alto o cualquier otro superlativo.

A un nivel más fundamental, no aprovechamos al máximo la experiencia porque no apreciamos hasta qué punto una gran experiencia puede enriquecer el juicio y mejorar la planificación y el liderazgo de los proyectos. Aristóteles decía que la experiencia es «el fruto de los años» y sostenía que es la fuente de lo que llamaba «phrónesis», la «sabiduría práctica» que nos permite ver lo que es bueno para los demás y hacerlo realidad, y que Aristóteles consideraba la «virtud intelectual»[1] más elevada. La ciencia moderna nos dice que tenía toda la razón.

Deberíamos aprovechar más esta antigua concepción.

Marginación de la experiencia

En el capítulo 1 mencioné la historia de mi padre, que se quejaba —presciente que era él— de que el gobierno danés adjudicara un contrato a un contratista sin experiencia para perforar un túnel submarino. No por casualidad, la empresa estaba dirigida por daneses. Los políticos de todo el mundo saben que adjudicar contratos a compañías nacionales es una buena forma de hacer amigos influyentes y ganarse el apoyo de la opinión pública con promesas de empleo, aunque la empresa nacional no vaya a funcionar tan bien como su competidora extranjera por tener menos experiencia. Cuando esto sucede —y lo hace de forma rutinaria— los responsables anteponen otros intereses a la consecución del objetivo del proyecto. Como mínimo, este planteamiento es económicamente dudoso, y a veces también éticamente, o bastante peligroso. Y los cargos electos no son los únicos que lo hacen. Los grandes proyectos implican mucho dinero y mucho interés personal. Y puesto que «quién consigue qué» es el núcleo de la política, hay política en todos los grandes proyectos, sean estos públicos o privados.

Este hecho ayuda a explicar por qué el proyecto de tren de alta velocidad de California fue un desastre. No existe un verdadero tren de alta velocidad en Estados Unidos, lo que indica la poca experiencia que tienen las empresas estadounidenses en su construcción. Cuando California empezó a plantearse seriamente este tipo de ferrocarril, empresas extranjeras con mucha experiencia —sobre todo SNCF, la Compañía Nacional de Ferrocarriles Franceses— establecieron oficinas en California con la esperanza de conseguir un contrato de constructor único o, al menos, ser un socio importante en el desarrollo del proyecto. Pero el estado decidió no seguir ese camino, y lo que hizo fue contratar a un gran número de contratistas, en su mayoría estadounidenses y sin experiencia, y los supervisó con gestores que también tenían poca o ninguna experiencia en ferrocarriles de alta velocidad.[2] Una manera espantosa de realizar un proyecto. Pero es algo común —porque es política de la buena.

Más atroz podría considerarse un ejemplo canadiense. Cuando el gobierno canadiense decidió que quería comprar dos rompehielos, no los adquirió a fabricantes de otros países con más experiencia en la construcción de rompehielos, sino que decidió adjudicar los contratos a empresas canadienses. Esto es política nacional. Pero en lugar de dar los contratos a una compañía que pudiera construir uno de los buques, aprendiera de la experiencia y construyera el segundo buque con mayor eficacia, dio un contrato a una compañía y el otro a otra distinta. Dividir el contrato «no conducirá a estas mejoras naturales del aprendizaje», señalaba un informe del responsable parlamentario del presupuesto, Yves Giroux, un informe que constataba que el coste estimado de los rompehielos se había disparado de 2.600 millones de dólares (canadienses) a 7.250 millones. ¿Por qué hacerlo así? Una compañía está en una región políticamente importante de Quebec, y la otra en una región políticamente importante de la Columbia Británica. Dividir los contratos significaba duplicar los beneficios políticos a costa de la experiencia y de miles de millones de dólares.[3]

Ser el primero

La ambición de ser el primero en algo es otra forma de dejar de lado la experiencia. Hace dos décadas pude comprobar personalmente lo equivocada que puede estar esa ambición. La Administración de Tribunales danesa, el organismo que rige los tribunales municipales, regionales y el Tribunal Supremo en Dinamarca, estaba considerando la creación de dos grandes sistemas informáticos nuevos, uno de los cuales digitalizaría todos los registros de la propiedad inmobiliaria del país y el otro haría que la administración de los tribunales fuese enteramente digital, incluidos todos los documentos jurídicos. Yo formaba parte del consejo de administración de los tribunales que tomaba la decisión.[4] Por aquel entonces, llevaba cerca de una década estudiando grandes proyectos y, aunque aún no había estudiado la tecnología de la información, el plan me ponía nervioso. No conocíamos a nadie que hubiera hecho algo parecido a lo que planeábamos. Y si algo me habían enseñado mis estudios era que ser el primero es peligroso. Así que sugerí que un equipo de la Administración de Tribunales visitara otros países para investigar. Si descubríamos que otros ya habían hecho algo parecido, podríamos aprender de ellos. Si no, podríamos esperar.

Salvo que eso no fue lo que ocurrió. El equipo viajó a varios países e informó en una reunión del consejo de administración. ¿Lo había hecho alguien más? «¡No! —fue la emocionada respuesta—. ¡Seremos los primeros del mundo!». Me había equivocado al pensar que mis compañeros del consejo verían el hecho de ser los primeros como un argumento de peso para *no* seguir adelante. En realidad, lo tomaron como una razón para lo contrario. El deseo de hacer lo que nunca antes se ha hecho puede ser admirable, sin duda. Pero también puede ser sumamente problemático.

Se autorizaron estos dos costosísimos proyectos informáticos, que rápidamente acabaron en fiascos épicos. Los plazos se prolongaron una y otra vez, y los presupuestos se rebasaron considerablemente. Una vez terminados, los nuevos sistemas tenían fallos y funcionaban mal. Originaron un escándalo político que ocupó repetidamente las portadas de los periódicos durante años. Varios empleados sufrieron crisis nerviosas y se dieron de baja por enfermedad.

El único lado positivo de aquella desgracia era que los que lo hicieran en segundo, tercer y cuarto lugar podían estudiar nuestra experiencia y hacerlo mejor. ¿Pero fue así? Probablemente no. Proyectos similares de tecnología de la información a gran escala siguen dando muchos problemas. Los planificadores no valoran la experiencia en la medida en que deberían porque suelen padecer otro sesgo de comportamiento, el «sesgo de singularidad», por el que tienden a ver sus proyectos como empresas únicas, irrepetibles, que tienen poco o nada que aprender de proyectos anteriores.[5] Y, por lo común, no lo hacen.

Estos ejemplos proceden del sector público. Quienes trabajan en el sector privado podrían objetar que sí, que la experiencia es buena y que ser el primer sistema judicial en digitalizar sus expedientes no tiene ningún lado positivo. Pero una empresa que desarrolla el primer artilugio de la historia y es la primera en lanzarlo al mercado sí tiene un lado positivo: la famosa «ventaja del pionero».[6] Sin duda, esta compensa con creces la desventaja de no poder aprender de la experiencia de los demás.

Pero la ventaja del pionero está muy sobrevalorada. En un estudio muy aclaratorio, los investigadores compararon los destinos de las empresas «pioneras», que habían sido las primeras en explotar un mercado, y las «colonas», que habían seguido a las pioneras en el mercado. Basándose en datos de quinientas marcas de cincuenta categorías de productos, encontraron que casi la mitad de las pioneras fracasaron, frente al 8 por ciento de las colonas. Las pioneras supervivientes se hicieron con el 10 por ciento de su mercado por término medio, frente al 28 por ciento de las colonas. Entrar pronto en el mercado era realmente importante —«los primeros líderes del mercado tienen mucho más éxito a largo plazo», señalaron los investigadores—, pero esos «primeros» líderes del mercado «entran de media trece años después que los pioneros».[7] El consenso de los investigadores hoy en día es que, sí, ser el primero en llegar al mercado puede conferir ventajas en determinadas circunstancias específicas, pero tiene el tremendo coste de la incapacidad de aprender de la experiencia de los demás. Es mejor ser —como Apple después de Blackberry en los teléfonos inteligentes— un «seguidor rápido» y aprender del primero.[8]

Más grande, más alto, más largo, más rápido

La ambición no solo nos mueve a ser los primeros, sino también a ofrecer lo más grande. Lo más alto. Lo más largo. Lo más rápido. Esta búsqueda de otros superlativos puede ser tan peligrosa como el deseo de ser el primero, y por la misma razón.

Consideremos el túnel de la carretera estatal 99 de Seattle. Hace una década, cuando Seattle anunció que iba a perforar un túnel bajo sus orillas para sustituir una autopista en la superficie, no era ni mucho menos la primera vez que algo así se anunciaba, por lo que había mucha experiencia en la que basarse. Pero Seattle decidió que su túnel sería el mayor de su clase en el mundo, con espacio suficiente para dos pisos, cada uno con dos carriles de tráfico. Los políticos alardeaban de ello. «El más grande» es por lo menos tan emocionante como «el primero». Aparece en las noticias, algo que a la mayoría de los políticos les resulta útil.

Mas, para perforar el túnel más grande del mundo se necesita la máquina perforadora más grande del mundo. Una máquina así, por definición, no se ha construido ni utilizado antes. Sería la primera. Seattle hizo un encargo a medida, y la máquina fue debidamente diseñada, construida y entregada. Costó 80 millones de dólares, es decir, más del doble del precio de una máquina perforadora estándar. Tras perforar trescientos metros de un túnel que tendría 2.740 metros de longitud, la perforadora se averió y se convirtió en el mayor corcho del mundo en el interior una botella. Extraerla del túnel, repararla y ponerla de nuevo en funcionamiento llevó dos años y costó otros 143 millones de dólares. Ni que decir tiene que la nueva autopista subterránea de Seattle se terminó con retraso y por encima del presupuesto, y que los litigios pendientes hacen prever nuevos sobrecostes. Si la ciudad hubiera optado por perforar dos túneles de tamaño estándar, podría haber utilizado un equipo de perforación ya utilizado y, por tanto, más fiable, y podría haber contratado a equipos con experiencia en el manejo de estas máquinas. Pero los políticos no habrían podido presumir del tamaño del túnel.

Además de las preocupaciones políticas habituales, una de las razones por las que se producen errores como el de Seattle es que con demasiada frecuencia pensamos que solo se puede tener experiencia con las personas, no con las cosas, y que, por tanto, utilizar una nueva tecnología no es como contratar a un carpintero inexperto. Es un error... porque lo es.

Recordemos a Pete Docter, de Pixar, explicando el diseño de un nuevo pelador de zanahorias al final del capítulo anterior. Fabrica uno. Un amigo lo prueba y se corta, así que modifica el diseño y el amigo vuelve a intentarlo. De este modo, el proceso iterativo de probar y aprender mejora constantemente el diseño del pelador. El pelador de zanahorias materializa la experiencia que lo creó, y Docter quiere un pelador que incorpore la mejor experiencia, igual que sus películas en Pixar.

Esto tampoco termina cuando finaliza el proceso formal de diseño. Si el pelador de zanahorias de Docter fuese un éxito, se vendieran millones y lo utilizaran generaciones de cocineros, y nunca se cambiara el diseño porque funcionaba de maravilla, podría decirse que toda esa experiencia posterior queda plasmada en el objeto como su validación. Eso es tecnología fiable.

Experiencia congelada

El filósofo alemán Friedrich von Schelling llamó a la arquitectura «música congelada».[9] Es una expresión encantadora y memorable, así que voy a adaptarla: la tecnología es «experiencia congelada».

Si vemos la tecnología de esta manera, está claro que, en igualdad de condiciones, los planificadores de proyectos deberían preferir tecnología muy experimentada por la misma razón que los constructores de casas deberían preferir carpinteros muy experimentados. Pero a menudo no vemos la tecnología de esta manera. Con demasiada frecuencia suponemos que lo nuevo es mejor. O, peor aún, suponemos lo mismo de algo diseñado a gusto del cliente, que alabamos como «único», «hecho a medida» u «original». Si los responsables de la toma de decisiones valoraran adecuadamente la experiencia, recelarían de una tecnología que es nueva, porque es una tecnología *sin experiencia*. Y cualquier cosa que sea realmente «única en su género» haría saltar las alarmas. Pero con demasiada frecuencia, lo «nuevo» o «único» se presenta como argumento de venta, no como algo que habría que evitar. Es un gran error. Los planificadores y responsables de la toma de decisiones lo cometen constantemente. Es una de las principales razones por las que los proyectos no salen como se esperaba.

Reventones olímpicos

Si se combinan todos los errores descritos en los pasajes anteriores, se obtienen las Olimpiadas.

Desde 1960, el coste total de la organización de los Juegos —seis semanas de competiciones, incluidos los Juegos Paralímpicos, que se celebran una vez cada cuatro años— ha crecido espectacularmente y asciende hoy a decenas de miles de millones de dólares. Desde 1960, todos los Juegos Olímpicos de los que se dispone de datos, tanto de verano como de invierno, han rebasado su presupuesto. El sobrecoste medio es del 157 por ciento en términos reales. De las más de veinte categorías de proyectos que mi equipo y yo estudiamos, solo el almacenamiento de residuos nucleares presenta mayores sobrecostes. Y lo que es aún más alarmante, los rebasamientos siguen una distribución de ley de potencia, lo que significa que los que resultan de verdad extremos son sorprendentemente frecuentes. El récord olímpico que nadie desea batir es el de Montreal, que en 1976 excedió el presupuesto en un 720 por ciento. Pero, debido a la ley de potencia, es probable que solo sea cuestión de tiempo que alguna desafortunada ciudad se convierta en la nueva campeona olímpica.[10]

Hay muchas razones que explican el lamentable historial de

las Olimpiadas, pero gran parte de la explicación reside en la forma en que los Juegos marginan agresivamente la experiencia.

No hay una sede permanente para los Juegos. En su lugar, el Comité Olímpico Internacional (COI) convoca a las ciudades a presentar candidaturas para cada edición de los Juegos. El COI prefiere trasladar los Juegos de una región a otra, de un continente a otro, porque es una excelente manera de promocionar la marca olímpica y, por tanto, sirve a los intereses del COI: es decir, porque es una excelente política. Pero también significa que, cuando una ciudad y un país ganan el derecho a albergar los Juegos, es probable que ni uno ni otro tengan experiencia en ello. O, si ya han sido antes sede de unas Olimpiadas, fue hace tanto tiempo que las personas que las organizaron están jubiladas o fallecidas. Londres, por ejemplo, ha sido sede olímpica en dos ocasiones, con sesenta y cuatro años entre ellas. Tokio fue sede dos veces, con cincuenta y siete años entre una y otra. Los Ángeles ha sido sede dos veces, con cincuenta y dos años de intervalo, y lo será de nuevo, cuarenta y cuatro años después.. Una solución sería que las sedes olímpicas contrataran a las personas y empresas que hicieron el trabajo cuatro y ocho años antes, y eso ocurre hasta cierto punto. Pero la política nunca permitirá que eso prevalezca. La factura de los Juegos Olímpicos es enorme. Solo prometiendo contratos y empleos lucrativos a la población local pueden los gobiernos conseguir apoyo para una candidatura. Y tanto si el trabajo recae en la población local como en nómadas olímpicos profesionales, el anfitrión carecerá de experiencia en la dirección de semejante fuerza de trabajo por las razones antes mencionadas.

Como resultado, aunque los Juegos se repitan cada cuatro años, el rendimiento de los anfitriones no impulsa una curva de aprendizaje positiva. Los Juegos Olímpicos siempre son planificados y organizados por principiantes, una deficiencia paralizante que yo denomino «síndrome del principiante eterno».[11]

En la cima de todo están el orgullo y la búsqueda del oro. El lema olímpico es «Más rápido, más alto, más fuerte», y las ciudades anfitrionas aspiran a sus propios superlativos en la construcción de las instalaciones. En lugar de utilizar diseños existentes o repetir aquellos que, por experiencia, han funcionado en otros lugares, intentan construir el primero, el más grande, el más alto, el más inusual, el más bello, el único, y la experiencia queda excluida. Estas patologías pueden observarse en el récord olímpico de sobrecostes, que lo establecieron los Juegos de Montreal de 1976. «Todas las estructuras eran espectaculares, modernas y complejas», señalaba un estudio de este caso realizado en 2013 por ingenieros, y «ninguna más que el estadio principal».[12]

El arquitecto del estadio fue Roger Taillibert, favorito personal del alcalde Jean Drapeau, que imaginó una concha de almeja con un hueco arriba sobre el que se inclinaría espectacularmente una torre alta y curvada. Unos cables tensores conectarían la torre al estadio y permitirían subir o bajar un techo retráctil sobre el hueco. Nada semejante se había hecho antes, que era lo que más parecía entusiasmar a Drapeau y Taillibert, pero que debería haber hecho sonar las alarmas.

Los planes de Taillibert poco tenían en cuenta los más simples aspectos prácticos. «El diseño del estadio no consideraba las posibilidades de la construcción y no permitía espacio para andamiajes interiores», escribieron los ingenieros revisores, dejando a los trabajadores sin otra opción que construir el estadio agrupando decenas de grúas tan juntas que interferirían unas con otras.[13]

Con los costes disparados y la construcción muy retrasada, el gobierno de Quebec destituyó a Drapeau y Taillibert, regó la obra con más y más dinero y apenas consiguió inaugurar los Juegos en la fecha prevista. El estadio no tenía techo, y la torre, que se suponía que sería la pieza central, no era más que un feo tocón.[14]

Después de los Juegos, los costes siguieron aumentando a medida que los ingenieros se daban cuenta de que la torre no podía construirse como Taillibert había planeado. Se hizo un diseño alternativo y el techo se instaló finalmente una década más tarde. Siguió una letanía de contratiempos, fallos en el funcionamiento, reparaciones, sustituciones y más aumentos de costes. Cuando Roger Taillibert murió en 2019, la necrológica de la *Montreal Gazette* comenzaba señalando que el estadio olímpico había costado tanto que «Quebec tardó treinta años» en amortizarlo. «Y más de cuatro décadas después, sigue sufriendo las consecuencias de un techo que no funciona».[15]

En los años previos a los Juegos, la forma del estadio había merecido el apodo de «la Gran O» (the Big O), pero rápidamente se transformó en «la gran deuda» (the Big Owe). En ese sentido, el estadio olímpico de Montreal debería considerarse la mascota extraoficial de los Juegos Olímpicos modernos. Pero no es la única. Búsquese en internet «sedes olímpicas abandonadas» y se verán muchas más y peores, auténticos monumentos a la locura olímpica.

Maximizar la experiencia

El polo opuesto al Big Owe es el Empire State Building.

Como he descrito al principio de este libro, el legendario edificio se construyó a una velocidad asombrosa, en gran parte debido a que el arquitecto William Lamb se centró en desarrollar un plan cuidadosamente probado que permitiera una ejecución rápida y sin complicaciones. Pero otro factor fue su insistencia en que el proyecto utilizara tecnologías existentes y probadas «para evitar la incertidumbre de los métodos innovadores».[16] Esto incluía evitar el «trabajo manual» siempre que fuera posible y sustituirlo por piezas diseñadas «de modo que pudieran duplicarse en grandes cantidades con una precisión casi perfecta —escribió Lamb—, y llevarse al edificio y montarse como un automóvil en la cadena de montaje».[17] Lamb minimizó la variedad y la complejidad, incluso en los diseños de las plantas, que se mantuvieron similares en la medida de lo posible. De este modo, las cuadrillas de obreros aprendían repitiendo. En otras palabras: los obreros no construyeron un edificio de ciento dos plantas, sino ciento dos edificios de una planta. Todo el proyecto disparó la curva de aprendizaje y el rápido ritmo de construcción no hizo sino acelerarse.[18]

Aun así, el plan podría haber fracasado si se hubiera encomendado a neófitos. Pero los contratistas generales que levantaron el gigante fueron Starrett Brothers y Eken, «una empresa con un historial probado de eficiencia y rapidez en la construcción de rascacielos», señaló la historiadora Carol Willis.[19]

También ayudó el hecho de que no fuera la primera vez que Lamb diseñaba un edificio. En Winston-Salem (Carolina del Norte), el Reynolds Building, antigua sede de la R. J. Reynolds Tobacco Company, es una elegante estructura *art déco* que se parece mucho a un Empire State más pequeño y más bajo. Lamb lo diseñó en 1927 y se inauguró en 1929, un año antes de que empezara a construirse el Empire State Building, y recibió aquel año el Premio al Edificio del Año de la Asociación Nacional de Arquitectos.[20] Al diseñar y erigir el Empire State Building, Lamb contó con la mejor experiencia a la que puede aspirar un arquitecto: mejorar un éxito anterior.

¿Disminuye el valor del Empire State el hecho de que los elementos centrales de su diseño se utilizaran en un proyecto anterior? ¿O porque el diseño es deliberadamente simple y repetitivo? No veo cómo podría sostenerse eso. El edificio es icónico. Incluso hizo realidad uno de esos superlativos tan comúnmente deseados —«el más alto del mundo»— sin correr riesgos excesivos.

Cualquiera que conciba un gran proyecto debería esperar tener un éxito equivalente. Maximizar la experiencia es una forma excelente de aumentar las posibilidades de alcanzarlo.

Sabemos más de lo que podemos expresar

Pero, por muy importante que sea la «experiencia congelada» para hacer bien los proyectos, también tenemos que fijarnos en la «no congelada: es decir, la experiencia vivida por las personas. Y es que la experiencia es lo que eleva a los mejores líderes de proyectos —personas como Frank Gehry y Pete Docter— por encima del resto. Y, tanto en la planificación como en la ejecución, no hay mejor activo para un gran proyecto que un líder experimentado con un equipo experimentado.

¿Cómo hace la experiencia que las personas sean mejores en su trabajo? Hagamos esa pregunta a cualquiera y seguramente oiremos que con la experiencia las personas saben más. Hasta ahí es cierto. Las personas que trabajan con una herramienta aprenden a utilizarla, por lo que adquieren conocimientos tales como el de que «hay que desactivar el bloqueo de seguridad para que la herramienta pueda empezar a funcionar».

En realidad, no hace falta tener experiencia para adquirir ese tipo de conocimientos. Alguien puede simplemente decírnoslo o podemos encontrarlo en un prospecto; es «conocimiento explícito». Pero, como demostró el científico y filósofo Michael Polanyi, gran parte del conocimiento más valioso que podemos poseer y utilizar no es así; es «conocimiento tácito». El conocimiento tácito lo *sentimos*. Y cuando intentamos expresarlo con palabras, estas nunca lo captan del todo. Como escribió Polanyi, «podemos saber más de lo que podemos expresar».[21]

Cuando un adulto da a un niño lo que cree que son instrucciones completas sobre cómo montar en bicicleta («Pon el pie en el pedal, empújalo, pisa el otro pedal»), el niño suele caerse en sus primeros intentos, porque las instrucciones *no* son completas. Y es imposible que lo sean. Mucho de lo que el adulto sabe sobre cómo montar en bicicleta (por ejemplo, cómo mantener exactamente el equilibrio durante un giro a cierta velocidad) es conocimiento que *siente*. No se puede expresar plenamente con palabras, por muchas que se empleen. Por eso, aunque las instrucciones sean útiles, la única forma de que el niño aprenda a montar en bici es intentarlo, fallar y volver a intentarlo. Es decir, necesita desarrollar experiencia y tener ese conocimiento tácito por sí mismo.

Esto es obvio en el caso de actividades físicas como montar en bicicleta o jugar al golf, pero se aplica a muchas otras. De hecho, Polanyi desarrolló el concepto de conocimiento tácito al estudiar cómo hacen ciencia los científicos.

Los líderes de proyectos con gran experiencia, como Frank Gehry y Pete Docter, rebosan conocimientos tácitos sobre las múltiples facetas de los grandes proyectos que supervisan. Esto mejora profundamente su juicio. A menudo *sienten* que algo va mal o que hay una forma mejor de hacerlo sin saber muy bien decir por qué. Como demuestra una abundante literatura de investigación, las intuiciones de estos expertos son, en las condiciones adecuadas, muy fiables. Incluso pueden ser asombrosamente precisas, como en la famosa historia de los expertos en arte que intuyeron al instante y con acierto que una supuesta estatua griega antigua era un fraude, a pesar de que había superado varias pruebas científicas y de que no podían explicar por qué lo sentían así.[22] Se trata de «intuición experta», no de corazonadas comunes y corrientes, que no son fiables. Y tal intuición es una poderosa herramienta de la que solo disponen los auténticos expertos, es decir, las personas con una larga experiencia en su campo de especialización.[23]

Cuando el líder de un proyecto con gran experiencia utiliza un proceso de planificación altamente iterativo —lo que antes he llamado «planificación Pixar»—, ocurren cosas buenas. Cuando escribe guiones o se le ocurren determinadas imágenes, Pete Docter dice: «Me meto de lleno en ello y hago las cosas de forma totalmente intuitiva. Así seré más preciso. Más divertido. Más veraz». Pero Docter pone a prueba sus juicios intuitivos convirtiendo sus guiones e imágenes en una maqueta de vídeo y viendo cómo responde el público. Analiza lo que funciona y lo que no, y lo ajusta en consecuencia. Al pasar de un modo a otro, una y otra vez, saca el máximo partido tanto de la intuición como del pensamiento meticuloso.

Pero el valor del juicio enriquecido por la experiencia no se limita a la planificación. Cuando Jørn Utzon ganó el concurso para diseñar la Ópera de Sídney, entró en un entorno político complejo y difícil, lejos de su tierra natal, en el que una serie de poderosas figuras presionaban según sus propios intereses y agendas. Al carecer de la experiencia necesaria para desenvolverse en ese entorno, era como un niño perdido en el bosque. Y los lobos se lanzaron sobre él.

El ascenso de Frank Gehry en la escala de la experiencia, por el contrario, le proporcionó una educación creciente en la política de los grandes proyectos. Sus lecciones más duras llegaron con su mayor encargo antes del Guggenheim de Bilbao: la Walt Disney Concert Hall de Los Ángeles. Al igual que la Ópera de Sídney, se concibió en un entorno político difícil, con gente poderosa y opiniones enfrentadas, lo que provocó conflictos, un inicio precipitado y un proyecto que se alargó más y más, con sobrecostes cada vez mayores.[24] Al igual que la de Utzon, la reputación de Gehry se resintió. Pudo haber corrido finalmente la misma suerte que Utzon de no haber sido por la intervención de sus partidarios, en particular la familia Disney, cuya donación original de cincuenta millones de dólares había puesto en marcha el proyecto y que pusieron como condición para seguir apoyándolo que Gehry siguiera siendo el arquitecto cuando sus detractores intentaron echarle del proyecto. Una vez terminado, el edificio era una maravilla. Pero llegó muy tarde y se excedió mucho en el presupuesto, lo cual asustó a Gehry.

Por brutal que fuera la experiencia, el proceso de construcción de la Disney Concert Hall enseñó a Gehry un cúmulo de lecciones que utilizó en la construcción del Guggenheim de Bilbao y en más proyectos desde entonces. ¿Quién tiene poder y quién no? ¿Cuáles son los intereses y las agendas en juego? ¿Cómo atraer y mantener a los que se necesitan? ¿Cómo conservar el control del diseño? Estas preguntas son tan importantes como la estética y la ingeniería para el éxito de un proyecto. Y las respuestas no pueden aprenderse en un aula ni leerse en un libro de texto, porque no son simples hechos que puedan expresarse plenamente con palabras. Hay que aprenderlas como se aprende a montar en bicicleta: probar, fallar, volver a probar. Eso fue lo que hizo Gehry y no hizo Utzon. Uno tenía experiencia en construcción; el otro, no.

Cuando Aristóteles trató de la naturaleza de la sabiduría hace más de 2.300 años, no desdeñó el conocimiento que obtenemos en las aulas y los libros de texto. Es esencial, decía. Pero la sabiduría práctica, la que permite a una persona ver lo que es correcto hacer y llevarlo a cabo, requiere algo más que un conocimiento explícito; requiere un conocimiento que solo puede adquirirse a través de una larga experiencia, una opinión respaldada por Michael Polanyi y una gran cantidad de investigaciones psicológicas 2.300 años después. Ya nos hemos referido esta sabiduría práctica recordando lo que Aristóteles llamaba «phrónesis». El filósofo la tenía en mayor estima que cualquier otra virtud, «pues la posesión de la sola virtud de la *phrónesis* llevará consigo la posesión de todas ellas [es decir, de todas las virtudes relevantes]», como él mismo subrayó.[25]

En suma, tener *phrónesis* es tenerlo todo. La dirección de un proyecto con abundante *phrónesis* es el mayor activo que puede tener. Quien tenga un proyecto, que contrate a un líder con esas cualidades.

De vuelta al *experiri*

Volvamos al punto de partida del capítulo anterior: cuando planifiquemos, recordemos la palabra latina *experiri*, origen de las palabras «experimento» y «experiencia». Siempre que sea posible, la planificación debe maximizar la experiencia, tanto la congelada como la no congelada.

La mayoría de los grandes proyectos no son los primeros, los más altos, los más grandes ni nada demasiado notable. Son carreteras y líneas de ferrocarril relativamente corrientes, edificios de oficinas, *software, hardware*, programas de modificaciones, infraestructuras, casas, productos, películas, eventos, libros o reformas domésticas. Nadie espera que sean grandes hitos y legados culturales. Ni exige que sean tremendamente creativos e inusuales. Pero todos queremos que sean excelentes. Queremos que se realicen dentro del presupuesto y del plazo, que hagan lo que se supone que deben hacer, que lo hagan bien y de forma fiable, y de forma que duren mucho tiempo. En este tipo de proyectos, la experiencia puede ser de gran ayuda. Si hay un diseño —o un sistema, proceso o técnica— que ya ha funcionado muchas veces, es muy aconsejable utilizarlo, modificarlo o mezclarlo con diseños similares de probada eficacia. Y utilizar tecnologías disponibles. Y contratar a personas con experiencia en las que se pueda confiar. También es aconsejable no hacer apuestas si es posible evitarlas. Ni querer ser el primero. Y eliminar del vocabulario las palabras «a medida» y «personalizado». Son una opción deseable en la sastrería italiana para quien pueda permitírsela, no para grandes proyectos.

Del mismo modo es muy recomendable maximizar la experimentación utilizando, siempre que sea posible, un proceso de «planificación Pixar» altamente iterativo. Sean cuales sean los mecanismos de prueba pertinentes, desde el simple ensayo y error hasta los bocetos, los modelos de madera y cartón, los vídeos rudimentarios, las simulaciones, los mínimos productos viables y los máximos productos virtuales, conviene probarlo todo, desde las grandes ideas hasta los pequeños detalles. Con buenos mecanismos de prueba que hagan que el fracaso solo sea relativo, pueden asumirse riesgos calculados y luego probar nuevas ideas. Pero sin dejar de reconocer que, cuanto menos probado esté algo, más necesario es probarlo.

Cuando algo funciona, debe conservarse, y cuando no, debe desecharse. Hay que probar, aprender y volver a hacerlo. Una y otra vez. Y dejar así que el plan evolucione.

Las pruebas son aún más críticas para esos grandes proyectos tan raros —como encontrar soluciones a la crisis climática, llevar personas a Marte o almacenar permanentemente los residuos nucleares— que deben hacer lo que nunca antes se ha hecho porque ese es el corazón del proyecto. Estos proyectos parten de un profundo déficit de experiencia. Para hacer realidad su visión, y conseguirlo además a tiempo y dentro del presupuesto, ese déficit debe convertirse en superávit con la aplicación incesante del *experiri*.

Como ya he dicho, un buen plan es el que maximiza la experiencia o la experimentación; un gran plan es el que logra ambas cosas. ¿Y el mejor plan? El que maximiza la experiencia y la experimentación, y está redactado y ejecutado por un director del proyecto y un equipo con *phrónesis*.

Pero, aun con todo esto, todavía hay que responder a algunas de las preguntas más difíciles en cualquier proyecto: ¿Cuánto costará? ¿Cuánto durará? Incluso los mejores planes, ejecutados por directores y equipos excelentes, pueden echarse a perder si las previsiones son erróneas. Y, debido a un sesgo omnipresente, suelen serlo.

Veamos ese sesgo y cómo vencerlo.

6

¿Cree que su proyecto es único?

Piénselo bien. Entender que su proyecto es «uno de esos» es clave para acertar en las previsiones y gestionar los riesgos.

En 2010, mientras China lanzaba un gigantesco proyecto de infraestructuras tras otro, el Consejo Legislativo de Hong Kong aprobó un megaproyecto ambicioso incluso para los estándares chinos: el primer sistema ferroviario de alta velocidad totalmente subterráneo del mundo, conocido como «XRL», que incluiría la mayor estación subterránea de alta velocidad del mundo, de cuatro pisos de profundidad, tras dinamitar una parte del lecho rocoso, en pleno centro de Hong Kong. La línea, de veintiséis kilómetros, reduciría a la mitad la duración del viaje entre Hong Kong y la ciudad continental de Guangzhou, para integrar así uno de los puertos y centros financieros más importantes del mundo en la mayor aglomeración urbana de la Tierra, incluida la Zona Económica del Delta del Río de las Perlas.

El XRL sería construido por Mass Transit Railway (MTR), la corporación que explota la gigantesca red ferroviaria de Hong Kong. MTR tiene un excelente historial, tanto en sus operaciones diarias como en la ejecución de grandes proyectos. Sin embargo, pronto tuvo problemas con el XRL. Cuando empezó a construirse en 2011, estaba previsto que se terminara en 2015. Pero, cuando llegó esa fecha, se había hecho menos de la mitad del trabajo y con más de la mitad del presupuesto gastado. Un túnel en construcción, con una costosa tuneladora en su interior, se había inundado. Un desastre.

El CEO de MTR y el director del proyecto dimitieron por el retraso. El proyecto estaba en plena crisis. Fue entonces cuando recibí una llamada de MTR, pidiéndome que viniera a Hong Kong a ayudar.

Me reuní acompañado de mi equipo con la junta directiva de MTR en la sala de juntas de la trigésimo tercera planta, desde la que se dominan espectacularmente los rascacielos y el puerto de Hong Kong.[1] La atmósfera era tensa. ¿Era posible arreglar el desaguisado?

Aseguré a la junta que era posible. Había visto cosas peores. Pero no había margen para el error. La junta ya se había dirigido al gobierno para advertirle de que se necesitaría más dinero y tiempo. Ahora tendría que dirigirse de nuevo y explicar exactamente cuánto, lo cual era humillante en una cultura que no tolera quedar mal. Teníamos que asegurarnos de que no habría una tercera vez, lo que significaba cumplir con el calendario y el presupuesto de la parte restante del proyecto. Todos estaban de acuerdo.

Para ello era necesario comprender primero cómo se había producido aquel desbarajuste. Así que hicimos, como siempre hacemos, un análisis de los hechos. Una operación nada agradable.

Cuando preguntamos a MTR qué había fallado, se nos dio la habitual lista de trapos sucios: las protestas de la comunidad habían retrasado el inicio. Problemas con las tuneladoras gigantes. Escasez de mano de obra. La excavación del túnel había revelado condiciones subterráneas inesperadas. El lugar de las obras se había inundado. Las medidas paliativas fueron ineficaces. La dirección se había sentido mal informada. Y así sucesivamente. La combinación de estos factores había creado una cadena de retrasos, seguidos de esfuerzos fallidos por recuperar el tiempo perdido, seguidos a su vez de más retrasos y más esfuerzos fallidos. El personal se había desmoralizado, lo que había reducido aún más el rendimiento. La situación no había dejado de empeorar.

Los detalles eran importantes, pero la letanía general me resultaba tristemente familiar. ¿Cuál era la causa? ¿Mala planificación? ¿Mala ejecución? ¿Debíamos culpar a los directivos, a los trabajadores o a ambos? ¿Por qué una organización que hasta entonces había demostrado su aptitud fracasó tan estrepitosamente en este proyecto concreto?

Cuando la ejecución fracasa, los esfuerzos para averiguar por qué tienden a centrarse exclusivamente en la ejecución. Es comprensible, pero es un error, porque la raíz del fracaso suele estar fuera de la ejecución, en la previsión, incluso años antes de iniciarse la ejecución.

¿Cómo supo MTR que la ejecución estaba fallando? Por los desajustes en el plazo y en el presupuesto. Pero estos se medían en función de las previsiones de MTR sobre la duración y el coste de las distintas fases del proyecto. Si esas previsiones no eran realistas, el equipo que tuviera que cumplirlas fracasaría hiciese lo que hiciese. La ejecución estaría condenada antes de empezar. Eso debería ser obvio. Pero, cuando las cosas van mal y la gente se desespera, a menudo se pasa por alto lo evidente y se supone que, si la ejecución falla, el problema debe estar en la ejecución misma, cuando en realidad está en las previsiones.

¿Cuánto tardará? ¿Cuánto costará? La previsión es fundamental en cualquier proyecto. En este capítulo explicaré cómo acertar con las estimaciones utilizando una técnica de previsión sorprendentemente sencilla y muy adaptable. Sin embargo, ni siquiera las previsiones excelentes pueden hacer frente a los raros pero desastrosos giros de los acontecimientos, como las inundaciones de Hong Kong, también conocidas como «cisnes negros». En esos casos hay que reducir los riesgos, no hacer previsiones. Mostraré cómo. Luego trataremos del encarrilamiento del caso del XRL. Ese trabajo empezó con una simple pregunta: «¿Cómo hacéis vuestras previsiones?».

¡Es la estimación, estúpidos!

Ya nombramos a Robert Caro, el admirado biógrafo, en el capítulo 3, donde vimos que rellenaba diligentemente la casilla de la derecha antes de empezar un nuevo libro. Pero antes de que Caro empezara a escribir sus biografías, galardonadas con el Premio Pulitzer, había pasado seis años como reportero de investigación en el periódico *Newsday*, de Long Island. Tras escribir una serie de reportajes sobre una propuesta de puente respaldada por Robert Moses, un burócrata estatal de larga trayectoria, Caro se dio cuenta de lo poderoso que era Moses y decidió escribir su biografía. Sabía que era un proyecto ambicioso. Moses llevaba más de cuarenta años dando forma a la ciudad de Nueva York, y había realizado más megaproyectos que ninguna otra persona en la historia. También era reservado y prefería mantenerse alejado de los ambientes públicos. Aun así, Caro estaba bastante seguro de que podría terminar su libro en nueve meses y completamente seguro de que lo terminaría al cabo de un año.[2]

Ese pronóstico era de vital importancia. Caro y su esposa, Ina, tenían un hijo pequeño y unos ahorros modestos. Su anticipo por el libro era de solo 2.500 dólares (22.000 en dólares de 2021). No podía permitirse que el proyecto se alargase.

Pero se alargó. Pasó un año. Dos. Tres. «A medida que pasaban los años y yo seguía sin terminar, me convencí de que me había desviado terriblemente del camino», recordaría Caro décadas después. En conversaciones con él, la gente inevitablemente le preguntaba cuánto tiempo llevaba trabajando en el libro. «Cuando decía tres años, o cuatro, o cinco, disimulaban rápidamente su mirada de incredulidad, pero no lo bastante rápido como para que yo no me diera cuenta. Llegué a temer esa pregunta».[3]

Caro y su mujer vieron «cómo se agotaban nuestros ahorros, y vendimos nuestra casa para seguir adelante, y el dinero de la venta se agotó».[4] De algún modo siguieron luchando. Caro tardó *siete* años en terminar su libro. Pero una historia que parecía destinada a la tragedia terminó en triunfo. Cuando *The Power Broker: Robert Moses and the Fall of New York* se publicó por fin en 1974, ganó el Premio Pulitzer y se convirtió en un improbable éxito de ventas. El libro no solo sigue imprimiéndose, sino que se considera una de las mejores disecciones del poder político jamás escritas.

Lo que ahora nos importa a nosotros es el *porqué* de una diferencia tan grande y peligrosa entre las expectativas de Caro y el tiempo que realmente duró su trabajo. Hay dos explicaciones posibles.

Una echa la culpa al trabajo de Caro. En esta explicación, la previsión era razonable. El libro habría tardado un año o menos si lo hubiera escrito alguien con más experiencia, pero Caro chapuceó tanto en la investigación y la redacción que tardó siete veces más de lo necesario. Durante años sospechó que era así, pero no conseguía averiguar qué estaba haciendo mal. Eso lo atormentaba.

La otra es que la previsión era una subestimación irrisoria y que nadie podría haber escrito en un año la biografía que Caro tenía en la mente. Cinco años después de comenzar el proyecto, cuando parecía que nunca terminaría el libro, Caro descubrió que, de hecho, esa era la explicación correcta.

El descubrimiento fue accidental. Tras enterarse de que la Biblioteca Pública de Nueva York disponía de una sala con despachos dedicados a escritores escogidos que trabajaban en libros, Caro presentó su solicitud y le concedieron una plaza. Por primera vez se encontró entre otros autores de libros. Dos de ellos eran autores de importantes biografías históricas que Caro adoraba y consideraba modelos para su propio libro. Caro se presentó y hablaron. Inevitablemente, le hicieron la pregunta que había aprendido a temer: «¿Cuánto tiempo lleva trabajando en su libro?». De mala gana, respondió: «Cinco años». Pero los demás autores no se sorprendieron, ni mucho menos. «No es tanto tiempo —dijo uno de ellos—. Llevo nueve años trabajando en mi Washington». Otro dijo que su libro sobre Eleanor y Franklin Roosevelt le había llevado siete años. Caro estaba extasiado. «En un par de frases, estos dos hombres —ídolos míos— habían borrado cinco años de dudas».[5] La culpa no era del trabajo de Caro; la tenía su previsión.

¿Cómo pudo convencerse Caro de que un libro que le llevaría siete años escribir podría hacerlo en uno? Como periodista de investigación estaba acostumbrado a dedicar una o dos semanas a investigar y escribir un artículo, un tiempo generoso para lo que era habitual en las salas de redacción. Podía pasarse tres semanas escribiendo un artículo o una serie de artículos especialmente largos, cuyo número de palabras equivaldría aproximadamente al capítulo de un libro. Un libro puede tener doce capítulos. Así que la estimación era fácil: 12 × 3 = 36 semanas, o nueve meses. Al principio no estaba claro cuántos capítulos tendría el libro, pero incluso si se llegaba a diecisiete, el libro podría terminarse en menos de un año. Para un periodista, un año es un tiempo casi incomprensiblemente largo para dedicarlo a escribir una obra. No es así extraño que Caro se confiara.

En psicología, el proceso que Caro utilizó para hacer su estimación se conoce como «anclaje y ajuste».[6] La estimación comienza con un punto fijo, doce capítulos de tres semanas cada uno en el caso de Caro. Tal es el «ancla». A continuación, uno desliza la cifra hacia arriba o hacia abajo según le parezca razonable, hasta un año en el caso de Caro. Tal es el «ajuste». Caro tenía toda la razón al calificar su pensamiento de «ingenuo, pero quizá no antinatural» porque, como demuestran abundantes investigaciones, el anclaje y ajuste, sobre todo cuando se utiliza como ancla la experiencia inmediata, es una forma natural de pensar. Es probable que la mayoría de la gente en la posición de Caro, con su particular experiencia, hubiera hecho una previsión de la misma manera y llegado a un resultado similar.

Pero basar las estimaciones en el anclaje y ajuste es complicado. Como han demostrado los psicólogos en innumerables experimentos, las estimaciones finales realizadas de este modo están sesgadas hacia el anclaje, de modo que un anclaje bajo produce una estimación más baja que un anclaje alto. Esto significa que la calidad del anclaje es fundamental. Si se utiliza un buen anclaje, aumentan mucho las posibilidades de hacer una buena estimación; si se utiliza un mal anclaje, se obtiene una mala estimación.

Por desgracia, es fácil quedarse con un mal anclaje. Daniel Kahneman y Amos Tversky fueron pioneros en la investigación sobre este tema en un famoso artículo de 1974, que incluía uno de los experimentos más extraños de la historia de la psicología. Crearon una «rueda de la fortuna», en cuyo dial aparecían números del 1 al 100. Colocada delante de los sujetos de la prueba, se hacía girar la rueda, la cual se detenía en un número. A continuación, pedían a los sujetos que estimaran el porcentaje de miembros de la ONU que son africanos. A pesar de que el número seleccionado por la ruleta era manifiestamente irrelevante, marcó una gran diferencia en la estimación final: cuando la rueda de la fortuna se detenía, por ejemplo, en el número 10, la estimación media era del 25 por ciento; cuando se detenía en el número 65, la estimación media era del 45 por ciento.[7] (La respuesta correcta en el momento del experimento era el 29 por ciento). Muchas investigaciones posteriores revelaron que las personas se anclan en casi cualquier número que tienen enfrente antes de hacer su estimación.

Los comerciantes se aprovechan con frecuencia de este fenómeno. Cuando en el supermercado nos encontramos con un cartel que dice «límite de seis por cliente», es muy probable que el cartel esté ahí para se nos quede en la cabeza el número seis, convirtiéndolo en ancla cuando tenemos que decidir cuántos de esos artículos comprar.

Visto así, el proceso mental de Robert Caro no parece tan inusual. Utilizó un mal anclaje —su experiencia como periodista— e hizo una desastrosa previsión que casi le arruina a él y a su familia. Pero al menos tenía algún sentido en la superficie.

Según descubrí, fue precisamente una previsión igual de «sensata» la que metió a MTR en problemas. Cuando MTR planificó el XRL, tenía mucha experiencia en la planificación y ejecución de grandes proyectos de infraestructuras de transporte. Pero no tenía experiencia alguna con el ferrocarril de alta velocidad, que es excepcionalmente complejo y exigente incluso cuando no implica, como en ese caso, un sistema transfronterizo y subterráneo. En ese sentido, MTR se encontraba en una posición similar a la del joven Robert Caro cuando se dispuso a escribir su primer libro. Y MTR había hecho sus previsiones de forma muy parecida a como las hizo Caro utilizando su experiencia previa como ancla. El resultado también fue similar: las previsiones de MTR para el XRL —la base de su calendario de ejecución y su presupuesto— eran una clara subestimación de lo que tarda en ejecutarse un proyecto como aquel.

Conocía a varios funcionarios de Hong Kong de tareas anteriores en la región, a los que vi allí trabajando para MTR en el XRL. Me enteré por los chismes de la administración de que varios altos funcionarios habían cuestionado interna y discretamente el anclaje del XRL y sugerido un ajuste al alza. En las grandes organizaciones casi siempre hay alguien con sentido del realismo. Pero eran voces solitarias. Otros eran optimistas y tenían interés en mantener bajas las estimaciones, por lo que el realismo se consideraba pesimismo y se ignoraba. Este comportamiento es tan común como el mal anclaje y no hace más que reforzarlo.

La verdad es que los gestores y trabajadores del XRL no pudieron cumplir el calendario que se les dio por mucho que se esforzaran. Era improbable que hubieran podido. Desde el principio era seguro que se retrasarían. Cuando eso ocurrió, MTR reaccionó igual que Robert Caro —culpando al trabajo, no a las previsiones— y exigió mejoras y paliativos que gestores y trabajadores tampoco pudieron cumplir. Hubo más exigencias, pero fueron en vano. El proyecto se retrasaba cada vez más. Y entonces llegó la debacle.

El error que cometieron los planificadores es tan básico como común: cuando afrontamos retrasos y sobrecostes, naturalmente buscamos lo que está entorpeciendo el proyecto y aumentando los costes. Pero esos retrasos y sobrecostes se miden en función de puntos de referencia. ¿Son estos razonables? Lógicamente, debería ser la primera pregunta que nos hiciéramos, pero rara vez nos la hacemos. Una vez que planteamos el problema como un exceso de tiempo y dinero, puede que nunca se nos ocurra considerar que el verdadero origen del problema no son los excesos, sino la *subestimación*. Este proyecto acabó condenado por una gran subestimación. Y la subestimación se debió a un mal anclaje.

Para hacer una buena estimación de un proyecto, hay que acertar con el anclaje.

«Uno de esos»

En 2003, recibí una llamada del gobierno británico. Gordon Brown, entonces Ministro de Hacienda y responsable del presupuesto nacional, que más tarde se convertiría en primer ministro, tenía un problema con los grandes proyectos. Se salían tan sistemáticamente de los plazos y costes pronosticados, que el gobierno había perdido la confianza en sus propias previsiones. Y como los grandes proyectos representaban una gran porción del presupuesto británico, el gobierno había perdido la confianza en sus propios resultados. En aquel momento, hacer un diagnóstico (sesgos cognitivos más tergiversación estratégica igual a problemas) era relativamente fácil. Encontrar una cura era más trabajoso.

Empecé con una oscura expresión de un artículo que Daniel Kahneman y Amos Tversky publicaron en 1979, aunque no el famoso artículo de 1979 sobre la «teoría de las perspectivas» que le valió a Kahneman el Premio Nobel de Economía en 2002, sino otro que el prolífico dúo publicó ese mismo año. La expresión es «clase de referencia».[8]

Para entender qué es una clase de referencia, hay que tener en cuenta que hay dos formas fundamentalmente distintas de ver un proyecto. La primera es considerarlo una empresa especial. Todos los proyectos son especiales en cierta medida. Aunque el proyecto no sea tan creativo como hacer una película de Pixar, ir a Marte o luchar contra una pandemia; aunque sea tan mundano como remodelar una casa de las afueras o tan común como construir un pequeño puente, desarrollar un programa informático u organizar una conferencia, al menos algunos aspectos del proyecto serán únicos. Quizá lo sean las personas que harán el trabajo o cómo lo harán. O la ubicación. O las circunstancias económicas del momento. O una combinación única de estos factores. Siempre habrá *algo* que haga que ese proyecto sea diferente de todos los demás.

A la gente no le cuesta entenderlo. De hecho, según mi experiencia y de acuerdo con los resultados de la ciencia del comportamiento, la gente no solo tiende a ver sus proyectos de esta manera, sino que tiende a exagerar lo inusual que es su proyecto en concreto. Este es el «sesgo de singularidad» que vimos en el capítulo anterior.[9] Todos lo tenemos. Nos hace querer a nuestros hijos. Pero es desafortunado en algunas circunstancias porque nos impide ver nuestro proyecto de la segunda manera.

Se cuenta que la antropóloga cultural Margaret Mead decía a sus alumnos: «Sois absolutamente únicos, como todo el mundo». Los proyectos son así. Independientemente de lo que le distinga, comparte otras características con los proyectos de su clase. Un teatro de ópera puede ser único por su diseño y su ubicación, pero sigue teniendo mucho en común con otros teatros de ópera, y podemos aprender mucho sobre cómo construir uno concreto observando los teatros de ópera en general y considerando que el nuestro es «uno de esos». La categoría de los teatros de ópera es la clase de referencia.

Kahneman y Tversky denominaron a estas dos perspectivas la «vista interior» (contemplar el proyecto individual en su singularidad) y la «vista exterior» (contemplar un proyecto como parte de una clase de proyectos, como «uno de esos»). Ambas son valiosas. Pero son muy diferentes. Aunque hay poco peligro de que un pronosticador ignore la vista interior, pasar por alto la vista exterior es algo rutinario. Y un error fatal.

Para hacer una previsión fiable, se necesita la vista exterior.

La vista exterior

Consideremos una situación tan habitual como sencilla: alguien está pensando en reformar su cocina, lo hace después de leer sobre la pesadilla de David y Deborah en el capítulo 3, y quiere calcular el coste. Se trata de un trabajo de bricolaje, así que no tiene que incluir los costes de mano de obra. ¿Cómo hará la previsión?

Si es como casi todo el mundo, incluidos muchos contratistas, empezará por tomar medidas cuidadosamente. ¿Qué dimensiones tendrá el suelo? ¿Las paredes? ¿Los techos? ¿Qué tamaño de armarios y encimeras quiere? Luego decide el tipo de suelo, paredes, techo, armarios, cajones, encimeras, fregaderos, grifos, frigorífico, horno, luces, etcétera. Averigua a cuánto se venden esas cosas y, a partir de las medidas y los costes unitarios, calcula lo que deberá gastarse por cada elemento. Lo suma todo y ya tiene su presupuesto. Fácil y sencillo. Y gracias al cuidado que ha puesto en medir y contar todo hasta el más mínimo detalle y en conocer los precios exactos, también debe ser fiable. O eso supone.

Empieza el proyecto quitando el suelo existente. Y descubre moho en las tablas.

Luego quita los paneles de yeso. Y descubre un viejo cableado que incumple el código de construcción vigente.

Más tarde le entregan sus preciadas encimeras de granito. Resbala mientras transporta una losa y la parte en dos.

Así de fácil se va el presupuesto al garete. Y va camino de afrontar un importante sobrecoste.

Puede que alguien piense que estoy siendo poco razonable con esta ilustración. Al fin y al cabo, cada una de las desagradables sorpresas que he imaginado es improbable. Eso es cierto. Pero, aun en un proyecto tan sencillo como la reforma de una cocina, el número de sorpresas posibles, cada una de ellas improbable, es largo. Muchas pequeñas probabilidades sumadas equivalen a una gran probabilidad de que al menos alguna de esas desagradables sorpresas se produzca. Su previsión no lo tuvo en cuenta. Eso significa que una previsión que parecía perfectamente razonable y fiable era en realidad una manera poco realista de suponer que las cosas saldrán de la mejor manera y de acuerdo con el plan, como el mejor de los casos que describí en el capítulo 2. Y las cosas casi *nunca* salen según lo previsto en el plan. En los grandes proyectos, ni siquiera se acercan.

Es posible pensar, como la mayoría de la gente, que la solución es analizar más detenidamente la reforma de su cocina, identificar todas las cosas que podrían salir mal e incluirlas en su previsión. Pero no es así. Detectar las posibilidades de que las cosas salgan mal es importante porque permite reducir o eliminar los riesgos o mitigarlos, como explicaré a continuación. Pero no se conseguirá la previsión infalible que se desea por la sencilla razón de que, por muchos riesgos que se puedan encontrar, siempre hay muchos más que no se pueden identificar. Son las «incógnitas desconocidas», por utilizar el término que hizo famoso Donald Rumsfeld, entonces secretario de Defensa de Estados Unidos.[10]

Pero hay una forma de evitarlas. Solo se necesita empezar de nuevo con una perspectiva diferente, esto es, considerar el proyecto como uno más dentro de una clase de proyectos similares ya realizados, como «uno de esos». Y utilizar los datos de esa clase —sobrecostes, plazos, beneficios o cualquier otra cosa que se quiera prever— como ancla. Luego, si es necesario, hacer un ajuste hacia arriba o hacia abajo para reflejar en qué difiere el proyecto específico de la media de la clase. Y ya está. No puede ser más sencillo.

¿Reformar una cocina? La clase a la que pertenece es la de las «reformas de cocinas». Habrá que buscar el coste medio real de una reforma de la cocina. Eso será la referencia. Si hay buenas razones para pensar que el proyecto concreto estará por encima o por debajo de la media —si, por ejemplo, se van a utilizar encimeras y accesorios de gama alta el triple de caros de lo que cuestan los artículos más corrientes—, habrá que ajustarla por encima o por debajo. Con esto, ya se tiene una previsión.

Sé por experiencia que a la gente a veces le cuesta hacer todo esto, y no porque sea complicado, sino porque es sencillo. *Demasiado* sencillo. A fin de cuentas, su proyecto es especial, o eso creen, y ese proceso no hace hincapié en ello, así que lo complica. La gente piensa que, si está reformando su cocina, no tendría que decir que, en su caso, «la clase de las reformas de cocina» es «una de esas». Eso es demasiado fácil. En lugar de eso, intentan dar una definición de la clase que la haga complicada y ajustada, que parezca encajar perfectamente con su particular proyecto. En lugar de ver la clase como la de las «reformas de cocina», la llama la de las «reformas de cocinas con encimeras de granito y electrodomésticos alemanes en edificios de viviendas de gran altura de mi barrio». Eso es un error. Ignora mucha información útil. Y dificulta mucho la recopilación de los datos necesarios —un reto del que hablaré más adelante.

Lo mismo puede suceder con los ajustes. Estos solo deben hacerse si hay razones claras y convincentes para pensar que un proyecto estará muy por encima o por debajo de la media. Pero cuantos más ajustes se hagan, más se *diferenciará* el proyecto de la media. Y el proyecto que se quiere realizar es especial. Y así parecerá bien ajustar, ajustar y ajustar un poco más, incluso si los ajustes se basan en poco más que vagas sensaciones. Eso también es un error.

Todo esto es el sesgo de singularidad. Cuando está presente, se quiere reintroducirlo en las decisiones aun cuando uno trata de eliminarlo. No hay que hacerle caso, sino mantener el proceso simple y definir la clase en términos generales. Incluir sin contemplaciones el proceso en ella. Y ajustar la media solo cuando haya razones de peso para hacerlo, lo que supone que existen datos que respaldan el ajuste. En caso de duda, lo más conveniente es omitir el ajuste. La media de la clase es el ancla y esta última es la previsión. Muy sencillo, sí. Pero la sencillez es buena; mantiene a raya los sesgos.

He dado en llamar a este proceso «previsión de clase de referencia» (RCF, *reference class forecasting*).[11] Después de que yo lo desarrollara para Gordon Brown, el gobierno británico lo utilizó para prever el tiempo y el coste de grandes proyectos, y quedó tan satisfecho con los resultados que hizo obligatorio el proceso.[12] Dinamarca hizo lo propio.[13] La RCF también se ha utilizado en los sectores público y privado de Estados Unidos, China, Australia, Sudáfrica, Irlanda, Suiza y los Países Bajos.[14] Toda esa experiencia ha permitido realizar pruebas rigurosas, y una serie de estudios independientes ha confirmado que «la RCF es la que mejor funciona», en palabras de uno de ellos.[15]

Y es la que da mejores resultados por un amplio margen. La diferencia entre una previsión convencional y otra que utiliza la RCF varía según el tipo de proyecto, pero en más de la mitad de los proyectos de los que tenemos datos, la RCF es mejor en treinta puntos porcentuales o más. Eso por término medio. Un aumento del 50 por ciento en la exactitud es habitual. Las mejoras de más del 100 por ciento no son infrecuentes. Lo más gratificante, dadas las raíces intelectuales del método, es que Daniel Kahneman escribió en *Pensar rápido, pensar despacio* que el uso de la previsión de clase de referencia es «la más importante y aconsejable para aumentar la exactitud en la previsión mediante métodos mejorados».[16]

¿Por qué funciona?

El núcleo de la previsión de clase de referencia es un proceso de anclaje y ajuste similar al que recurrieron Robert Caro y MTR, pero utilizando el ancla *correcta*.

Lo que hace que la clase de referencia sea el anclaje adecuado es lo que he destacado en el capítulo anterior: experiencia relevante en el mundo real. Una persona hizo una reforma de su cocina utilizando accesorios y electrodomésticos básicos; sin sorpresas y con una ejecución sin contratiempos, le costó 20.000 dólares y tardó dos semanas. Otra optó por encimeras de granito y mucho acero inoxidable, y luego descubrió que el cableado de la casa no cumplía la normativa; el proyecto acabó costándole 40.000 dólares, y como el electricista estaba sobrecargado de trabajo, tardó dos meses en terminarse. Si reunimos muchas de estas cifras, descubriremos que la reforma de una cocina cuesta 30.000 dólares de media y tarda cuatro semanas en concluirse. Son resultados basados en la experiencia del mundo real, no estimaciones, por lo que no están distorsionados por la psicología y la tergiversación estratégica. Si se utilizan para anclar una previsión, se tendrá una estimación enraizada en la realidad, no distorsionada por sesgos de comportamiento, lo que hace de ella una mejor estimación.

Esto también explica por qué el ajuste debe utilizarse con cautela y moderación, si es que se usa, porque es una oportunidad para que los sesgos vuelvan a colarse. Si se exagera, el valor del ancla no sesgado puede perderse.

La RCF también permite enfrentarse al problema aparentemente insoluble de las incógnitas desconocidas de Donald Rumsfeld. La mayoría de las personas piensa que las incógnitas desconocidas no pueden preverse, y eso suena razonable. Pero los datos de los proyectos de la clase de referencia reflejan *todo* lo que ocurrió con ellos, incluidas las sorpresas imprevistas. Puede que no sepamos con precisión cuáles fueron esos acontecimientos. Y puede que ignoremos lo grandes o perjudiciales que fueron. Pero no necesitamos saber nada de eso. Todo lo que necesitamos saber es que las cifras de la clase de referencia sí reflejan lo comunes y lo grandes que fueron realmente las incógnitas desconocidas para esos proyectos, lo que significa que la previsión también reflejará esos hechos.[17]

Recordemos la reforma de David y Deborah en el barrio de Cobble Hill de Brooklyn. Empezó a ir cuesta abajo cuando el contratista retiró el suelo de la cocina y descubrió chapuzas hechas cuando el edificio se levantó en la década de 1840. Hubo que quitar el suelo entero e instalar soportes en el sótano. Se trataba de una incógnita desconocida difícil de detectar antes de que comenzaran las obras. Pero si el tiempo y el coste del proyecto se hubieran previsto tomando como clase de referencia las reformas de casas antiguas de Nueva York, la frecuencia y la gravedad de aquellas desagradables sorpresas se habrían codificado en los datos. De ese modo, el coste y el tiempo estimados habrían tenido en cuenta las incógnitas desconocidas que no se pueden predecir.

La previsión de clase de referencia es mejor cuando hay sesgos. Y es mejor cuando hay incógnitas desconocidas. Es sencilla y fácil de hacer. Y tiene un historial probado de ofrecer previsiones más exactas. Me alegro de que se haya adoptado en la medida en que lo ha sido por diferentes organizaciones de todo el mundo —mucho más de lo que pensé que ocurriría cuando desarrollé por primera vez el método para Gordon Brown—, pero no me incomodaría que me preguntasen por qué, dados todos sus puntos fuertes, no se utiliza más en todas partes.

Hay tres razones para ello. La primera es que, para muchas personas y organizaciones, el hecho de que la RCF elimine los sesgos es un error, no un rasgo característico. Como comenté en el capítulo 2, las previsiones chapuceras son el pan de cada día en innumerables empresas. No quieren que las personas que autorizan los proyectos y pagan las facturas tengan una idea más precisa de lo que costarán los proyectos y de cuánto durarán. Y mantendrán el *statu quo*, al menos hasta que se vean obligadas a cambiar: por ejemplo, asignando responsabilidades legales por previsiones descaradamente sesgadas, algo que ocurre cada vez más.[18]

Un segundo reto que superar es la fuerza del sesgo de singularidad. Kahneman refiere una ocasión en la que él y algunos colegas se propusieron escribir juntos un libro de texto. Todos estuvieron de acuerdo en que les llevaría unos dos años. Pero cuando Kahneman preguntó al único miembro del grupo con una experiencia considerable en la producción de libros de texto cuánto tiempo solía llevar ese trabajo, aquel experto dijo que no recordaba ningún proyecto que llevara menos de siete años. Peor aún, cerca del 40 por ciento de esos proyectos nunca se terminan, añadió. Kahneman y sus colegas se alarmaron un tanto, pero luego siguieron adelante como si nunca hubieran conocido esos datos desagradables porque pensaban que su proyecto era diferente. Siempre lo es. «Esta vez es diferente» es el lema del sesgo de singularidad. Al final, el libro de texto se terminó *ocho* años después.[19] Si el mayor estudioso vivo del sesgo cognitivo pudo ser embaucado por el sesgo de singularidad, no es de extrañar que el resto de nosotros también seamos vulnerables, o que evitar esa trampa requiera clara conciencia y un esfuerzo mental sostenido.

La tercera razón por la que la RCF aún no se utiliza tan ampliamente como debiera es la más sencilla. Son los datos. Calcular una media es fácil, pero solo cuando se tienen los números delante. *Esa* es la parte difícil.

Encontrar los datos

En el ejemplo de la reforma de una cocina antes mencionado, di por sentado que las personas que la planean dispondrían de datos sobre reformas de cocinas que les permitirían calcular el coste medio. Pero es probable que no los tengan. Y les costará encontrarlos. Lo sé por experiencia, porque he buscado datos fiables sobre reformas de cocinas, pero no los he encontrado, y un economista que estudia la economía de las reformas de viviendas me dijo que, por lo que él sabe, no se han recopilado. Es cierto que, si alguien busca «coste medio de la reforma de una cocina», encontrará empresas que dan diversas cifras, normalmente en amplios rangos. Pero ¿de dónde proceden esas cifras? ¿Se basan en muchos resultados reales o solo tienen carácter promocional? No se puede saber. Y es *necesario* saberlo, si se quiere una previsión fiable.

Este es un problema común. Los datos antiguos de proyectos rara vez se consideran un recurso valioso y por eso no se recopilan. Esto se debe en parte a que los planificadores y gestores de proyectos tienen una mentalidad centrada en el futuro, no en el pasado. En cuanto terminan un proyecto, su atención se centra en el siguiente, y nadie piensa en mirar atrás para reunir datos sobre el proyecto pasado. Pero también se debe a que quienes sí ven un valor en los datos suelen tener interés en mantener los suyos en secreto. Por ejemplo, ¿cuántas grandes empresas de la construcción quieren que los propietarios dispongan de buenos datos sobre los costes de reforma de viviendas? Esto ayuda a explicar por qué mi base de datos de grandes proyectos, que abarca muchos tipos de proyectos diferentes, ha tardado décadas en desarrollarse y es la única de su clase en el mundo.

Pero no estas no son barreras infranqueables. Los gobiernos y las empresas pueden revisar sus antiguos proyectos y crear sus propias bases de datos. De hecho, he ayudado a varias a hacerlo. También pueden hacerlo las pequeñas empresas y las asociaciones profesionales, si consiguen convencer a sus miembros para que participen en la tarea. Los profesionales con mucha experiencia aprenden naturalmente de proyectos anteriores —un contratista que haya realizado decenas de reformas de cocinas tendrá una idea muy clara de lo que cuesta una reforma media de cocina—, pero pueden perfeccionar y mejorar su idea simplemente recopilando cifras de sus antiguos proyectos y añadiéndoles otras más cada vez que se concluya uno nuevo.

En cuanto a los que no tienen acceso a una base de datos como la mía o no pueden crear la suya propia, la previsión de la clase de referencia sigue siendo útil; solo tienen que emplear una estimación aproximada.

Recordemos al joven Robert Caro contemplando la posibilidad de escribir su primer libro. Podría haber utilizado fácilmente la RCF para prever cuánto tiempo le llevaría su proyecto; le habría bastado con hacer una lista de libros que considerase similares en líneas generales a lo que pensaba escribir, llamar a sus autores y preguntarles cuánto tiempo tardaron en completar esos libros. Si obtenía veinte respuestas, las habría sumado, y luego dividido por veinte y ya tendría su ancla. Basándose en una muestra de solo veinte, encontraría una tonelada de experiencia del mundo real empaquetada en el número. Entonces se habría preguntado si había razones de peso para esperar ser mucho más rápido o más lento que la media. Si hubiera tenido una respuesta, habría podido hacer su ajuste. Si no hubiera sido el caso, tendría la estimación original. No sería perfecta, pero sería mucho mejor que la estimación que hizo, porque estaría anclada en proyectos pasados como el que estaba haciendo realmente —escribir un libro— en lugar de lo que solía hacer, que era redactar una serie de largos artículos de periódico.

De hecho, Caro hizo algo así más tarde y por accidente, cuando conoció a sus colegas autores en la sala de redacción de la Biblioteca Pública de Nueva York y se sintió aliviado al oír que cada uno de ellos había pasado siete o más años escribiendo sus libros. Pero eso ocurrió mucho después de que él hubiera iniciado su proyecto, y después de haber llevado a su familia al borde de la ruina y haber pasado años atormentándose por no haber terminado en un año, como había planeado.

Lo mismo puede decirse de la reforma de una cocina. Si planea llevar a cabo una, busque a su alrededor a otras personas que hayan realizado una reforma de cocina en, digamos, los últimos cinco o diez años. Pregunte a amigos, familiares, compañeros de trabajo. Las reformas de cocinas son habituales, así que supongamos que sepa de quince proyectos de este tipo. Averigüe el coste total de cada uno, súmelos y divida el resultado entre quince. Esa es su ancla.

Aún más sencillo y preciso: podría obtener el porcentaje de sobrecoste de cada reforma y calcular su media. Los porcentajes son más fáciles de recordar y se comparan mejor que los totales. A continuación, podría tomar la estimación realizada de la forma usual —midiendo cuidadosamente su proyecto específico— e incrementarla en ese porcentaje. De ese modo, combinaría el valor de la vista interior (detalle) con el valor de la vista exterior (exactitud), que es todo el juego.

Por supuesto, cuando se trata de la vista exterior, más es mejor, por lo que los datos de treinta proyectos superan a los de quince, y los datos de cien superan a los de treinta. Pero es esencial reconocer que la RCF puede tener mucho valor incluso cuando hay muchos menos datos de los que deseamos. Con un poco de lógica e imaginación, y entendiendo por qué funciona la RCF, es posible arrancarle al menos algo de valor incluso cuando se tienen números pequeños.

Hasta los datos de un solo proyecto realizado son valiosos. Obviamente, sería un error llamar a eso una «*clase de* referencia». Pero *es* experiencia del mundo real. Llámelo el interesado «punto de referencia». Luego compárelo con su proyecto previsto y pregúntese: «¿Es probable que nuestro proyecto funcione mejor o peor que este punto de referencia?». Sé por experiencia que esta consideración puede ser sorprendentemente útil.

¿Un proyecto verdaderamente único?

El número natural más pequeño es cero. En los casos verdaderamente raros en que un proyecto puede describirse como algo efectivamente único —único en su género—, ese cero es el número de proyectos que hay en la clase de referencia. Pero, incluso en ese caso, la RCF puede ser útil.

En 2004, recibí una llamada de Anders Bergendahl, el funcionario sueco encargado del desmantelamiento de las centrales nucleares. Necesitaba una estimación fiable de cuánto costaría desmantelar el parque sueco de centrales nucleares, algo que llevaría décadas, y almacenar de forma segura los residuos nucleares, que durarían siglos. Se pediría a la industria nuclear sueca que contribuyera a un fondo para cubrir esos costes, por lo que el gobierno necesitaba saber cuánto debería pagar la industria. «¿Puede ayudarme?», preguntó.

Me quedé perplejo. En aquel entonces, no disponía de datos sobre proyectos de desmantelamiento nuclear (hoy sí los tengo). Y no creía que pudiera conseguir ninguno. Se habían desmantelado muy pocas centrales nucleares en todo el mundo, y esas pocas se habían hecho en circunstancias muy especiales; pensemos en Chernóbil y Three-Mile Island. Suecia sería el primer país en llevar a cabo un desmantelamiento planificado de una serie de reactores. «No puedo ayudarle —le dije—. Lo siento».

Pero Bergendahl vio algo que yo no vi. Dijo que los consultores le habían entregado un informe en el que se estimaba el coste y el «riesgo del coste», es decir, el riesgo de que el coste fuera superior al previsto. Pero había notado algo extraño al comparar el informe de los consultores con un libro académico en el que mi equipo y yo habíamos documentado el riesgo del coste de las infraestructuras de transporte, como carreteras, puentes y líneas ferroviarias.[20] Según nuestro libro, el riesgo del coste era mayor para ese tipo de infraestructuras tan corrientes. «Eso no tiene sentido», dijo Bergendahl. Se tarda de cinco a diez años en completar los proyectos de transporte, y la gente lleva siglos realizándolos. ¿Cómo puede ser menos arriesgado desmantelar la energía nuclear cuando eso lleva mucho más tiempo y casi no tenemos experiencia en hacerlo? Estuve de acuerdo. No tenía sentido. Los consultores y su informe tendrían que irse.

Pero Bergendahl tuvo una idea para suplir esa carencia. ¿Por qué no utilizar nuestros datos sobre los costes de las infraestructuras de transporte como un «suelo» —un mínimo— y suponer que el coste real del desmantelamiento y almacenamiento nuclear estaría en alguna cantidad por encima de ellos? Eso estaría lejos de ser una estimación perfecta. Pero tenía mucho más sentido que la que habían elaborado los consultores. Y el desmantelamiento no iba a empezar pronto. Si el gobierno sueco daba por hecha esa estimación y conseguía que la industria nuclear empezara a contribuir a aquel fondo, podría ajustar la estimación más adelante a medida que se aprendiera más sobre el desmantelamiento en Suecia y en otros países. Me quedé impresionado. Era un planteamiento con gran sentido común: *phrónesis* de nuevo. Trabajamos para desarrollarlo y llegó a ser norma en Suecia.[21]

La incómoda verdad es que yo mismo había caído en el «sesgo de singularidad» al suponer que un proyecto tan inédito como el desmantelamiento de centrales nucleares no tenía nada que aprender de la experiencia de otros proyectos. No era verdad; como demostró Bergendahl, solo hacía falta un poco de lógica e imaginación para verlo.

Regresión a la cola

Pero en todo esto hay una gran advertencia. Se trata de la cola gruesa. Imaginemos un gráfico con los costes de mil reformas de cocinas que adopta la forma de una curva de campana clásica: con la mayoría de los proyectos agrupados en torno a la media representada en el centro, muy pocos estarán en el extremo derecho o izquierdo, e incluso estos datos no estarían muy alejados de la media. Como dije en el capítulo 1, esto es lo que los estadísticos llaman una «distribución normal».

En una distribución normal existe regresión a la media, lo que significa que las observaciones de una muestra tienden a retroceder hacia la media de la población a medida que se incluyen más observaciones. Si un contratista lleva a cabo la reforma de una de cocina inusualmente cara, es probable que la siguiente, en igualdad de condiciones, esté más cerca de la media y, por ende, sea más barata.

Cuando se trata de una distribución normal, está bien utilizar el coste medio en una previsión de clase de referencia, como he descrito anteriormente, y no hacer más. Pero, como señalé en el capítulo 1, mi análisis reveló que solo una minoría de los muchos tipos de proyectos de mi base de datos tienen una distribución «normal». El resto —desde los Juegos Olímpicos a los proyectos informáticos, y desde las centrales nucleares a las grandes presas— tienen resultados más extremos en las colas de sus distribuciones. Con estas distribuciones de colas gruesas, la media no es representativa de la distribución y, por tanto, no es un buen estimador para las previsiones. En las distribuciones con las colas más gruesas, ni siquiera existe una media estable en torno a la cual se pueda esperar que se agrupen los resultados, ya que puede aparecer (y aparecerá) un resultado aún más extremo que empuje la media más lejos, hacia la cola, hacia el infinito. En lugar de la vieja regresión a la media, se obtiene así lo que llamo «regresión a la cola».[22] En esa situación, confiar en la media y asumir que el resultado estará cerca de ella es un error peligroso.[23]

Hasta aquí la teoría. ¿Qué significa esto en la práctica?

Lo ideal sería saber siempre si nos enfrentamos o no a una distribución de cola gruesa. Pero un particular que esté haciendo una reforma de su cocina, o una pequeña empresa realizando un proyecto menor, pueden no saberlo. Incluso un alto funcionario al mando de un programa nacional con el poder de la agencia nacional de estadística a su disposición, como Anders Bergendahl, puede no saberlo. En este caso es mejor utilizar la media —o la imaginación, como hizo Bergendahl, que no conocía su media— que no utilizar nada.

Pero, siguiendo el principio de precaución, uno debería también pecar de precavido y suponer que su proyecto forma parte de una distribución de cola gruesa, porque es más probable que así sea. Esto significa que debe asumir que su proyecto tiene al menos cierto riesgo no solo de terminar un poco tarde o un poco por encima del presupuesto; puede irse a pique y acabar muy mal.

Para protegerse contra esa posibilidad, debe mitigar el riesgo, como describo a continuación.

Un profesional de una gran organización debería hacer algo mejor que adoptar esta estrategia descrita a grandes rasgos. Necesita tomarse en serio la recopilación de datos suficientes que le permitan analizar estadísticamente la distribución y determinar si es normal o de cola gruesa. Si es normal o casi normal, hará una previsión de clase de referencia utilizando la media. Esto le daría todavía un riesgo aproximado del 50 por ciento de un pequeño sobrecoste. Si quiere reducir aún más este riesgo, añadirá una contingencia (reserva) del 10 al 15 por ciento, y eso es todo.[24]

Si se enfrenta a una distribución de colas gruesas, cambiará su de idea y pasará de prever un único resultado («El proyecto costará X») a prever el riesgo («Es probable que el proyecto cueste un X por ciento más que Y»), utilizando todo el rango de la distribución. En una distribución típica de cola gruesa en la gestión de proyectos, alrededor del 80 por ciento de los resultados formarán el cuerpo de la distribución. Eso es bastante normal; nada hay ahí que pueda resultar alarmante. Para esa parte de la distribución, puede protegerse de la forma habitual con contingencias asequibles que quepan en un presupuesto. Pero los resultados de la cola —los «cisnes negros»— representan alrededor del 20 por ciento de la distribución. Eso significa un 20 por ciento de posibilidades de acabar en la cola, que es demasiado riesgo para la mayoría de las organizaciones. Las contingencias podrían tener que ser del 300, 400 o 500 por ciento sobre el coste medio —o del 700 por ciento, como vimos en el caso de los Juegos Olímpicos de Montreal en el capítulo 2—. Eso es prohibitivo. Prever tales contingencias no sería presupuestar; sería reventar el presupuesto. Entonces ¿qué se puede hacer con la cola? Cortarla.

Se puede cortar mitigación de riesgos. Yo lo llamo «gestión del cisne negro».

Gestión del cisne negro

Algunas colas son fáciles de cortar. Los tsunamis tienen cola gruesa, pero si se construye bien tierra adentro o se levanta un dique lo bastante alto, se elimina la amenaza. Los terremotos también son de cola gruesa, pero si se utiliza una arquitectura a prueba de seísmos, como hicimos con las escuelas de Nepal, el lugar estará seguro. Otras colas requieren una combinación de medidas; para una pandemia, por ejemplo, una mezcla de mascarillas, pruebas, vacunas, cuarentenas y confinamientos para evitar que los contagios se propaguen sin freno.[25] Esto es gestión de cisnes negros.

Para los grandes proyectos, la gestión de cisnes negros requiere típicamente una combinación de medidas. Comencé este libro con un «Piensa despacio, actúa rápido». Ya vimos que es en la ejecución cuando las cosas pueden salir tremenda y costosamente mal. Una planificación exhaustiva que permita una ejecución rápida, estrechando la ventana temporal en la que los cisnes negros puedan estrellarse, es un medio eficaz de mitigar este riesgo. La finalización es la forma definitiva de prevención de los cisnes negros; una vez terminado un proyecto, no puede explotar, al menos en lo que a la ejecución respecta.

El siguiente paso fundamental es dejar de pensar en cisnes negros como lo hace la mayoría de la gente. Estos no son bichos fortuitos que surgen de la nada y son imposibles de comprender o prevenir. Pueden estudiarse. Y mitigarse.

A mi equipo y a mí nos pidieron que hiciéramos precisamente eso para la Alta Velocidad 2, o HS2, una línea ferroviaria de alta velocidad de más de 100.000 millones de dólares que iría de Londres al norte de Inglaterra si llegara a completarse.[26] Utilizando nuestra base de datos, primero examinamos la distribución de costes de proyectos ferroviarios de alta velocidad comparables en todo el mundo. Efectivamente, la distribución tenía una cola gruesa. Un ferrocarril de alta velocidad es una empresa arriesgada, como vimos en Hong Kong. Así que nos centramos en la cola de esos proyectos e investigamos qué era exactamente lo que había hecho explotar a cada proyecto. Las respuestas fueron sorprendentemente sencillas. Las causas no habían sido riesgos «catastróficos» como el terrorismo, las huelgas u otras sorpresas; habían sido riesgos estándares que todo proyecto tiene ya en su registro de riesgos. Identificamos aproximadamente una docena de ellos y descubrimos que los proyectos se truncaban por los efectos compuestos de esos riesgos en un proyecto ya sometido a tensiones. Descubrimos que los proyectos rara vez se vienen abajo por una sola razón.

Una de las fuentes más comunes de problemas para el tren de alta velocidad era la arqueología. En muchas partes del mundo, y desde luego en Inglaterra, los proyectos de construcción se hacen sobre capas de historia. En el momento en que un proyecto empieza a excavar, hay muchas posibilidades de que descubra reliquias del pasado. Cuando lo hace, la ley exige que las obras se detengan hasta que un arqueólogo cualificado pueda estudiar el lugar, documentarlo, retirar los objetos y asegurarse de que no se pierde nada importante. Los gestores experimentados lo saben y tienen a un arqueólogo que está continuamente al tanto.

Normalmente, eso es suficiente. Pero, a veces, los grandes proyectos atraviesan ciudades y paisajes, de modo que, si se descubren objetos en un yacimiento y los arqueólogos se ponen a trabajar, poco después se encuentran más objetos en otro yacimiento. Y en otro. Y en otro. Simplemente no hay tantos arqueólogos y, a diferencia de los fontaneros y los electricistas, responder a llamadas de emergencia no es una parte normal de su trabajo. Así que, cuando se solapan varios descubrimientos, los retrasos pueden llegar a ser considerables. Y estos pueden a su vez retrasar otros trabajos. El resultado es una reacción en cadena de contratiempos, como una fila de coches que se deslizan unos contra otros en una calle con hielo. Lo que empieza como un pequeño choque se convierte en un embotellamiento capaz de hacer descarrilar todo el proyecto.

Dada la cantidad de excavaciones que requeriría la HS2, el riesgo era importante. ¿La solución? Contratar a todos los arqueólogos cualificados del país. No es barato. Pero lo era mucho más que mantener en suspenso un proyecto multimillonario. Así que tenía sentido. Y una vez iniciada la construcción, tuvo el efecto adicional de que la arqueología se convirtió en el único ámbito en el que las noticias consideradas positivas por el público en general tenían su origen directamente en el proyecto —algo promovido por la HS2 como el mayor programa de arqueología jamás emprendido en el Reino Unido.[27]

También descubrimos que los retrasos tempranos en las adquisiciones y las decisiones políticas se correlacionaban con los de cisnes negros en la clase de referencia de la HS2. Curiosamente, los retrasos tempranos no son vistos como un gran problema por la mayoría de los jefes de proyecto. Piensan que tienen tiempo para ponerse al día, precisamente porque los retrasos se producen pronto. Suena razonable. Pero es totalmente erróneo. Los retrasos tempranos provocan reacciones en cadena en todo el proceso de ejecución. Cuanto más tarde se produzca un retraso, menor será el trabajo restante y menores el riesgo y el impacto de una reacción en cadena. El presidente Franklin Roosevelt acertó cuando dijo: «El terreno perdido siempre se puede recuperar; el tiempo perdido, nunca».[28] Sabiendo esto, aconsejamos medidas que redujeran la probabilidad de retrasos prematuros y reacciones en cadena.

Después de lidiar con la arqueología y los retrasos tempranos, teníamos diez puntos más en la lista de causas de cisnes negros del ferrocarril de alta velocidad, incluyendo cambios tardíos en el diseño, riesgos geológicos, quiebra de contratistas, fraudes y recortes presupuestarios. Repasamos uno tras otro, buscando formas de reducir el riesgo. Al final teníamos un conjunto de medidas que reducían el riesgo de cisne negro derivado de cada causa y de su interacción.

Así es como se corta la cola de un proyecto grande y complejo. El procedimiento será algo diferente de un proyecto a otro, pero los principios son los mismos. Y las respuestas están delante de nuestras narices: en la cola de la clase de referencia; solo hay que extirparla.

Al igual que con la previsión de clase de referencia, el gran obstáculo para la gestión de cisnes negros es superar el sesgo de singularidad. Si imaginásemos que nuestro proyecto es tan diferente de otros que no tenemos nada que aprender de ellos, pasaremos por alto riesgos que detectaríamos y mitigaríamos si tuviéramos una vista exterior. Una ilustración sorprendente —una fábula con moraleja, de hecho— nos la proporciona el Festival del Gran Incendio de Chicago.

El Festival del Gran Incendio de Chicago

La historia del incendio que destruyó la mayor parte de Chicago en 1871 está muy arraigada en la cultura local, por eso Jim Lasko, director creativo de una compañía de teatro de Chicago, propuso la idea de un festival de un día que culminaría con la espectacular quema de réplicas de casas victorianas. A la oficina del alcalde le encantó y la aprobó.

El propio nombre de Festival del Gran Incendio de Chicago ponía de relieve el potencial de desastre, por lo que el departamento de bomberos examinó cuidadosamente los planes de Lasko y exigió una retahíla de medidas de seguridad, entre ellas construir las casas sobre una barcaza en el río e instalar un sofisticado sistema de aspersores. Para Lasko, aquello era fastidioso y agotador, pero los meses de esta implacable atención al riesgo fueron también un consuelo. Si los acontecimientos en directo salieran mal, lo harían delante de un público.

En octubre de 2014, ante una multitud de treinta mil personas, incluidos el alcalde y el gobernador, Lasko tomó un *walkie-talkie* y dio la orden de prender fuego. No ocurrió nada. Esperó. Seguía sin ocurrir nada. El sistema de ignición había fallado. No había respaldo ni plan de contingencia. Todo el esfuerzo se había dedicado a mitigar el riesgo de que el fuego se propagara, no el riesgo de que el fuego no prendiera al principio.

Un político llamó más tarde al festival «el fiasco del río» y el nombre se quedó. El evento se convirtió en un chiste. Al final, la compañía de teatro quebró y Lasko perdió su trabajo.[29]

¿Qué salió mal? Lasko y su equipo pasaron mucho tiempo pensando en el riesgo, pero nunca cambiaron su perspectiva de pensar en el Festival del Gran Incendio de Chicago como un proyecto único a verlo como «uno de esos»; es decir, como parte de una clase más amplia de proyectos. Si lo hubieran hecho, habrían dedicado tiempo a pensar en el evento en directo. ¿Cómo fracasó? Una forma común es el fallo del equipo. Los micrófonos no funcionan. Los ordenadores se estropean. ¿Cómo se mitiga ese riesgo? Muy sencillo: identificando el equipamiento esencial, haciendo copias de seguridad y elaborando planes de contingencia. Ese tipo de análisis es facilísimo, pero solo *después* de haber cambiado a la vista exterior.

Obsérvese que la mitigación del riesgo no requiere predecir las circunstancias *exactas* que conducen al desastre. Jim Lasko no necesitaba identificar cuándo y cómo fallaría el sistema de ignición, solo reconocer que podría fallar. Y tener un plan B al respecto.

Recordemos lo que escribió Benjamin Franklin en 1758: «Un poco de negligencia puede engendrar grandes males». Esta es la razón por la que unas normas de seguridad estrictas son una forma excelente de mitigación de riesgos y una obligación en todos los proyectos. No solo son buenas para los trabajadores, sino que evitan que las pequeñas cosas se combinen de forma impredecible en cisnes negros que destrozan el proyecto.

Los cisnes negros no son el destino. No estamos a su merced. Dicho esto, es importante reconocer que la mitigación del riesgo —como la mayoría de las cosas en la vida— es una cuestión de probabilidad, no de certeza. Empecé este libro con la historia del

Empire State Building, que se planificó con tanta habilidad y se ejecutó con tanta rapidez que quedó sustancialmente por debajo del presupuesto y se terminó un poco antes de lo previsto. Eso fue una magnífica mitigación de riesgos. Lo que no mencioné es que, a pesar de hacerlo todo bien, el proyecto, que se lanzó en los locos años veinte, se terminó desgraciadamente durante la Gran Depresión, un giro en los acontecimientos que nadie había visto venir. En una economía devastada, el Empire State Building tuvo dificultades para atraer inquilinos solventes y fue apodado el «edificio estatal vacío» (Empty State Building) durante la década de 1930. No volvió a ser rentable hasta que la economía se reactivó tras la Segunda Guerra Mundial.

En este mundo complejo podemos y debemos poner las probabilidades a nuestro favor, pero nunca podremos alcanzar la certeza. Los buenos gestores de riesgos lo viven en sus carnes y están preparados para ello.

De vuelta a Hong Kong

Volvamos ahora al proyecto de tren subterráneo de alta velocidad en Hong Kong.

La MTR se metió en problemas con el proyecto XRL cuando utilizó el ancla equivocada: su propia experiencia con el tren urbano y convencional. Cierto sesgo optimista unido a la ambición hicieron que la MTR dispusiera un calendario para la ejecución que estaba condenado al fracaso desde el principio. Cuando las obras se retrasaron de modo inevitable, se culpó a gestores y trabajadores. Siguió una espiral descendente de fracasos y recriminaciones.

Para sacar a la MTR de aquella espiral, empezamos por volver al principio y hacer nuestra propia previsión del proyecto, pero esta vez se trataba de una previsión de clase de referencia utilizando el anclaje adecuado. Por supuesto, no podíamos utilizar una gran clase de referencia de proyectos ferroviarios subterráneos de alta velocidad porque el XRL era el primero del mundo. En su lugar, utilizamos los datos mundiales de 189 proyectos de ferrocarril de alta velocidad, túneles y trenes urbanos que las pruebas estadísticas habían demostrado que eran comparables al XRL. Esto era la MCR en su forma más sofisticada, solo posible cuando se dispone de una rica base de datos.[30] La previsión mostró que lo que la MTR había intentado hacer en cuatro años debería llevarle seis. No es de extrañar que encontrara problemas.

También volvimos atrás y efectuamos una mitigación de riesgos. Descubrimos, por ejemplo, que si se averiaba una perforadora, la ingeniería y las piezas se encargaban al fabricante. Y los trabajadores esperaban hasta que llegaban. Eso no tenía sentido. En las carreras de Fórmula 1, donde cada segundo se cuenta, durante las paradas técnicas se dispone de ingenieros y una gran variedad de piezas de repuesto para reducir los retrasos al mínimo absoluto. Comuniqué a la MTR que el tiempo era tan importante para ella como para un equipo de F1, y la MTR estaba gastando mucho más dinero, así que debería hacer lo mismo. También observamos que la adquisición y la entrega solían ir acompañadas de retrasos, debido a que los empleados de menor nivel de la MTR se ponían en contacto con los empleados de menor nivel del proveedor. Aconsejamos que este tipo de decisiones se elevaran en el escalafón, de modo que el director general de la MTR se pusiera en contacto con el director general del proveedor, una forma notablemente eficaz de acelerar el tiempo de respuesta, según descubrimos.

El siguiente paso era volver a encarrilar la MTR. Para ello, hicimos otra previsión de clase de referencia para las obras restantes, aproximadamente la mitad del total. La estimación tenía que ser de gran confianza, porque la MTR solo tenía una oportunidad más de obtener la aprobación del gobierno de Hong Kong para disponer de más tiempo y dinero. Disponer de datos de casi doscientos proyectos relevantes a los que recurrir nos permitió modelizar estadísticamente las incertidumbres, los riesgos y los resultados probables de distintas estrategias. La MTR pudo entonces decidir cuánto riesgo estaba dispuesta a asumir. Dije a la junta de la MTR que era como contratar un seguro. «¿En qué medida quieren estar asegurados contra nuevos excesos de tiempo y presupuesto? ¿Al cincuenta por ciento? ¿Al setenta? ¿Al noventa?» Cuanto más asegurados quieran estar, más dinero tendrían que reservar.[31]

Finalmente se llegó a un acuerdo entre la MTR y el gobierno en noviembre de 2015. Pero antes de firmarlo nos pusimos manos a la obra para mejorar la ejecución.

Si los datos son lo suficientemente detallados, como lo eran los nuestros, es posible prever no solo un proyecto entero sino secciones de este utilizando la misma técnica de clase de referencia. De ese modo fijamos hitos con la conocida herramienta de gestión que coloca marcadores para que el proyecto pase por fechas especificadas.

Pero si un proyecto se está retrasando, los gestores no quieren esperar a que llegue el siguiente hito sin estar alertados del retraso. Necesitan conocerlo y actuar lo antes posible. Nuestros datos eran tan detallados que podíamos hacer otra serie de subprevisiones, así que inventamos los «*inchstones*» o hitos secundarios. Y especificamos detalladamente de antemano quién sería responsable de qué. Si la MTR empezaba a retrasarse con el nuevo calendario, los gestores lo sabrían inmediatamente y sabrían quién debía actuar, con lo cual no se perdería el tiempo. Con el gobierno de Hong Kong desarrollamos el método de los *inchstones* hasta hacer de él un método general basado en la inteligencia artificial, que hoy se utiliza en otros proyectos de Hong Kong y puede emplearse en cualquier proyecto en cualquier lugar.[32]

El último paso para dar la vuelta al XRL fue asumir el error. La MTR lo hizo, empezando por una disculpa pública por parte de un alto cargo. Se contrataron nuevos gestores y se cambiaron las políticas para reflejar los problemas que habíamos identificado. Tal vez lo más importante fuera que la dirección empezó a celebrar los avances en función de los *inchstones* y los hitos. La espiral de negatividad acabó desplazada por una corriente ascendente de logros que todos podían sentir. Todo el proceso de este cambio radical duró noventa intensos días con sus noches.

Cuatro años más tarde, en la mañana del 22 de septiembre de 2018, la nueva y espectacular estación de ferrocarril subterráneo de Hong Kong, con sus fantásticos espacios verdes curvados en el exterior, daba la bienvenida a los primeros viajeros. A las siete en punto de la mañana, el primer tren bala se deslizó silenciosamente por un túnel y se dirigió a toda velocidad hacia la China continental. El proyecto se había concluido dentro del presupuesto y tres meses antes de lo previsto: el presupuesto y el calendario se crearon utilizando el anclaje adecuado.

Ahora podemos incluir en la caja de herramientas la previsión de clase de referencia y la gestión de riesgos junto con la experiencia, la planificación Pixar y el pensamiento de derecha a izquierda. Estas son las herramientas esenciales para pensar despacio en la planificación antes de actuar rápido en la ejecución.

Dicho esto, hay algo que tengo que admitir: algunas personas piensan que mi método no solo es erróneo, sino que es lo contrario del modo como se deberían abordar los grandes proyectos. En el siguiente capítulo examinaré su argumento y lo pondré —junto al mío— a prueba.

7

¿Puede la ignorancia ser nuestra aliada?

Planificar arruina los proyectos, dicen algunos. ¡Póngase en marcha! ¡Confíe en su ingenio! Es un sentimiento maravilloso respaldado por historias magníficas. Pero ¿es cierto?

Cuando la década de los sesenta tocaba a su fin, Jimi Hendrix era una estrella del rock psicodélico de veinticinco años que pasaba las noches empapándose del ambiente bohemio del Greenwich Village de Manhattan. Uno de sus clubes nocturnos favoritos era un pequeño local llamado Generation. A principios de 1969, Hendrix alquiló el local.

Hendrix se deleitaba con el ambiente relajado del club, distrayéndose durante horas con sus amigos e improvisando con otros músicos. Quería más de eso, además de un espacio donde los músicos pudieran grabar *jam sessions* en una sencilla grabadora de ocho pistas. Para rediseñar el club, contrató a John Storyk, un joven de veintidós años que acababa de licenciarse en la facultad de Arquitectura de la Universidad de Princeton, y cuya única experiencia en construcción había sido diseñar la decoración de un club nocturno experimental en el que Hendrix había estado y le había dejado encantado. Eso fue suficiente. Storyk empezó a dibujar.

Hendrix también pidió a Eddie Kramer, su ingeniero de sonido de veintiséis años, que echase un vistazo. Kramer llevaba trabajando con Hendrix dos años. Lo conocía como artista y como persona, y conocía también sus asuntos de negocios. Kramer no reaccionó bien cuando visitó el club por primera vez acompañado del hombre que Hendrix había contratado para gestionarlo. «Bajé las escaleras de lo que era el club nocturno Generation —recordaba medio siglo después— y dije: "estáis locos de remate"».[1]

A Hendrix le costaría una fortuna remodelar el club, razonó Kramer. ¿Y qué obtendría a cambio? Un club nocturno donde podría relajarse e improvisar, seguro. Pero las grabaciones producidas durante esas *jam sessions* no serían óptimas. Mientras tanto, Hendrix seguiría gastando hasta 200.000 dólares al año (aproximadamente 1,5 millones de dólares en 2021) en sesiones de estudio para grabar sus discos. ¿Por qué no construir en vez de esto un estudio de grabación privado? Podría ser un lugar diseñado de arriba abajo como la expresión de la estética personal y el espíritu artístico de Hendrix, un lugar tan inspirador y cómodo para él como podría serlo cualquier club nocturno. Pero también sería un estudio de grabación de primera calidad donde podría grabar discos de primera calidad y ahorrarse la fortuna que gastaba cada año en estudios.

En 1969 era una idea atrevidamente innovadora. Ni siquiera las grandes estrellas poseían sus propios estudios. Y los estudios comerciales solían ser cajas estériles donde los técnicos llevaban batas blancas de laboratorio. Hendrix fue convencido; el proyecto del club nocturno era ahora el proyecto de un estudio.

La Electric Lady

John Storyk casi había terminado de rediseñar Generation cuando le comunicaron el cambio de planes. Se sintió abatido. Pensó que estaba despedido. Pero Kramer y el director del estudio de Hendrix le dijeron que no. «Dijeron: "Puedes quedarte y ser el diseñador del estudio"».

«Les dije: "chicos, no sé nada de estudios. Ni siquiera he estado nunca en un estudio"».

«Me contestaron: "no pasa nada"».[2]

Esa libre desenvoltura impregnó el proyecto. Hendrix dio a Kramer y Storyk una libertad extraordinaria para crear un estudio como ningún otro, un estudio diseñado exclusivamente para atender las «necesidades, gustos, caprichos y fantasías» de un artista, como lo describió Eddie Kramer. Pero Hendrix pidió algo muy concreto. Al recordarlo, Kramer bajó la voz e hizo una excelente imitación del icono de los sesenta. «Eh, tío —dijo—, quiero algunas ventanas redondas».

Storyk hizo seis dibujos con papel de calco que mostraban cómo creía que debía ser un estudio de grabación adecuado para Jimi Hendrix. Esos dibujos se convirtieron en el plan. Todo el plan. No había calendario. No había presupuesto. «Todo el estudio se construyó a partir de seis dibujos y un montón de apuntes», dijo Storyk riéndose.

Cuando comenzó la construcción, los problemas brotaron como setas mágicas. Uno de los principales fue el descubrimiento de un río subterráneo que fluía bajo el edificio. Esto requirió la instalación de bombas de sumidero que tendrían que funcionar las veinticuatro horas del día. Pero las bombas producían un ruido de fondo inaceptable para un estudio de grabación, así que había que amortiguarlas de alguna manera. «Eso retrasó el proyecto semanas y semanas», dijo Storyk con un suspiro.

Inventaron sobre la marcha. En la mayoría de las habitaciones, los techos son algo secundario, nada más que un lugar donde colgar las lámparas. Pero en un estudio de grabación, el techo tiene que absorber el sonido ambiental. Storyk y Kramer se enteraron de que los ingenieros acústicos inyectan aire en el yeso para que absorba mejor el sonido, así que idearon una forma de introducir aire extra en el revoque de yeso batiéndolo con batidoras de huevos comerciales.

La financiación era un problema mayor. Hendrix ganaba mucho dinero con los conciertos y los discos, pero su movimiento de efectivo era irregular. «Hacíamos obras durante un mes, un mes y medio, dos meses, y el dinero se acababa», recordó Kramer. Se despedía a los trabajadores cualificados, «se cerraba la obra y Jimi se iba de gira». Cuando Hendrix daba un concierto, le pagaban en efectivo. Se llenaban bolsas con decenas de miles de dólares. Alguien del séquito de Hendrix llevaba las bolsas en avión de vuelta a Manhattan y las entregaba a los mánagers de Hendrix. «Y podía volver a poner en marcha el proyecto».

Como la construcción se alargaba y las facturas se amontonaban, Hendrix no podía prolongar las entregas aéreas, pero su representante convenció a Warner Bros., el sello discográfico de Hendrix, para que pusiera cientos de miles de dólares. Con ese dinero, el proyecto logró alcanzar a duras penas la meta. Había tardado un año y había costado más de un millón de dólares —ajustados a cincuenta años de inflación, son aproximadamente 7,5 millones de dólares—, pero estaba hecho. Inspirado por su último álbum, *Electric Ladyland*, Hendrix llamó al estudio Electric Lady, más tarde rebautizado como Electric Lady Studios.

El 26 de agosto de 1970 se celebró una fiesta de inauguración. Asistieron Patti Smith, Eric Clapton, Steve Winwood, Ron Wood y otras estrellas.[3] El estudio tenía el ambiente perfecto para Hendrix, con iluminación ambiental, paredes curvas y, por supuesto, ventanas redondas. «El lugar era como un útero —recordaba Kramer—. Jimi se sentía increíblemente feliz, cómodo y creativo en él». Y el sonido dejaba a la gente boquiabierta. Los músicos decían que estaba perfectamente ajustado («*tight*»). Solo décadas más tarde Storyk dispuso de la tecnología para realizar mediciones que confirmaron el porqué: el yeso del techo absorbía el sonido de rango medio, como era de esperar, pero también, para su sorpresa, el sonido de baja frecuencia. Las batidoras de huevos dieron un magnífico resultado.

Desgraciadamente, Jimi Hendrix murió menos de un mes después de que abriera su estudio y el mundo perdió toda una vida de música brillante que seguramente habría producido. Pero su estudio siguió vivo. Stevie Wonder grabó allí. Luego vinieron Led Zeppelin, Lou Reed, los Rolling Stones, John Lennon, David Bowie, AC/DC, los Clash y un largo etcétera. Y *todavía sigue*. U2, Daft Punk, Adele, Lana Del Rey y Jay-Z han grabado en el que ahora es el estudio de grabación en activo más antiguo de Nueva York y uno de los más famosos del mundo.

«Aún conservo los seis dibujos», dijo Storyk del diseño original. Un famoso magnate de la tecnología le ofreció una vez comprarlos por cincuenta mil dólares. «No están en venta. Siguen en el tubo. El Museo de Arte Moderno ha dicho que se los quedará».

El proyecto fue un salto al vacío: un artista etéreo autorizó impulsivamente a dos chavales con poca experiencia y sin ningún plan a diseñar y ejecutar un proyecto sin precedentes que pagó literalmente con bolsas de dinero. Era notorio que iba a acabar mal. En algunos momentos, como cuando Hendrix se quedó sin efectivo, parecía que así sería. Tardó demasiado en completarse. Costó una fortuna. Pero al final, el proyecto dio sus frutos más allá de lo que nadie habría soñado.

Simplemente hazlo

Me encanta Jimi Hendrix y me encanta esta historia. ¿A quién no? Hay algo profundamente atractivo en las personas que se atreven a saltarse la planificación y se lanzan sin más a un gran proyecto —y luego sueñan, se enredan y se abren camino a través de los retos para alcanzar un gran éxito—. Es romántico, que no es una palabra que la gente suela utilizar para describir una planificación.

La historia de la Electric Lady también cuadra con una visión generalizada de la creatividad como algo misterioso y espontáneo. No se puede programar ni planificar. Lo más que cabe hacer es ponerse en una situación en la que se necesite creatividad y confiar en que aparecerá. Después de todo, «la necesidad es la madre de la invención».

Contando con esto, es fácil llegar a la conclusión de que el tipo de planificación cuidadosa que aconsejo en este libro es innecesario —o, peor aún, que la planificación cuidadosa revela problemas—. Con los problemas revelados y sin soluciones a mano, se puede decidir que el proyecto es demasiado difícil y es mejor abandonarlo —y nunca descubrir las soluciones que acaso uno habría inventado si se hubiera lanzado a ciegas.

Según esta perspectiva, «simplemente hazlo» es un consejo mucho mejor. «Creo que las cosas se hacen mejor espontáneamente», dijo una mujer cuya importante reforma de su vivienda apareció en una serie de la BBC. Compró la casa en una subasta sin hacer antes una inspección adecuada ni planificar seriamente la reforma. Aquello fue deliberado, dijo. «Demasiada planificación y tiendes a no hacerlo».[4]

Esta forma de pensar cuenta con un poderoso respaldo intelectual. Hace medio siglo, Albert O. Hirschman era un reputado economista de la Universidad de Columbia cuando escribió un ensayo que ha sido influyente desde entonces.[5] En los últimos años, el periodista Malcolm Gladwell escribió elogiosamente sobre él en *The New Yorker*, al igual que el profesor de Harvard y antiguo funcionario de la Casa Blanca Cass R. Sunstein en *The New York Review of Books*.[6] En 2015, la Brookings Institution, un destacado *think tank* de Washington DC, reeditó el libro en el que apareció por primera vez el texto de Hirschman como un Brookings Classic, con un nuevo prólogo y epílogo, para celebrar el pensamiento de Hirschman y el inminente quincuagésimo aniversario de la publicación del libro.[7]

Hirschman sostenía que la planificación es una mala idea. «La creatividad siempre nos llega por sorpresa —escribió—. Por lo tanto, nunca podemos contar con ella y no nos atrevemos a creer en ella hasta que ha sucedido». Pero, si sabemos que los grandes proyectos plantean grandes retos que solo pueden superarse con creatividad y no confiamos en que esta despliegue su magia cuando la necesitamos, ¿por qué iba nadie a lanzar un gran proyecto? No debería hacerlo. Sin embargo, se hace. Por eso, argumentaba Hirschman, debemos dar las gracias a la ignorancia; es nuestra aliada a la hora de poner en marcha los proyectos. La llamó «ignorancia providencial».[8]

Cuando nos planteamos un gran proyecto, observó Hirschman, habitualmente no vemos el número y la gravedad de los retos que acarreará el proyecto. Esta ignorancia nos hace ser demasiado optimistas. Y eso es bueno, según Hirschman. «Puesto que necesariamente subestimamos nuestra creatividad —escribió—, es deseable que subestimemos en una medida aproximadamente similar las dificultades de las tareas a que nos enfrentamos, para dejarnos engañar por estas dos subestimaciones compensatorias y emprender tareas que podemos abordar, pero que de otro modo no nos atreveríamos a hacerlo».

En opinión de Hirschman, la gente «normalmente» subestima los costes y las dificultades de los grandes proyectos, lo que da lugar a excesos presupuestarios y calendarios desordenados.[9] Pero estos aspectos negativos quedan empequeñecidos por los beneficios de los proyectos, mayores de lo esperado. Sugirió un nombre para este principio: «Puesto que aparentemente andamos tras la pista de algún tipo de mano invisible u oculta, que para beneficio nuestro nos esconde las dificultades, propongo "la mano oculta"».

Hirschman ilustró su idea con la historia de una fábrica de papel construida en lo que hoy es Bangladesh. Esta se diseñó para explotar los bosques de bambú cercanos. Pero, poco después de que empezara a funcionar, todo el bambú floreció y murió, un ciclo natural que ocurre cada medio siglo. Al desaparecer la materia prima de la fábrica, los operarios no tuvieron más remedio que buscar alternativas. Se les ocurrieron tres: crearon nuevas cadenas de suministro para traer bambú de otras regiones; desarrollaron y plantaron una especie de crecimiento más rápido para sustituir al bambú que se había perdido, e inventaron nuevos métodos para sustituirlo por otros tipos de madera.

Al final, según el relato de Hirschman, un arranque de creatividad nacido de la desesperación hizo que la fábrica saliera mejor parada que si el bambú original hubiera seguido vivo. Pero ¿y si los planificadores hubieran hecho un mejor trabajo siendo conscientes de que el bambú de la región pronto se extinguiría? Puede que la fábrica nunca se hubiera construido. Por extraño que parezca, en este caso la mala planificación salvó la fábrica, o al menos eso argumentó Hirschman.[10]

Hirschman proporcionó un puñado de otros ejemplos de proyectos de desarrollo económico que eran de su especialidad, pero no es difícil encontrar otros en campos radicalmente distintos. Uno de mis favoritos es *Tiburón*, la película que hizo del director Steven Spielberg un nombre familiar. De común acuerdo, la producción fue un desastre. El guion era horrible. La meteorología no acompañó. Los tiburones mecánicos funcionaban mal —uno se hundió— y tenían un aspecto bobalicón que no daba ningún miedo. Según la clásica historia del cine de Peter Biskind, *Moteros tranquilos, toros salvajes. La generación que cambió Hollywood*, el rodaje duró el triple de lo previsto, los costes se dispararon tres veces por encima del presupuesto y Spielberg se vio al borde de una crisis nerviosa, al temer que su carrera quedara destruida.

Entonces ¿cómo se convirtió *Tiburón* en una de las películas de más éxito de todos los tiempos? El pésimo guion obligó a los actores y al director a inventar juntos escenas y diálogos, y a incluir momentos que daban verdadera profundidad a los personajes. Y las deficiencias de los tiburones mecánicos obligaron a Spielberg a desplazar el foco de atención hacia las personas y a insinuar únicamente el terror en el agua durante la mayor parte de la película, que resultó ser mucho más aterrador que cualquier imagen de un tiburón. Esas dos innovaciones elevaron una película anodina de serie B a un éxito de taquilla y a una obra maestra del suspense.[11]

Ya vimos un par de capítulos atrás otra historia épica que casa con el argumento de Hirschman: se subestimó mucho la dificultad de convertir el «magnífico garabato» de Jørn Utzon en la Ópera de Sydney, pero la construcción siguió adelante, Utzon acabó por resolver el puzle y, aunque el proyecto rebasó enormemente el presupuesto, llevó demasiado tiempo y tuvo fallos internos, la ópera se convirtió finalmente en uno de los grandes edificios del mundo.

Y tenemos que incluir a la Electric Lady en la lista. El proyecto que aquellos dos jóvenes emprendieron en 1969 era increíblemente difícil, pero se lanzaron, trabajaron duro e inventaron soluciones a medida que avanzaban. Cuando hablé recientemente con Storyk y Kramer, era obvio el orgullo que sienten por lo que lograron. Y con razón.

Son historias convincentes. Y eso es un problema para mí porque no puedo exagerar lo contrarios que son los argumentos de Hirschman a los míos. Si él tiene razón, yo estoy equivocado y viceversa. Es así de sencillo.

Historias *versus* datos

Entonces ¿cómo podemos averiguar quién tiene razón? Normalmente no se dispone de datos suficientes para determinarlo, por lo que es común intentar zanjar el debate —caos creativo *versus* planificación— con historias. Es lo que constantemente me dicen incluso los académicos. Así es como Hirschman presentó en primer lugar su argumento. Y así es como Cass Sunstein, Malcolm Gladwell y muchos otros se dejaron persuadir por él.

Por un lado, hay historias como las de *Tiburón*, la Ópera de Sídney, la Electric Lady y muchas más.

¿Y por el otro? Podría responder señalando, por ejemplo, que la mujer cuyas palabras antes cité —«Demasiada planificación y tiendes a no hacerlo»— es la mitad de la pareja londinense que mencioné en el capítulo 1, la reforma de cuya casa disparó una estimación inicial de 260.000 dólares a más de 1,3 millones y subiendo. Puede que no hubiera sido malo que «demasiada planificación» le hubiera impedido comprar esa casa.

Sería una buena historia. Pero seamos sinceros, no sería ni de lejos tan buena como la de *Tiburón*.

No solo el dramatismo de mi historia se quedaría corto. También lo haría el número de historias que podría recopilar, y por una sencilla razón: los proyectos que tienen problemas y acaban en un miserable fracaso se olvidan pronto porque a la mayoría de la gente no le interesan los fracasos miserables; los proyectos que tienen problemas pero se persevera frente a ellos y se convierten en éxitos rotundos son recordados y celebrados.

Pensemos en *Tiburón*: cuando la película estuvo terminada y a punto de estrenarse, Steven Spielberg estaba seguro de que sería un gran fracaso que arruinaría su carrera. De haberlo sido, solo Spielberg y unos pocos historiadores del cine se acordarían hoy de *Tiburón*. Lo mismo puede decirse de la Ópera de Sídney y de todo lo demás. Si el proyecto de la Electric Lady se hubiera abandonado antes de terminarse, o si el estudio terminado hubiera tenido una acústica horrible, se habría vendido —para convertirlo en una zapatería tal vez—, y los únicos vestigios de la historia se encontrarían en las notas finales de las biografías de Jimi Hendrix. Y tal vez en las ventanas redondas.

Podemos ver esta realidad en la primera y segunda películas dirigidas por el joven Dennis Hopper. A finales de la década de 1960, Hopper era un hippy inestable y drogadicto que no creía en guiones, planes ni presupuestos. La primera película que dirigió fue *Easy Rider*. Recuerdo vívidamente las varias veces que la vi, embelesado, cuando era un adolescente en Dinamarca. Y no estaba ni mucho menos solo. Easy *Rider* fue un éxito comercial y de crítica mundial, y se considera generalmente un hito de la época. ¿Y la segunda película? No sé si llegué a verla. Al principio, ni siquiera recordaba su título. Hopper realizó del mismo modo maniaco e improvisado esa película, pero fue un desastre que solo los cinéfilos de verdad pueden nombrar hoy en día. (La he buscado. Se llama *The Last Movie*).

En las ciencias sociales, el «sesgo de supervivencia» es un error común que consiste en fijarse solo en las cosas que pasaron por algún proceso de selección y prescindir de las que no lo lograron. Alguien podría observar, por ejemplo, que Steve Jobs, Bill Gates y Mark Zuckerberg abandonaron la universidad y concluir que la clave del éxito en la tecnología de la información es dejar los estudios. Lo que aquí falta, y lo que hace posible esta extraña conclusión, es el caso de los que abandonaron los estudios y no llegaron a ninguna parte en la tecnología de la información y son ignorados. Esto es el sesgo de supervivencia.

Si consideramos solo las historias, el sesgo de supervivencia siempre favorecerá la teoría de Hirschman, porque los proyectos que superan la adversidad con un estallido de creatividad y logran grandes triunfos son como los que abandonaron los estudios y se hacen multimillonarios; como son grandes historias, se les presta atención. Para saber quién tiene razón, necesitamos conocer también a los otros que abandonaron los estudios y, aunque no protagonizaran grandes historias y nadie haya oído hablar de ellos. Necesitamos algo más que historias. Necesitamos datos.

Lo que dicen los datos

Hirschman nunca aportó datos, solo once casos prácticos, que son demasiado pocos para establecer que el patrón que él afirmaba que era, en palabras suyas, «típico» y un «principio general» sea, de hecho, real, y menos aún típico o general.[12] Pero, como comenté en el capítulo 1, tengo una enorme cantidad de cifras gracias a haberme pasado décadas formando una nutrida base de datos de grandes proyectos. Ello me permitió hacer algunos análisis utilizando una muestra de 2.062 proyectos comparables a los estudiados por Hirschman, desde presas hasta líneas ferroviarias, túneles, puentes y edificios. En 2016 publiqué el trabajo resultante en la revista académica *World Development*.

Si Hirschman tuviera razón, en un proyecto típico deberían darse errores paralelos: un fallo al prever la dificultad del proyecto debería producir una subestimación del coste final, mientras que un fallo al prever lo creativos que serían los líderes del proyecto en respuesta a las dificultades debería producir una subestimación de los beneficios del proyecto. Tal es el patrón con *Tiburón*, la Ópera de Sídney y la Electric Lady: encajan en la teoría de Hirschman.

También deberíamos ver si el aumento de los beneficios —la medida en que lo bueno generado por el proyecto superó lo esperado— es mayor que el aumento de los costes. De nuevo, eso es lo que vemos en todos estos casos: el sobrecoste del 300 por ciento en *Tiburón* fue grande, pero la película superó las expectativas en taquilla y lo compensó con creces. Mucho más.

¿Qué mostraron los datos? Pues que no. El aumento de los beneficios del proyecto medio no supera el incremento de los costes. De hecho, no hay aumento de los beneficios.[13]

Sencillamente ocurre que el proyecto típico es aquel en el que se *subestiman* los costes y se *sobreestiman* los beneficios. Imagínese un gran proyecto que cuesta *más* de lo que se suponía y rindió *menos* de lo esperado: esa descripción se ajustaba a cuatro de cada cinco proyectos. Solo uno de cada cinco cuadraba con lo que la teoría de Hirschman afirma que sería la norma. Para decirlo de manera más expresiva, el típico salto al vacío acaba con la nariz rota. Jimi tuvo suerte. También Spielberg y Sídney.

Sin embargo, para personas como los CEO y los capitalistas de riesgo —e incluso los gobiernos—, lo que importa no es el rendimiento de un proyecto concreto, sino el de toda una cartera de proyectos. Para ellos puede estar bien asumir grandes pérdidas en el 80 por ciento de los proyectos siempre que las ganancias del 20 por ciento de los proyectos que ofrecen el final feliz de Hirschman sean tan grandes que compensen con creces las pérdidas. Así que comprobé los datos y descubrí que los resultados eran igualmente claros: las pérdidas superaban con creces a las ganancias. Tanto si se trata del proyecto medio como de una cartera de proyectos, el argumento de Hirschman no se sostiene.

Estas conclusiones están abrumadoramente respaldadas por la lógica y las pruebas, incluidos los principales hallazgos de Daniel Kahneman y la ciencia del comportamiento. Entonces, si Kahneman tiene razón, Hirschman está equivocado. Kahneman identificó el sesgo de optimismo como «el más significativo de los sesgos cognitivos».[14] Una estimación optimista de los beneficios es claramente una sobreestimación, que es la predicción de Kahneman y la ciencia del comportamiento para la planificación de proyectos. Pero, como vimos, Hirschman y la mano oculta predicen exactamente lo contrario: beneficios subestimados. Este es un caso claro de cuál de las dos predicciones opuestas viene respaldada por los datos. Y el veredicto se inclina abrumadoramente a favor de Kahneman y la ciencia del comportamiento y en contra de Hirschman y la mano oculta.

Sé que esta conclusión no satisface emocionalmente a nadie. ¿Cómo podría hacerlo? Las raras excepciones que Hirschman pensó erróneamente que eran típicas son, casi por definición, proyectos fantásticos que crean historias irresistibles. Siguen el perfecto «viaje del héroe», con un arco narrativo que va de la gran promesa a la casi ruina, y luego a un logro aún mayor y a la celebración.[15] Al parecer, estamos programados para que nos entusiasmen esas historias. Las ansiamos en todas las culturas y épocas. Por eso, siempre habrá autores que las cuenten. Como Hirschman. O como Malcolm Gladwell.

Ante semejante gloria, ¿a quién le importan las estadísticas?

El verdadero viaje del héroe

Hace unos años, pronuncié una conferencia sobre grandes proyectos en el hermoso rascacielos Aurora Place de Sídney, diseñado por uno de mis arquitectos favoritos, Renzo Piano, para que se correspondiera espacialmente con las elegantes curvas de la Ópera, desde el cual pueden contemplarse. Después de mi intervención, alguien del público hizo exactamente esa observación. «A nadie le importan los costes —dijo, señalando los cascarones de la Ópera, que se veía abajo—. Simplemente construya». Asentí. Había percibido ese sentimiento en muchas ocasiones.

«El genio que diseñó el teatro de la ópera era un compatriota danés —le contesté—. Se llamaba Jørn Utzon. Era joven cuando ganó el concurso, tenía casi cuarenta años. Murió a los noventa. ¿Puede nombrar algún otro edificio que diseñara durante su larga vida?».

Silencio.

«Hay una razón para ello. El gobierno gestionó tan mal la planificación y la construcción de la Ópera de Sídney, que los costes y el plazo se dispararon. Poco de eso fue culpa de Utzon. Pero él era el arquitecto, así que se le responsabilizó y se le apartó a mitad de la construcción. Abandonó Australia en secreto y cubierto de deshonra. Su reputación quedó arruinada. En lugar de recibir una lluvia de encargos para construir más obras maestras, Utzon quedó marginado y olvidado. Se convirtió en lo que ningún arquitecto quiere o merece ser. Se convirtió en «arquitecto de un solo edificio».[16]

»Lo que usted llama los costes no son los costes totales —proseguí—. Sí, la Ópera de Sídney costó una gran cantidad de dinero, mucho más de lo que debería. Pero el coste total de ese edificio incluye todos los demás tesoros arquitectónicos que Jørn Utzon nunca construyó. Sídney consiguió su obra maestra, pero a ciudades de todo el mundo les privaron de las suyas».

Más silencio.

Siempre hay otros costes —que nunca aparecen en ninguna hoja de cálculo— cuando un proyecto se descontrola. Los más simples son los que los economistas denominan «costes de oportunidad»: el dinero innecesariamente gastado por una mala planificación que podría haberse utilizado para financiar otra cosa, incluso otros proyectos. ¿Cuántos triunfos y maravillas nos ha escamoteado la mala planificación? Nunca lo sabremos. Pero sí conocemos que nos privó de los edificios que Jørn Utzon habría diseñado con la misma seguridad con la que sabemos que la prematura muerte de Jimi Hendrix nos dejó sin la música que habría compuesto.

Mi desacuerdo con Hirschman —y con mi interlocutor de Sídney— no es solamente sobre dólares y centavos y estadísticas. Hay mucho más en juego, incluidas las vidas de las personas y el trabajo de toda una vida. Esto forma parte de la ecuación que tenemos que formular para que los proyectos salgan bien. Y huelga decir que debemos estar agradecidos cuando las cosas lo hacen, como lo estamos por tener la Ópera de Sídney y la Electric Lady.

De modo que sí, *es* posible dar un salto al vacío y aterrizar con gracia. Si ocurre, dará lugar a una historia maravillosa. Pero ese final feliz es muy improbable y a veces requiere hacer la vista gorda ante consecuencias negativas importantes, como la trágica ruina de la carrera de Utzon. Mis datos sitúan las probabilidades de que los beneficios superen a los sobrecostes, aunque solo sea un poco, en un 20 por ciento. Lo cual contrasta con la probabilidad de fracasar, que es del 80 por ciento. Es una apuesta peligrosa... e innecesaria.

Una buena planificación que elimine la ignorancia revelará, en efecto, las dificultades que se avecinan, pero eso no es motivo para rendirse y abandonar. Hirschman tenía razón cuando decía que la gente es ingeniosa, pero se equivocaba al pensar que tenemos que estar metidos de lleno en la ejecución de un proyecto con la espada de Damocles sobre nosotros para convocar a esa creatividad.

No hay más que fijarse en Frank Gehry. Es un arquitecto tremendamente creativo, pero al contrario de la ridícula imagen popular de su modo de trabajar —perfectamente captada por aquel episodio de *Los Simpson*—, su proceso creativo es lento, minucioso e implacablemente iterativo. Esto es cierto de su planificación, no cuando el proyecto está en construcción y surgen problemas. De hecho, Gehry planifica de forma tan meticulosa precisamente para evitar meterse en situaciones desesperadas de las que tenga que inventar una manera de salir. Para él, la planificación cuidadosa no obstruye la creatividad, sino que la posibilita.

Lo propio puede decirse del torrente de creatividad que ha brotado de Pixar Animation Studios a lo largo de las décadas, como vimos en el capítulo 4. Un torrente que se manifiesta de forma arrolladora durante la planificación. Pixar habría quebrado hace mucho tiempo si se hubiera basado en el modelo de Hirschman.

No tenemos que estar desesperados para ser creativos. De hecho, hay razones para pensar que la desesperación puede en realidad *obstaculizar* los momentos imaginativos que elevan un proyecto a la gloria. Los psicólogos llevan décadas estudiando los efectos del estrés en la creatividad y ahora existe una importante bibliografía que demuestra que tiene un efecto en gran parte —aunque no enteramente— negativo. Un metaanálisis realizado en 2010 de setenta y seis estudios descubrió que el estrés es especialmente corrosivo en dos circunstancias: cuando sentimos que la situación escapa en gran medida a nuestro control y que los demás juzgan nuestra competencia. Imaginemos un proyecto que se halle fuera de control. La propia expresión «fuera de control» nos dice que probablemente se dé la primera condición en los afectados. Y es probable que la reputación esté en juego, lo que satisface la segunda condición. Así que un proyecto en apuros es exactamente el tipo de situación en la que podemos esperar que el estrés ponga trabas a la creatividad.[17]

Los saltos imaginativos pertenecen a la planificación, no a la ejecución. Cuando las apuestas y el estrés son bajos, somos más libres para preguntarnos, probar y experimentar. La planificación es el hábitat natural de la creatividad.

Una historia respaldada por datos

John Storyk lo entiende tan bien como cualquiera. Cuando Jimi Hendrix decidió que un joven de veintidós años que nunca había visto el interior de un estudio de grabación debía diseñar la Electric Lady, instantáneamente hizo famoso a Storyk en los círculos musicales. Storyk recibió dos encargos más para diseñar estudios antes incluso de haber terminado la Electric Lady, y así nació accidentalmente una carrera. Mientras Eddie Kramer se convertía en un legendario productor de rock, John Storyk se convirtió en uno de los principales diseñadores de estudios y acústica del mundo. Su empresa, el Walters-Storyk Design Group, ha trabajado en todas partes, desde el Lincoln Center de Nueva York hasta el edificio del Parlamento suizo y el Museo Nacional de Qatar.

Storyk tenía setenta y cuatro años y seguía trabajando duro cuando conversamos y rememoró el inolvidable comienzo de su carrera. No es sorprendente, sabiendo cómo surgió su gran oportunidad, que sea un creyente de la serendipia y utilice a menudo esta palabra. Es una filosofía de la vida abierta y sonriente. Pero en la actualidad no confía en los accidentes felices para que sus proyectos tengan éxito. Planifica cuidadosamente. Y eso significa despacio. Todo el mundo quiere que las cosas se hagan ayer, pero «lo que yo intento constantemente es ralentizar las cosas», dice. Hay que tomarse tiempo para desarrollar ideas, y lo mismo para detectar y corregir problemas. Y hacerlo en la mesa de dibujo, no en la obra. «Si a veces ralentizas las cosas y echas un segundo y un tercer vistazo, acabas cometiendo menos errores —dice—. Y eso significa que [el proyecto se hace] más rápido».

Puede que la carrera de Storyk comenzara con un salto al vacío que cuadraba con la historia de Albert Hirschman. Pero su medio siglo de proyectos de éxito en todo el mundo es testimonio del método que defendí en los capítulos anteriores: piensa despacio, actúa rápido. Y *eso* está respaldado por los datos.

De manera que sí, lo que todo ese pensamiento lento y un plan minuciosamente detallado y probado producen es una buena idea. Pero ni siquiera un plan magnífico produce buen resultado por sí solo. Para dar el último y crítico paso, necesita un equipo —un organismo único y decidido— que actúe con rapidez y cumpla con el plazo.

En el siguiente capítulo mostraré cómo forjar uno.

8

Un organismo único y decidido

Por muy importante que sea pensar despacio para lograr una
planificación y una previsión excelentes, para actuar con rapidez
en la ejecución hace falta algo más que un plan sólido; se necesita
un equipo igualmente sólido. ¿Cómo se forma con personas
y organizaciones diversas, de identidades e intereses diferentes,
un único «nosotros» —un equipo— con todos remando en
la misma dirección: la de la ejecución?

Una vez decidido el objetivo del proyecto y colocado en la casilla de la derecha.

Una vez desarrollado el plan mediante experimentos, simulaciones y experiencia.

Una vez hechas previsiones precisas y mitigado los riesgos sobre la base de los resultados reales de proyectos anteriores.

Una vez hecho todo esto, se habrá pensado despacio y se tendrá un plan digno de ese nombre.

Ahora es el momento de actuar con rapidez y ejecutar el plan.

Un plan sólido aumenta enormemente la probabilidad de una ejecución rápida y bien lograda. Pero esto no es suficiente. Como nos dirá cualquier gestor de proyectos experimentado, se necesita además un equipo capaz y decidido. El éxito de cualquier proyecto depende de acertar con el equipo: «subir al autobús a las personas adecuadas», como dijo metafóricamente un colega, «y colocarlas en los asientos adecuados», como añadió otro.

Conozco a un solicitado gestor de proyectos multimillonarios de tecnología de la información. Es el tipo de persona a la que se recurre cuando todo va mal y los ejecutivos saben que sus carreras están en juego, lo que ocurre con demasiada frecuencia con los proyectos de tecnología de la información. ¿Su condición para abordar cualquier proyecto? Que él pueda traer con él a su propio equipo. Así es como acierta con el equipo. Es una fuerza de ejecución probada, lo que hace que valga cada centavo de los muchos dólares que se gastan en contratarlos.

Si examinamos cualquier proyecto de éxito, es probable que encontremos un equipo así. Los numerosos éxitos de Frank Gehry —a tiempo, dentro del presupuesto, con la visión que desea el cliente— han dependido no solo de él, sino también de las magníficas personas que han trabajado a su lado durante años; en algunos casos, décadas. El Empire State Building contó con una planificación excelente, como hemos visto, pero también con una empresa constructora famosa por levantar rascacielos con rapidez.

Luego tenemos la presa Hoover, una estructura imponente que asombra a los turistas tanto hoy como cuando se terminó en 1936. La presa Hoover fue un proyecto gigantesco realizado en lo que era un lugar remoto, polvoriento y peligroso. Sin embargo, se realizó por debajo del presupuesto y antes de lo previsto. En los anales de los grandes proyectos es una leyenda. En gran parte, ese triunfo se debió a Frank Crowe, el ingeniero que dirigió el proyecto. Antes de abordar el proyecto de la presa Hoover, Crowe había desarrollado una larga carrera construyendo presas por todo el oeste de Estados Unidos, y durante esos muchos años había formado un equipo numeroso y leal que le seguía de un proyecto a otro. La experiencia contenida en ese equipo era profunda. También lo eran la confianza, el respeto y el entendimiento mutuos.[1]

No se puede exagerar el valor de los equipos experimentados, y, sin embargo, es habitual ignorarlo. Una presa hidroeléctrica canadiense de la que fui consultor es uno de incontables ejemplos. Salió adelante bajo la dirección de ejecutivos que no tenían ninguna experiencia en presas hidroeléctricas. ¿Por qué? Porque era difícil encontrar ejecutivos *con* experiencia. ¿En qué medida puede ser difícil ejecutar un gran proyecto?, se preguntaban los propietarios. La industria del petróleo y del gas ejecuta grandes proyectos. Una presa hidroeléctrica es un gran proyecto. Ergo, los ejecutivos de las compañías de petróleo y de gas deberían ser capaces de hacer una presa. O eso razonaron los propietarios, y contrataron a ejecutivos del petróleo y el gas para construir la presa. Al lector no le sorprenderá saber que, en rotundo contraste con la presa Hoover, este proyecto resultó un fiasco que amenazó la economía de toda una provincia. Fue entonces cuando me llamaron para diagnosticar el problema... demasiado tarde.[2]

¿Cómo formar entonces el equipo adecuado? La solución sencilla, siempre que sea posible, es contratar al equivalente de Frank Crowe y su equipo o a Gehry y el suyo. Si existen, consíganlos si los necesitan. Incluso si son caros... que no lo son si se tiene en cuenta lo mucho que les ahorrarán en costes, tiempo y daños a su reputación. Y no esperen a que las cosas vayan mal; contrátenlos por adelantado.

Por desgracia, algunas veces esos equipos no existen. O si los hay, ya están comprometidos en otra parte. Cuando no se puede contratar a un equipo, hay que crearlo. Es una situación habitual, y fue el reto al que se enfrentó la Autoridad Aeroportuaria Británica (BAA, por sus siglas en inglés) en 2001, cuando anunció que construiría una nueva terminal multimillonaria en el aeropuerto londinense de Heathrow.

Un plazo grabado en piedra

Heathrow era, y es, uno de los aeropuertos más transitados del mundo, y la nueva terminal —la Terminal 5 (T5)— sería una inmensa ampliación. El edificio principal sería la estructura independiente más grande del Reino Unido. Con dos edificaciones más, la T5 tendría cincuenta y tres puertas de embarque y una superficie total de 1,16 millones de metros cuadrados. Cuando pensamos en aeropuertos, nos imaginamos pistas de aterrizaje y grandes edificios como estos. Pero, en realidad, los aeropuertos son complejas aglomeraciones de infraestructuras y servicios, como pequeñas ciudades. De modo que la T5 también requería una larga lista de otros sistemas —túneles, carreteras, aparcamientos, conexiones ferroviarias, estaciones, sistemas electrónicos, manipulación de equipajes, *catering*, sistemas de seguridad y una nueva torre de control del tráfico aéreo para todo el aeropuerto— que debían funcionar juntos a la perfección.

Todo esto se construiría entre dos pistas, con la zona de la terminal central existente en un extremo y una autopista muy transitada en el otro. Y el aeropuerto nunca podía dejar de funcionar. Todo el proyecto debía ejecutarse sin interrumpir ni un minuto las ajetreadas operaciones de Heathrow. Al parecer, eso no era suficiente presión para BAA, una empresa privada que gestionaba la mayoría de los principales aeropuertos del Reino Unido, así que en 2001 anunció que, tras muchos años de planificación, la construcción de la T5 comenzaría al año siguiente, y el proyecto se completaría en seis años y medio. La T5 se inauguraría el 30 de marzo de 2008. A las cuatro de la mañana, para ser exactos. «Eso significaba que, a las cuatro de la mañana, el café tenía que estar caliente, la comida disponible y las puertas listas», recordó Andrew Wolstenholme, el ejecutivo e ingeniero de BAA que supervisó la construcción de la T5.[3]

Declarar públicamente la fecha de inauguración de un proyecto tan enorme con tanta antelación era, cuando menos, ambicioso. Algunos dirían que temerario; desde luego, insólito. Heathrow estaba muy congestionado, con decenas de millones de cansados pasajeros arrastrando el equipaje por sus atestadas y deslucidas salas, y la necesidad de una nueva terminal se había reconocido una década y media antes. Pero se había tardado muchos años en progresar, en parte debido a la oposición de las comunidades cercanas al aeropuerto y a la ronda de consultas públicas más larga de la historia británica. Hasta el momento en que BAA hizo su anuncio, todo lo relacionado con la T5 había sido lento y pesado.

Para aumentar aún más la presión, BAA examinó los principales proyectos de construcción del Reino Unido y los proyectos aeroportuarios internacionales utilizando algo parecido al método de previsión de clase de referencia descrito en el capítulo 6, y llegó a la conclusión de que si la T5 se limitaba a lograr los resultados típicos, llegaría con un año de retraso y mil millones de dólares por encima del presupuesto: un resultado que podría hundir a la empresa.[4] La palabra «*deadline*», empleada para referirse al plazo, proviene de la guerra de Secesión estadounidense, cuando se establecían límites en los campos de prisioneros y cualquier prisionero que cruzara una línea limítrofe era fusilado.[5] Para BAA, la metáfora encajaba incómodamente bien.

Para tener éxito, la ejecución de la T5 tenía que superar todo lo habido y por haber. BAA tenía tres estrategias clave para conseguirlo.

La primera era la planificación. En línea con lo que en el capítulo 4 denominé «planificación Pixar», la T5 se planificó empleando representaciones digitales muy detalladas que servían para hacer simulaciones rigurosas. La creación y el funcionamiento de la T5 estuvieron en marcha en ordenadores antes de intentar trasladarlos a la realidad.

La simulación digital permitió la segunda estrategia: un enfoque radicalmente distinto de la construcción. En lugar de enviar los materiales a una obra para medirlos, cortarlos, darles forma y soldarlos en las edificaciones —la forma convencional desde la construcción de las pirámides—, los materiales se mandaban a fábricas que utilizaban las especificaciones digitales detalladas y precisas que les proporcionaban para manufacturar los componentes. A continuación, los componentes se enviaban a la obra para ser ensamblados. Para el ojo inexperto, la T5 habría parecido una obra de construcción convencional, pero no lo era; era una obra de *montaje*.[6] No se puede exagerar la importancia de esta diferencia y todas las grandes construcciones tendrán que seguir el ejemplo si quieren que la construcción sea del siglo XXI. Este proceso, denominado «diseño para la fabricación y el montaje», es la forma en que opera la hipereficiente industria automovilística. Sir John Egan, CEO de BAA y antiguo director de Jaguar, había argüido en un influyente informe dirigido al gobierno británico que con este método aumentaría en gran medida la eficiencia en la construcción.[7] Con la T5 puso en práctica su idea.

La tercera estrategia giraba en torno a las personas. Rendimos al máximo cuando nos sentimos unidos, capacitados y mutuamente comprometidos para lograr algo que valga la pena. Así nos lo dicen muchos estudios psicológicos y de organizaciones.[8] También es de sentido común. Hay una palabra para denominar a un grupo de personas que se sienten así: son un equipo. Los trabajadores de la T5 tenían que llegar a ser un equipo, eran conscientes Wolstenholme y otros ejecutivos de BAA, si querían que el proyecto tuviera alguna posibilidad de éxito. También sabían lo complicado que era. La T5 sería construida por miles de personas, desde ejecutivos y abogados hasta ingenieros, topógrafos, contables, diseñadores, electricistas, fontaneros, carpinteros, soldadores, cristaleros, yeseros, conductores, paisajistas, cocineros y muchos otros. Habría oficinistas y obreros, directivos y sindicalistas. Procederían de distintas organizaciones con culturas e intereses diferentes. De alguna manera, este grupo heterogéneo e indócil tendría que formar un todo coordinado, resuelto y creativo.

Desde el principio, Wolstenholme lanzó una campaña deliberada para que así fuera. «Nuestro planteamiento no era para pusilánimes —afirma—. «Hay que tener líderes muy fuertes que no solo entiendan el qué, sino también el cómo».

Cómo formar un equipo

El primer «cómo» fue la decisión que tomó BAA de hacer mucho más que contratar empresas y supervisar su trabajo. Lideraría activamente el proyecto y compartiría los riesgos. Eso significaba mediar en las disputas lo antes posible.

Richard Harper es un supervisor de obras que pasó cuatro años y medio en la T5 dirigiendo a los cientos de trabajadores que levantaban los armazones de acero de la terminal principal y otras edificaciones. En las primeras fases del proyecto, la empresa siderúrgica de Harper tuvo que trabajar detrás de uno de los contratistas principales de BAA. Se trataba de una importante empresa británica de ingeniería que estaba vertiendo hormigón. Harper advirtió a BAA de que el contratista principal no podía trabajar lo suficientemente rápido como para ir delante de él, lo que provocaría que su equipo se quedase «parado»: trabajadores y equipamiento inactivos y a la espera, un costoso pecado en la construcción. Si eso ocurría, la empresa de Harper recibiría el golpe financiero, porque su contrato con BAA preveía que se le pagara una tarifa plana. A pesar de las garantías del contratista principal de que no se retrasaría, lo hizo. El propietario de la compañía de Harper estaba furioso y las dos compañías discutieron sobre quién era el culpable.

«BAA pudo ver que se avecinaban problemas», recordó Harper con el acento *brummie* de su Birmingham natal. Su compañía podría demandar al contratista principal. O algo peor. El propietario de la empresa de Harper «estaba de muy mal genio. Pudo haber abandonado muy fácilmente el proyecto, cosa que había hecho muchas veces [en otros proyectos]».[9]

BAA intervino. Cambió su contrato con la empresa de Harper por un acuerdo de costes reembolsables con un porcentaje de beneficio adicional cuando se alcanzaban los hitos. Con esa estructura de incentivos revisada, BAA redujo el conflicto. Al no tener ya que proteger sus intereses particulares, la empresa de Harper y el contratista principal dejaron de acusarse mutuamente y, en su lugar, discutieron la mejor manera de abordar el problema. El contratista principal acordó traer a cientos de trabajadores más. La empresa de Harper decidió recolocar a los trabajadores en otras labores mientras el contratista principal se ponía al día. Un conflicto que podría haber terminado en un desastre se enfrió rápidamente y el proyecto siguió adelante.

Contratos como el concertado entre BAA y la empresa de Harper se convirtieron en un sello distintivo del proyecto, lo que significaba que BAA asumía muchos más riesgos de los que habría tomado con contratos ordinarios. Pero al dar a las empresas solo incentivos positivos para rendir bien —incluidas bonificaciones por alcanzar determinadas etapas— se aseguró de que los intereses de las muchas compañías diferentes que trabajaban en el proyecto no se enfrentaran entre sí. Por el contrario, todos tenían el mismo interés: terminar la T5 a tiempo.[10] Con sus intereses alineados, la cooperación entre la empresa de Harper y el contratista principal prosperó. Hubo un momento en que el trabajo del contratista principal hizo imposible que Harper manejara sus grúas. Y en lugar de enfrentarse o quejarse a BAA, los ejecutivos de las dos empresas se sentaron, estudiaron soluciones y acordaron que la construcción de una rampa temporal permitiría a ambas empresas seguir trabajando a la vez. El contratista principal construyó rápidamente la rampa y pagó el trabajo. «Debió de costar, como mínimo, cien mil libras», dijo Harper. El proyecto siguió adelante.

Ayudó bastante el hecho de que muchos de los directivos de las distintas empresas se conocían. «Todos habíamos trabajado juntos en obras realizadas en Londres y por toda Inglaterra y Gales —dijo Harper, que, como la mayoría de sus colegas, ya tenía décadas de experiencia cuando le tocó la T5—. Así que había una buena relación desde el principio». Eso también sucedió en el diseño. BAA comprendió, a diferencia de tantos otros, que «la oferta más baja» no significa necesariamente «el coste más bajo», de modo que, en lugar de seguir la práctica común de contratar a los licitadores más baratos, BAA se quedó con empresas con las que había trabajado durante años y que habían demostrado su capacidad para ofrecer lo que BAA necesitaba. Y animó a esas empresas a hacer lo mismo con los subcontratistas especializados —de nuevo la experiencia.

«Si quieres ganar un partido de fútbol, tienes que jugar con el mismo equipo cada temporada —dijo Andrew Wolstenholme, utilizando una metáfora impecablemente británica—. Habíamos cobrado confianza. Nos entendíamos».

Pero, cuando se trabaja en un proyecto conjunto con personas de muchas empresas, ¿para qué equipo se juega? ¿Quiénes son los compañeros de equipo? Los equipos son identidades. Para estar realmente en uno, hay que conocerlo. Así que BAA dio a todos los que trabajaban en la T5, incluidos sus propios empleados, una respuesta clara y rotunda: olvídense de cómo se suelen hacer las cosas en los grandes proyectos. Su equipo no es su empresa. Aquí, su equipo es la T5. Somos *un solo* equipo.

Wolstenholme es un ingeniero con décadas de experiencia en la construcción, pero empezó su carrera en el ejército británico, donde el escuadrón para el que uno juega está literalmente en la frente, en forma de «insignia» en la gorra de su unidad. Cuando la gente llegó a la T5, cuenta Wolstenholme, se les decía: «Quítense la insignia de la gorra y tírenla, porque trabajan para la T5».

Ese mensaje era explícito, contundente y repetido. «Teníamos pósters en las paredes de gente a la que se le encendía la bombilla y decía: "Lo entiendo. Trabajo para la T5"».

Haciendo historia

La identidad fue el primer paso. El propósito era el segundo. Tenía que *importar* que uno trabajara para la T5. A este fin, el lugar de trabajo estaba plagado de pósters y otras publicidades que comparaban la T5 con grandes proyectos del pasado: la Torre Eiffel parcialmente levantada en París; la Grand Central Terminal aún en construcción en Nueva York; la enorme barrera de control de inundaciones del Támesis en Londres. Cada uno aparecía en pósters con la leyenda «Nosotros también estamos haciendo historia». Cuando se completaron etapas importantes de la T5, como la instalación de la nueva torre de control del tráfico aéreo, se leía junto a la Torre Eiffel y todo lo demás: «Un día —prometían los pósters—, estarás orgulloso de decir: "Yo construí la T5"».

«Toda la filosofía», recordó Andrew Wolstenholme, era «compartir la cultura, desde la cima hasta la persona que barre el polvo de la pista, o acaba de echar el hormigón o pone baldosas en el suelo. Tenían que sentirse igualmente parte de lo que estábamos construyendo, de que estábamos haciendo historia al ejecutar la obra de la T5».

Crecí en la construcción y sé por experiencia propia que los trabajadores del sector poseen una gran agudeza y entienden perfectamente lo que ocurre en sus obras. Además, tienen un escepticismo bien fundado respecto a la dirección. Reconocen la propaganda corporativa cuando la ven y desconfían de ella. «La mayoría de los hombres acuden con cinismo a cualquier sitio al que vayamos», afirmaba Richard Harper. Suelen tener razones para ser cínicos, «porque todo lo que dicen [los directivos] son tonterías». Las promesas no se cumplen. Las condiciones de trabajo son malas. No se escucha a los trabajadores. Cuando la realidad no concuerda con las palabras, las relaciones públicas corporativas referentes al trabajo en equipo y a hacer historia son peor que inútiles en la zona del trabajo.

Los trabajadores llevaron su cinismo habitual a la T5, dijo Harper. «Pero con aquella obra, a todos les acabó convenciendo, si no en cuarenta y ocho horas, en una semana como mucho, la filosofía de la T5. Porque pudieron ver que la T5 estaba poniendo en práctica lo que dijo que haría».

La construcción empezó con las instalaciones *in situ*. «Era algo alucinante —me dijo Harper todavía con gestos de asombro—.

Los hombres nunca habían visto aquello. Los aseos, las duchas, los comedores eran los mejores que había visto en cualquier obra en la que hubieran trabajado en el mundo. Eran fantásticos».

BAA se aseguró de que cualquier cosa que necesitaran los trabajadores, la obtuvieran de inmediato, sobre todo cuando se trataba de la seguridad. «Se proporcionó todo el EPP [*personal protective equipment*, «equipo personal de protección»] —dijo Harper—. Si los hombres tenían los guantes mojados, solo debían llevarlos a la tienda y recibían un par de guantes nuevos. Si tenían un arañazo en las gafas y no podían ver bien, las devolvían y se las cambiaban. Los hombres no estaban acostumbrados a eso. Era enteramente nuevo para ellos. En otros trabajos les decían: "Si no está contento con las gafas o lo que sea, cómprese las suyas"». Estas cosas pueden parecer nimiedades a los de fuera, pero, como señaló Harper, para los trabajadores son «enormes, simplemente enormes. Pones a un hombre a trabajar por la mañana y le das las cosas que quiere, entonces consigues un buen día de trabajo. Los pones a trabajar mal y sabes que las siguientes ocho o diez horas van a ser muy difíciles». Multiplíquese eso por miles de trabajadores y miles de días, y se obtendrá efectivamente algo de dimensiones enormes.

Los responsables de la T5 no solo escuchaban a los trabajadores, sino que les consultaban, pidiendo a algunos que se sentaran con los diseñadores para estudiar cómo podrían mejorarse los diseños y los procesos de un trabajo. Una vez acordadas las normas para la tarea acabada, los trabajadores cualificados desarrollaban su propio sistema de puntos de referencia para establecer la calidad que debían alcanzar tanto ellos como los demás. Unas 1.400 de estas muestras fueron fotografiadas, catalogadas y expuestas en el lugar de trabajo. Dado que los puntos de referencia procedían de los trabajadores, estos se las apropiaban, lo que aumentó la eficacia de su implementación.

Con un sentido compartido de identidad, propósito y normas, la comunicación abierta es más fácil, pero BAA cultivó aún más la sensación de que todo el mundo en el proyecto tenía tanto el derecho como la responsabilidad de hablar. Todos sabían que «contaban con el respaldo de BAA» si querían decir algo, dijo Harper. «Si alguno tenía ideas, ya sabe, "creo que podríamos hacer esto o aquello", era libre de decirlo. Si alguien se sentía agraviado por algo, también era libre de decirlo"».

La profesora de Harvard Amy Edmondson denominó a esta sensación de ser libre para decir lo que se piensa «seguridad psicológica». Es difícil exagerar su valor. La seguridad psicológica eleva la moral, fomenta las mejoras y garantiza que, en palabras de Andrew Wolstenholme, «las malas noticias viajen rápido», de modo que los problemas puedan abordarse con celeridad.[11]

Cuatro de la mañana

Todo funcionó. «Tengo sesenta años. Llevo en la construcción desde los quince —dijo Harper, que ha trabajado en todo el Reino Unido y en países de todo el mundo—. Nunca jamás he visto ese nivel de cooperación».

Desde los trajes hasta los cascos, el espíritu era el mismo. «No hubo ni un solo hombre que viniera a decirme algo negativo sobre la T5. Todo el mundo no tenía más que elogios. Qué gran trabajo fue. Cómo trabajaban juntos la dirección y los trabajadores *in situ*. Sin levantar la voz, sin gritos. Todos contentos». La prueba más elocuente, me dijo Harper, eran las camisas y chaquetas con el logotipo del proyecto. Todos los grandes proyectos de construcción las reparten entre los trabajadores, pero rara vez se llevan en otro sitio que no sea la obra. «En el trabajo en que estoy ahora, los hombres no esperan a quitárselas. Odian al contratista». Para asombro de Harper, los trabajadores llevaban la vestimenta de la T5 como los apasionados aficionados al fútbol la camiseta de su equipo. «¡Los hombres solían ir directos del trabajo al pub y todavía la llevaban puesta! Estaban orgullosos de formar parte de un proyecto como aquel».

La T5 se terminó dentro del presupuesto y a tiempo. Y exactamente a las cuatro de la mañana del 27 de marzo de 2008 —la fecha se adelantó tres días— se inauguró la nueva terminal. Y, efectivamente, el café estaba caliente. El proyecto no fue perfecto, desde luego. Los problemas con los sistemas de distribución de equipajes en los primeros días obligaron a British Airways a cancelar vuelos, lo que resultó embarazoso y caro, pero se solucionaron los problemas y la terminal funcionó bien a los pocos meses, y así lo ha hecho desde entonces. En una encuesta anual realizada a viajeros de todo el mundo, la T5 figura habitualmente entre las terminales favoritas. Ocupó el primer puesto seis veces en sus primeros once años de funcionamiento.[12]

El éxito no salió barato. «Gastamos bastante dinero en establecer la dinámica del equipo», dijo Andrew Wolstenholme. BAA también dedicó mucho tiempo y esfuerzo. Además, asumió un riesgo financiero más directo. Pero si la ejecución se hubiera limitado a la media, se habría incumplido el plazo y el sobrecoste podría haber ascendido fácilmente a miles de millones de libras. Eso hizo que el dinero gastado en acertar con el equipo fuera una muy buena inversión.

Esta lección no la conoció otro gigantesco proyecto que, casualmente, estaba también en marcha en otro lugar de Londres. El estadio original de Wembley era el campo de fútbol más famoso del mundo y una especie de santuario nacional hasta que fue demolido en 2002 para construir un nuevo estadio. Si alguna vez hubo un proyecto capaz de inspirar el trabajo en equipo, sin duda habría sido la construcción del nuevo hogar del deporte nacional británico. Sin embargo, en Wembley no surgió nada ni remotamente parecido al espíritu de propósito compartido y de «hacer historia» que caracterizó al de la T5, sino todo lo contrario. Fue un proyecto plagado de conflictos. Los paros laborales eran rutinarios. «Allí, los hombres no estaban orgullosos de construir nuestro estadio nacional», dijo Richard Harper. Inevitablemente, el proyecto se retrasó años del plazo, obligando a trasladar la final de la Copa de la Asociación de Fútbol (FA) y otros eventos. El coste se duplicó, según *The Guardian*. La previsión de 445 millones de libras esterlinas aumentó hasta 900 millones (1.200 millones de dólares). Inevitablemente, dio lugar a una demanda judicial masiva.[13]

Es improbable que la T5 sea objeto de algún afecto. Al fin y al cabo, solo es una terminal aeroportuaria. Sin embargo, los trabajadores que construyeron la T5 estaban tan comprometidos con el proyecto que, cuando este terminó y todos se pusieron de nuevo la gorra con su insignia y se marcharon, «les resultó bastante difícil volver», observó Wolstenholme.

Habían pasado trece años desde la finalización de la T5 cuando hablé con Richard Harper, pero la nostalgia en su voz era inconfundible. «Me encantaba», dijo.

El secreto de las ampliaciones

Cuando un equipo ha ejecutado un proyecto a tiempo, dentro del presupuesto y con los beneficios esperados, es el momento de descorchar el champán y celebrarlo. Puede que el lector piense que este es el final del libro. Pero no puedo darlo todavía por terminado porque aún no le he dicho cuál es la solución al enigma que mencioné en el primer capítulo.

Recordará que la mayoría de los tipos de proyecto no solo corren el riesgo de retrasarse, salirse del presupuesto y generar menos beneficios de los esperados. Corren el riesgo de salir *desastrosamente* mal. Esto significa que puede que no acabe con un 10 por ciento por encima del presupuesto y puede que lo supere en un 100 por ciento. O en un 400 por ciento. O peor. Estos son resultados de cisne negro y los tipos de proyecto que corren el riesgo de tenerlos se denominan «de cola gruesa». Entre ellos están las centrales nucleares, las presas hidroeléctricas, las tecnologías de la información, los túneles, los grandes edificios, la industria aeroespacial y muchos más. De hecho, casi todos los tipos de proyecto de mi base de datos son de cola gruesa. Pero no todos.

Hay cinco tipos de proyecto que no tienen cola gruesa. Esto significa que pueden llegar algo tarde o acabar por encima del presupuesto, pero es muy poco probable que salgan *desastrosamente* mal. ¿Los cinco afortunados? Estos son la energía solar, la energía eólica, la energía térmica fósil (centrales que generan electricidad quemando combustibles fósiles), la conducción de la electricidad y las carreteras. De hecho, los tipos de proyecto con mejores resultados de toda mi base de datos son, por un cómodo margen, la energía eólica y la solar.

Y el enigma es este: ¿por qué estos tipos de proyectos constituyen excepciones? ¿Qué los convierte en una apuesta más segura que el resto? ¿Y por qué la energía eólica y la solar son los proyectos más fiables de todos, con más probabilidades de éxito que cualquier otro tipo de proyecto?

Proporcionaré una esclarecedora respuesta en el próximo y último capítulo. Y reuniré las ideas de los capítulos anteriores en un modelo que cualquiera puede utilizar para reducir costes y mejorar la calidad de proyectos a todas las escalas, desde tartas nupciales y reformas de cocinas hasta líneas de metro y satélites.

Pero, en los proyectos que tienen que ampliarse —y *mucho*—, este modelo es más que valioso; es esencial. Con este modelo, los proyectos gigantescos pueden llevarse a cabo con un coste y un riesgo mucho menores, y de forma mucho más rápida y fiable. Podemos construir a escala colosal con mayor calidad y celeridad, ahorrando sumas de dinero lo suficientemente importantes como para cambiar las fortunas de empresas, industrias y países.

Este modelo podría incluso ayudar a salvarnos del cambio climático.

9

¿Cuál es su Lego?

*Tómese una cosa pequeña, un ladrillo, por ejemplo. Combínese
con otro y otro hasta que se tenga lo que se necesita.
Así es como una sola célula solar se convertirá en un panel solar,
que luego se convertirá en un conjunto que a su vez se convertirá
en una enorme planta solar de megavatios.
La modularidad es más rápida, más barata y mejor,
lo cual la hace valiosa para proyectos de todo tipo y tamaño.
Pero, para construir a una escala verdaderamente enorme —la
escala que transforma las ciudades, los países, incluso el
mundo—, la modularidad no solo es valiosa, sino indispensable.*

En 1983, el gobierno de Japón lanzó un nuevo proyecto tan pro-
metedor como enorme. Su nombre era Monju, que significa «sabiduría». Cuando estuviera terminado, Monju sería a la vez una
central nuclear que produciría electricidad para los consumidores
y un reactor reproductor, un nuevo tipo de planta nuclear que
produciría combustible para la industria nuclear. En una nación
amenazada durante mucho tiempo por la inseguridad energética,
Monju fue diseñada para ofrecer un futuro mejor.[1]

La construcción comenzó en 1986. Terminó casi una década

después, en 1995. Pero un incendio cerró inmediatamente las instalaciones. Y un intento de encubrir el accidente se convirtió en un escándalo político que mantuvo la planta cerrada durante años.[2]

En 2000, la Agencia de Energía Atómica de Japón anunció que la central podía ponerse de nuevo en funcionamiento. El Tribunal Supremo de Japón autorizó finalmente la reanudación en 2005. Estaba previsto que las operaciones comenzaran en 2008, pero se pospusieron hasta 2009. Las pruebas de funcionamiento empezaron en 2010, y estaba previsto que todas las operaciones comenzaran, por primera vez, en 2013. Pero en mayo de 2013 se descubrieron fallos de mantenimiento en unos catorce mil componentes de la planta, incluidos equipos de seguridad críticos. El reinicio se detuvo. Se descubrieron nuevas violaciones de los protocolos de seguridad. La Autoridad de Regulación Nuclear de Japón declaró que el operador de Monju no estaba cualificado.[3] En ese momento, el gobierno había gastado 12.000 millones de dólares y el coste estimado de reiniciar finalmente Monju y hacerla funcionar durante diez años sería de 6.000 millones de dólares —en un momento en el que el desastre de Fukushima de 2011 había puesto a la opinión popular en contra de la energía nuclear—. El gobierno finalmente se rindió. En 2016 anunció el cierre permanente de Monju.[4]

Se prevé que el desmantelamiento de Monju lleve otros treinta años y cueste 3.400 millones de dólares. Si esa previsión resulta más acertada que el resto, el proyecto habrá tardado sesenta años, costado más de 15.000 millones de dólares y producido cero electricidad.[5]

Monju es un caso extremo, pero no está en una categoría aparte. Ni mucho menos. Las centrales nucleares son uno de los tipos de proyecto con peores resultados de mi base de datos, con un sobrecoste medio del 120 por ciento en términos reales y unos plazos un 65 por ciento más largos de lo previsto. Peor aún, corren el riesgo de llegar a extremos de cola gruesa tanto para el coste como para el calendario, lo que significa que pueden rebasar el presupuesto en un 20 o 30 por ciento. O en un 200 o 300 por ciento. O en un

500 por ciento. O más. Casi no hay límite para lo mal que pueden ir las cosas, como demostró Monju de forma tan espectacular.[6]

El problema no es la energía nuclear; muchos otros tipos de proyectos tienen historiales solo algo menos malos. El problema radica en la forma en que suelen diseñarse y ejecutarse proyectos enormes como Monju. Cuando comprendamos este problema, encontraremos una solución para construir a lo grande que sea, paradójicamente, pequeña. De hecho, es diminuta, como un solo bloque de Lego. Pero, como veremos, es extraordinario lo que se puede hacer con bloques de Lego.

Una cosa enorme

Una forma de diseñar y realizar un proyecto a gran escala es construir una sola cosa. Una cosa *enorme*.

Monju fue una cosa enorme. La mayoría de las centrales nucleares lo son. También lo son las gigantescas presas hidroeléctricas, las líneas ferroviarias de alta velocidad como la de California, los gigantescos proyectos informáticos y los rascacielos.

Cuando se construye así, se construye una sola cosa. Esa cosa es única por definición. Para decirlo en el lenguaje de los sastres, está hecha a medida: sin piezas estandarizadas, sin productos comerciales listos para usar, sin una simple repetición de lo que se hizo la última vez. Y eso se traduce en lentitud y complejidad. Las centrales nucleares, por ejemplo, son el producto de un asombroso número de piezas y sistemas hechos a medida que deben todos funcionar, y hacerlo juntos, para que la central entera funcione.

La complejidad por sí sola de las partes hechas a medida hace que los grandes proyectos sean difíciles de ejecutar si es de esa manera. Pero a ello se suman varios factores más.

En primer lugar, no se puede construir una central nuclear rápidamente, hacerla funcionar durante un tiempo, ver qué funciona y qué no, y luego cambiar el diseño para incorporar las lecciones aprendidas. Es demasiado caro y peligroso. Eso significa que la experimentación —la mitad del *experiri* del que hablé en el capítulo 4— está excluida. No hay más remedio que hacerlo bien a la primera.

En segundo lugar, hay un problema con la experiencia, la otra mitad del *experiri*. Si se está construyendo una central nuclear, es probable que no se haya hecho gran cosa con anterioridad por la sencilla razón de que se han construido pocas centrales y cada una tarda muchos años en completarse, por lo que las oportunidades de adquirir experiencia son escasas. Pero, aun sin experimentación y con poca experiencia tiene que hacerse bien a la primera. Algo difícil, si no imposible.

Incluso si se tiene alguna experiencia en la construcción de centrales nucleares, es probable que no se tenga en la construcción de esta central nuclear *en particular* porque, con pocas excepciones, cada una se diseña específicamente para un emplazamiento concreto y con una tecnología que cambia con el tiempo. Al igual que Monju, está hecha a medida, es única. Cualquier cosa hecha a medida es cara y lenta de hacer, como un traje a medida. Pero imagínese que un sastre con poca experiencia en trajes le hace un traje a medida y tiene que hacerlo bien a la primera. No acabará bien. Y eso que es solo un traje, no una central nuclear de coste multimillonario en costes y fantásticamente compleja.

A falta de experimentación y experiencia, lo que se aprende a medida que se avanza es que el proyecto es más difícil y costoso de lo que se esperaba, y no solo ese concreto que se está realizando, sino el tipo de proyecto como tal. Nos encontramos con obstáculos que se desconocían. Las soluciones que se pensaba que funcionarían no lo hacen. Y eso no puede remediarse con retoques o volviendo a empezar con planos revisados. Los expertos en operaciones llaman a esto «aprendizaje negativo»: cuanto más se aprende, más difícil y costoso resulta todo.

En tercer lugar, está la presión financiera. Una central nuclear debe estar completamente terminada antes de poder generar electricidad. Incluso finalizada en sus nueve décimas partes, es inútil. Así que todo el dinero que se invierte en la central no produce nada durante todo el tiempo que se tarda en llegar a la ceremonia del corte de la cinta, lo que, dados la aparatosidad, la complejidad, la falta de experimentación, la falta de experiencia, el aprendizaje negativo y la necesidad de hacerlo todo bien a la primera, probablemente será mucho tiempo. Todo esto se refleja en los pésimos datos sobre la funcionalidad de las centrales nucleares.

Por último, no hay que olvidar los cisnes negros. Todos los proyectos son vulnerables a choques imprevisibles y su vulnerabilidad aumenta conforme pasa el tiempo. Así pues, el hecho de que la ejecución de un gran proyecto lleve mucho tiempo significa que se corre un alto riesgo de que la perturbe una adversidad imposible de prever. Eso es exactamente lo que le ocurrió a Monju. Más de un cuarto de siglo después de que se pusiera en marcha el proyecto, cuando la central aún no estaba lista para funcionar, un terremoto provocó un tsunami que afectó a la central nuclear de Fukushima y produjo el desastre que volvió a la opinión pública en contra de la energía nuclear y convenció finalmente al gobierno japonés de que debía cerrar Monju. Naturalmente, ni siquiera haría falta decir que ese giro de los acontecimientos no podría haberse predicho en 1983. Cuando la ejecución lleva décadas, lo impredecible se torna inevitable.

Si sumamos todo esto, no es sorprendente que la construcción de las centrales nucleares y la ejecución de otros proyectos de «una cosa enorme» sean penosamente lentas y caras. Lo sorprendente es que se lleguen a realizar. Afortunadamente, hay otra forma de construir cosas enormes.

Muchas cosas pequeñas

Al principio de este libro, mencioné un proyecto que construyó con éxito veinte mil escuelas y aulas en Nepal, y que diseñé, planifiqué y programé con el arquitecto Hans Lauritz Jørgensen.

Hay dos formas de considerar ese proyecto. Visto de una de ellas, era enorme. Al fin y al cabo construimos una parte importante de todo un sistema escolar nacional. Pero otra forma de verlo es centrarse en el aula. En algunos casos, una sola aula era toda la escuela. En otros, juntar un par de aulas formaba una escuela. En otros más, tres o más aulas formaban también una escuela. Si reunimos suficientes aulas en suficientes escuelas, tendremos las escuelas de un distrito. Si hacemos eso para todos los distritos, tendremos un sistema escolar nacional.

Un aula es pequeña, por muchas que haya. Así que podría decirse que nuestro proyecto era pequeño.

Lo pequeño es bueno. Para empezar, los proyectos pequeños pueden ser sencillos. Eso es lo que Jørgensen y yo nos planteamos desde el principio. Queríamos que las escuelas fuesen funcionales, de alta calidad y a prueba de terremotos. Pero, dentro de esos parámetros, debían ser lo más sencillas posible. Por eso decidimos, por ejemplo, que solo habría tres diseños principales de escuelas, siendo la pendiente en el lugar de construcción —Nepal es extremadamente montañoso— la principal variable.

El gobierno nepalí había insistido en que las escuelas se necesitaban desesperadamente, así que aceleramos el programa en todos los sentidos. Solo tardamos unas semanas en elaborar el primer borrador de los diseños básicos y el programa de construcción. La recaudación de fondos y las decisiones finales tardaron unos meses. Luego comenzó la construcción de las primeras escuelas.[7]

Es relativamente fácil construir algo pequeño y sencillo. Un aula se levantó con rapidez. Y otra más. En las muchas escuelas de pueblo que solo tenían una o dos aulas, eso era una escuela completa. Para las que necesitaban más aulas, se construían más. Cuando una escuela estaba terminada, los niños iban a clase y los maestros empezaban a enseñar. Los expertos evaluaron lo que funcionaba y lo que no. Se hicieron cambios. El siguiente lote de aulas y escuelas se puso en marcha. Y el siguiente.

Repetir este proceso una y otra vez fue toda la historia del proyecto. Un número de aulas se convierte en una escuela. Un número de escuelas llena un distrito. Un número de distritos se convierte en una nueva incorporación importante a un sistema escolar nacional en el que aprenden cientos de miles de alumnos. Es una cosa enorme hecha de muchas cosas pequeñas.

Sin embargo, hay una gran diferencia entre esta cosa enorme y las construidas como «una cosa enorme»: las escuelas de Nepal se ejecutaron dentro del presupuesto y años antes de lo previsto. Y funcionaron bien, según evaluaciones independientes.[8]

«Modularidad» es una expresión un tanto tosca para la elegante idea de grandes cosas hechas de cosas pequeñas. Un bloque de Lego es una cosa pequeña, pero juntando más de nueve mil de ellos se puede construir una de las mayores composiciones que permite Lego: una maqueta a escala del Coliseo de Roma. Eso es modularidad.

Si la buscamos en el mundo, la reconoceremos por doquier. Una pared de ladrillos está hecha de cientos de ladrillos. Una bandada de estorninos, que se mueve como si fuera un organismo unitario, puede estar compuesta por cientos o miles de pájaros. Incluso nuestros cuerpos son modulares, compuestos por billones de células que a su vez son modulares. Hay una razón evolutiva para esta omnipresencia: en la supervivencia del más apto, el «más apto» es a menudo un módulo que tiene un particular éxito a la hora de reproducirse.[9]

Lo esencial de la modularidad es la repetición. Todo es colocar un bloque de Lego y añadir otro y otro. Y otro más. Repetir, repetir, repetir. Clac, clac, clac.

La genialidad de la modularidad es la repetición; permite la experimentación. Si algo funciona, se mantiene en el plan. Si no funciona, «fracasa rápido», por utilizar el famoso término de Silicon Valley, y se ajusta el plan. Quien maneja esto se vuelve más inteligente. Los diseños mejoran.

La repetición también genera experiencia, haciendo que nuestro rendimiento mejore. Esto se denomina «aprendizaje positivo», como vimos anteriormente. La repetición nos dispara hacia arriba en la curva de aprendizaje, haciendo que cada nueva iteración sea mejor, más fácil, más barata y más rápida.

Como dice el viejo adagio latino, «Repetitio est mater studiorum»: «La repetición es la madre del aprendizaje». Sí, ya lo escribí en el capítulo 4. Pero la repetición es la madre del aprendizaje.

Las tartas nupciales son una estupenda ilustración de esto. Incluso la tarta más imponente se compone en su mayor parte de una serie de tartas idénticas, planas y ordinarias. Se apilan varias de ellas y se obtiene un nivel. Se hornean más, vuelven a apilarse y se obtiene otro nivel. Se forman muchos pisos y el resultado es una gran torre de tarta. Eso suena bastante fácil, pero como muchos aficionados a la repostería han descubierto, incluso si sus pasteles individuales se hornean correctamente, es probable que sus primeros intentos de apilar estas partes produzcan algo que se parezca más a la torre inclinada de Pisa que a los magníficos monumentos de las revistas. Los pasteleros desarrollan la habilidad de hacer pasteles perfectos solo después de intentarlo muchas veces, aprendiendo una pequeña lección aquí, una pequeña lección allá. Pero, como las partes son tan intrínsecamente modulares y repetitivas, los pasteleros que se atienen a esta característica adquieren esa experiencia rápidamente y pronto se vuelven grandes expertos.

Es importante señalar que la modularidad es una cuestión de grado. El Empire State Building no era modular en la medida en que lo es una maqueta de Lego del Empire State Building, pero sus plantas se diseñaron para que fueran lo más parecidas posible, con muchas de ellas idénticas, lo que significaba que los trabajadores repetían a menudo el trabajo, lo cual les ayudaba a aprender y a trabajar más rápido. Del mismo modo, la construcción del Pentágono se aceleró manteniendo idénticos los cinco lados del edificio. Siguiendo esta línea de razonamiento, aconsejé a una compañía que construía una gran central nuclear que duplicara exactamente lo que había hecho en la construcción de una planta reciente, no porque la anterior hubiera sido un gran éxito, sino porque incluso ese grado de repetición les impulsaría hacia arriba en la curva de aprendizaje. Cada pequeño detalle ayuda.

En Nepal, nuestro Lego era el aula, y las escuelas y los distritos eran módulos más grandes. El proyecto era muy modular. Pero podría haberlo sido aún más. Nuestras escuelas se construyeron a la manera tradicional, con materiales de construcción traídos al lugar y trabajadores cortando, enmarcando, colocando, usando argamasa, clavando, lijando y terminando los materiales para construir las escuelas aula por aula. En otros países —no era aconsejable en Nepal por diversas razones— ese trabajo podía hacerse en una fábrica. El Lego que saliera de la fábrica podría ser un aula completa si es lo suficientemente pequeña como para caber en la parte trasera de un camión de plataforma y transportarse por las carreteras —si es que hay carreteras, lo que no era el caso de muchas aldeas de montaña en Nepal—. Si el aula es demasiado grande para transportarla entera, podría construirse en secciones —media aula, tal vez, o los componentes de un aula— y enviarse. Cuando los módulos se entregan en la obra, el edificio no se construye; se monta, como el Lego. De este modo, la obra se transforma en un lugar de montaje, que es exactamente lo que se desea, como ya he mencionado.

Esto está se está haciendo en Inglaterra. Las fábricas construyen medias aulas. Estos Legos se envían al lugar y se ensamblan creando una nueva escuela. «Nos permite ser mejores y más rápidos y, de hecho, ofrecer una mayor calidad», afirma Mike Green, funcionario del gobierno a cargo del programa. También es mucho más barato. «Ya hemos rebajado un tercio el coste por metro cuadrado de la construcción de escuelas», me dijo, y está convencido de que se puede ahorrar más.[10] Mis datos confirman que tiene razón.

La fabricación en una factoría y el montaje en el sitio es mucho más eficiente que la construcción tradicional, porque una factoría es un entorno controlado y diseñado para ser lo más eficiente, lineal y predecible posible. Por poner un ejemplo obvio, el mal tiempo causa estragos habitualmente en la construcción al aire libre, mientras que la producción en una factoría prosigue independientemente de los elementos. Como mencioné en el capítulo anterior, este proceso —conocido propiamente como «diseño para la fabricación y el montaje»— es gran parte de la explicación del éxito de la Terminal 5 de Heathrow.

Cuando se montan piezas de Lego enviadas desde las factorías, la ampliación es principalmente una cuestión de añadir más de lo mismo. La mejor ilustración de esto es una instalación que poca gente ha visto y en la que menos aún piensan, pero que es indispensable en nuestro mundo digital: la granja de servidores. El Lego es el servidor. Apilando varios servidores se obtiene un estante. Un número de estantes forma una fila. Un número de filas forma una sala. Un número de salas forma un edificio. Y con un número de edificios se tiene una granja de servidores. Apple, Microsoft o alguna otra gran empresa que necesita aún más potencia en sus servidores construye más granjas. En principio, no hay límite a la capacidad de los servidores que se puede construir de esta manera, rápidamente y a un coste cada vez menor.

Escalabilidad sin escala

Nótese que no utilizo números precisos. Y es porque los números pueden ampliarse o reducirse tanto como se quiera —de uno a infinito y viceversa— sin cambiar el carácter del conjunto, de la misma manera que una bandada de estorninos es una bandada de estorninos y se comporta como una bandada de estorninos, esté formada por cincuenta pájaros, quinientos o cinco mil. El término técnico para esta propiedad es *«scale free»*, lo que significa que la cosa es básicamente la misma sea cual sea su tamaño. Esto proporciona la magia de lo que llamo «escalabilidad sin escala», que es la posibilidad de escalar hacia arriba o hacia abajo siguiendo los mismos principios independientemente de cuál sea la escala de partida, que es exactamente lo que se quiere para construir algo enorme con facilidad. El matemático Benoit Mandelbrot, que expuso por primera vez la ciencia de la escalabilidad sin escala, llamó a este atributo «fractal», como uno de esos populares memes de internet en los que se ve un patrón, luego se hace zoom en un detalle dentro del patrón y se descubre que tiene el mismo aspecto que el patrón en su conjunto, y se sigue haciendo zoom y se sigue descubriendo el mismo patrón.[11]

La modularidad puede hacer cosas asombrosas. Cuando se declaró la pandemia de covid en China en enero de 2020, una empresa que fabrica viviendas modulares modificó un diseño de habitación existente y empezó a producir sin cesar unidades en una factoría. Nueve días después, se abrió un hospital de mil camas con mil cuatrocientos sanitarios en Wuhan, la zona cero del brote. Otros hospitales más grandes se levantaron casi con la misma rapidez.[12] Hong Kong hizo algo parecido para construir instalaciones para cuarentenas, preparando un terreno y montando mil unidades de viviendas modernas, cómodas y totalmente equipadas en cuatro meses. Cuando, más tarde, el gobierno decidió que cualquier persona que llegara a Hong Kong tendría que pasar veintiún días en cuarentena, las instalaciones se ampliaron rápidamente a tres mil quinientas unidades con espacio para siete mil personas. Todas las unidades pueden desinstalarse e instalarse en otro lugar —o almacenarse.[13]

La objeción obvia es que los módulos pueden estar bien para emergencias y utilidades como granjas de servidores, pero son baratos y feos, y no adecuados para nada más permanente y público. Hay algo de razón en esa opinión. Gran parte de lo que pasó por vivienda modular en generaciones anteriores era, en efecto, barato y feo. Pero eso no significa que tenga que serlo. Algunas viviendas modulares eran bastante mejores, sobre todo las Modern Homes de Sears. Durante gran parte de la primera mitad del siglo xx, los estadounidenses podían abrir un catálogo de Sears, Roebuck, encargar una casa y recibir un kit completo hecho en una factoría. Se incluían todas las piezas, con instrucciones para el montaje, como los muebles de IKEA, a una gran escala. Sears vendió alrededor de setenta mil kits. Muchas de esas casas siguen en pie 90, 100 o 110 años después, y son apreciados por su construcción de alta calidad y su diseño clásico.[14] Y eso fue hace un siglo. La información y la tecnología de modernas hacen que esto tenga hoy muchas más posibilidades y sea más fácil.

Cuando hablé con Mike Green, estaba trabajando en una aplicación que permitiría a los funcionarios locales y a los ciudadanos del Reino Unido diseñar sus propias escuelas arrastrando y soltando aulas y pasillos de tamaño estándar. «Y cuando pulsas "terminar", te muestra una lista de componentes que puede ser archivada con su fabricante al instante», dijo. El objetivo es que sea posible encargar una escuela de forma muy parecida a como se encarga un coche.[15] La comparación es acertada. Los coches son extremadamente modulares —incluso los más caros y sofisticados se montan al estilo Lego—, y, sin embargo, nadie se queja de que no haya coches estéticamente agradables y de alta calidad. Es perfectamente posible que las palabras «modular», «bello» y «alta calidad» aparezcan en la misma frase.

Cuando el arquitecto Danny Forster diseñó un elegante hotel Marriott de veintiséis plantas para una ostentosa calle de Manhattan, lo hizo de forma totalmente modular. Las habitaciones fueron su Lego. Cada una se construyó en una factoría de Polonia, completa y con todo lo necesario, incluso los muebles, y luego se envió a un almacén de Brooklyn. La pandemia de covid interrumpió el plan, pero cuando el turismo repunte y los números vuelvan a funcionar, el plan es que las habitaciones se saquen del almacén y se monte el hotel modular más grande y sensacional del mundo. «Queremos demostrar que la construcción modular puede hacer algo más que aprovechar las eficiencias de la factoría —dijo Forster—. Puede producir una torre elegante e icónica».[16]

Aún más alejada de lo barato y lo feo está la deslumbrante y etérea sede de Apple en Cupertino, California, diseñada por Norman Foster, Steve Jobs y Jony Ive, donde la modularidad también desempeñó un papel importante. Tal y como lo concibió Jobs, «este sería un lugar de trabajo en el que las personas estuvieran abiertas unas a otras y abiertas a la naturaleza, y la clave para ello serían las secciones modulares, conocidas como "pods", para trabajar o colaborar —resumió el periodista Steven Levy—. La idea de Jobs era repetir esos *pods* una y otra vez: *pod* para trabajo de oficina, *pod* para trabajo en equipo, *pod* para socializar, como un rollo de pianola tocando una composición de Philip Glass».[17] Eso se extendió al modo como se montó el edificio. «Consideramos el proceso de construcción como un proyecto de fabricación, y queríamos hacer todo lo posible fuera de aquí —declaró Tim Cook, CEO de Apple, a la revista *Wired*—. Entonces empiezas a montar Legos».

La diferencia entre la modularidad barata y fea y estos proyectos es la imaginación y la tecnología. Para liberar plenamente el potencial de la modularidad, para ver lo asombrosamente versátil que puede llegar a ser, necesitamos «pensar de forma diferente», como decía el viejo eslogan de Apple.

Jugar con Lego

¿Cuál es nuestro bloque de construcción básico, el que usaremos repetidamente, mientras nos volvemos cada vez más inteligentes y mejores constructores? Esa es la pregunta que todo autor de un proyecto debe hacerse. ¿Qué es lo pequeño que podemos ensamblar en gran número para crear algo grande? ¿O una cosa enorme? *¿Cuál es nuestro Lego?* Si nos hacemos esta pregunta, puede que nos sorprenda lo que descubramos.

Consideremos una presa hidroeléctrica gigante, por ejemplo. Puede parecer obvio que no hay alternativa. O se represa o no se represa el río. Nada tiene que hacer aquí la modularidad.

Pero hay un lugar para ella. Podría desviarse parte del caudal del río, hacerlo pasar por pequeñas turbinas para generar electricidad y devolverlo al río. Esto se llama «presa hidroeléctrica a pequeña escala». Una instalación como esta es relativamente diminuta y solo produce una fracción de la energía de una gran presa. Pero si se la trata como Lego —repetir, repetir y repetir—, se obtendrá una producción sustancial de electricidad con menos daños medioambientales, menos protestas ciudadanas, menos costes y menos riesgos. Uno de los líderes mundiales de la hidroelectricidad, Noruega, un país de solo cinco millones de habitantes, tiene una política activa para mejorar el desarrollo de las pequeñas centrales hidroeléctricas, y ha encargado más de trescientos cincuenta proyectos hidroeléctricos a pequeña escala desde 2003, con más por venir.[18]

También una fábrica gigante puede parecer una cosa enorme. Pero, cuando Elon Musk anunció que Tesla construiría la Gigafactoría 1 (hoy conocida como Giga Nevada), la fábrica más grande del mundo por su extensión, la imaginó como una construcción modular. Su Lego era una factoría pequeña. Y su procedimiento, construir una y hacerla funcionar, construir otra a su lado e integrar las dos. Y construir una tercera, una cuarta, y así sucesivamente. Al construir la Gigafactoría 1 de esta manera, Tesla empezó a producir baterías y a obtener ingresos al año del anuncio, incluso mientras continuaban los trabajos en toda la gigantesca instalación, que constará de veintiún «bloques de Lego» cuando esté terminada.[19]

Los elementos clave de la modularidad parecen ser fundamentales en el concepto general que Elon Musk tiene de la ingeniería. Él los utiliza en empresas notablemente diferentes. Tesla parecería no tener nada que ver con SpaceX, una creación de Musk que está revolucionando el transporte y los servicios espaciales. Pero el uso de la reproducibilidad para disparar la curva de aprendizaje, acelerar la ejecución y mejorar el rendimiento es inherente al modelo de planificación y ejecución de la compañía.[20]

El espacio ha estado dominado durante mucho tiempo por grandes y complejos proyectos únicos con presupuestos acordes a ellos, y con el telescopio espacial James Webb de la NASA —8.800 millones de dólares, un 450 por ciento por encima del presupuesto— como último ejemplo. Pero hay señales prometedoras de que las lecciones de la modularidad están calando. Para fabricar satélites, una compañía llamada Planet (antes Planet Labs, Inc.) utiliza componentes electrónicos comerciales listos para usar, como los que se producen en masa para teléfonos móviles y drones, fabricados en módulos de 10 × 10 × 10 cm (4 × 4 × 4 pulgadas) de la forma más barata y sencilla posible. Estos son sus Lego. Se ensamblan en módulos más grandes llamados CubeSat. Ensamblando tres módulos CubeSat, se tendrá la electrónica de un satélite Planet Dove. En agudo contraste con los grandes, complejos y caros satélites que han sido la norma durante mucho tiempo, cada satélite Dove tarda solo unos meses en construirse, pesa cinco kilos y cuesta menos de un millón de dólares —una nimiedad en comparación con los estándares de los satélites, y lo suficientemente barato como para que el fracaso resulte en aprendizaje, no en bancarrota—. Planet ha puesto cientos de estos satélites en órbita, donde forman «bandadas» que vigilan el clima, las condiciones de las explotaciones agrícolas, la respuesta a los desastres y la planificación urbana. A pesar de las cuestiones de privacidad que deben resolver los responsables políticos, los satélites Dove son una poderosa ilustración de la adaptabilidad y escalabilidad de los sistemas modulares, especialmente cuando se los compara con la estrategia «a medida» de la NASA.[21]

El metro parecería un caso aún más difícil para la modularización, pero cuando el Metro de Madrid llevó a cabo una de las mayores ampliaciones de metro del mundo entre 1995 y 2003, se apoyó en la modularidad de dos maneras. En primer lugar, las setenta y seis estaciones necesarias para la ampliación se trataron como piezas de Lego, compartiendo todas el mismo diseño sencillo, limpio y funcional. Los costes descendieron y la ejecución se aceleró. Para amplificar esos efectos, el Metro de Madrid rehuyó las nuevas tecnologías. Solo se utilizaron tecnologías probadas —aquellas con un alto grado de «experiencia congelada».

En segundo lugar, los responsables del Metro hicieron un importante avance conceptual al tratar también las longitudes de túnel como Lego. En un primer momento, calcularon la longitud óptima de túnel que una máquina perforadora y su equipo podían realizar: normalmente de tres a seis kilómetros en doscientos o cuatrocientos días. Luego dividieron la longitud total de túneles que necesitaban perforar por esa cantidad y contrataron el número de equipos y máquinas que les hacía falta para cumplir con el calendario. A veces tenían hasta seis máquinas trabajando a la vez, algo inaudito en aquella época.[22] Tratar las longitudes de los túneles como si fueran Lego hizo que el proyecto avanzara más en la curva de aprendizaje positivo, redujo el tiempo total necesario y ahorró montones de dinero.[23] El Metro de Madrid creó en total 131 kilómetros de vía y setenta y seis estaciones en solo dos etapas de cuatro años cada una. Eso es el doble de celeridad que la media del sector. Y lo hizo a la mitad de coste. Necesitamos más comportamientos como este en la gestión de megaproyectos.

Luego tenemos el transporte marítimo de mercancías. Desde tiempos inmemoriales, los estibadores cargaban cuidadosamente un barco a mano, un artículo cada vez para que la carga no se desplazara en el mar, y cuando el barco llegaba a su destino, se invertía el proceso. Era un trabajo duro, peligroso y lento. Pero, en la década de 1950, un naviero estadounidense llamado Malcolm McLean pensó que tal vez la carga debería colocarse en cajas de acero idénticas que pudieran apilarse en los barcos y transferirse directamente a trenes y camiones en el puerto de destino. Era una idea modesta; McLean pensó que reduciría algo los costes.

Pero al convertir la carga en Lego, hizo que el transporte marítimo fuera extremadamente modular y rentable. Las pilas de contenedores de los barcos se hicieron más altas. Los barcos se volvieron más grandes. El trasbordo de un medio de transporte a otro se hizo más rápido. La velocidad y la facilidad del transporte de mercancías se dispararon, mientras los costes descendían en tal grado que la economía de la producción y la distribución cambió en todo el mundo. En *The Box: How the Shipping Container Made the World Smaller and the World Economy Bigger*, la historia definitiva de la contenerización, el economista Marc Levinson argumentó de forma convincente que el humilde contenedor marítimo fue nada menos que una de las principales causas de la globalización.[24]

No es un logro menor reducir drásticamente los costes y aumentar la celeridad. Pero la modularización hace más que eso; disminuye radicalmente el riesgo, hasta tal punto que la modularización puede ser la forma más eficaz de «cortar la cola», como recomendaba en el capítulo 6.

Proyectos de cola fina

A estas alturas, el lector ya conocerá la solución al rompecabezas que comenté al final del capítulo anterior: solo cinco tipos de proyectos —energía solar, energía eólica, energía térmica fósil, conducción de la electricidad y carreteras— no poseen cola gruesa, lo que significa que, a diferencia del resto, no tienen un riesgo considerable de salir desastrosamente mal. Entonces ¿qué diferencia a los cinco afortunados? Todos son modulares en un grado considerable, algunos en extremo.

¿Energía solar? Nace modular, con la célula solar como bloque de construcción básico. En una fábrica se juntan varias células solares en un panel. El panel se envía y se instala. A este se conecta otro. Se añade otro panel. Y otro más hasta que forman un conjunto. Se añaden más conjuntos hasta que generen tanta electricidad como se desee. Hasta los parques solares gigantes consisten en poco más que eso. La energía solar es la reina de la modularidad. También es el tipo de proyecto de menor riesgo de todos los que he estudiado en términos de costes y plazos. No es casualidad.

¿Energía eólica? También es extremadamente modular. Los molinos modernos constan de cuatro elementos básicos construidos en fábricas y ensamblados en el lugar de su instalación: una base, una torre, la «cabeza» (góndola) que alberga el generador y las aspas que giran. Todos ensamblados forman un molino. Repitiendo este proceso una y otra vez, se tendrá un parque eólico.

¿Energía térmica fósil? Miremos en el interior de una central térmica de carbón, por ejemplo, y veremos que es bastante simple; consiste en unos pocos elementos básicos construidos en fábricas y ensamblados para hacer hervir un gran depósito de agua que hará funcionar una turbina. Son modulares igual que un camión moderno es modular. Lo mismo ocurre con las centrales térmicas de gas y petróleo.

¿Conducción de la electricidad? Las piezas fabricadas aparte se ensamblan para formar torres, y entre ellas se tienden cables también fabricados aparte. Esto se repite. O se entierran cables igualmente fabricados sección por sección. Y esto se repite.

¿Carreteras? Una autopista de coste multimillonario consiste en varios tramos de autopista de coste millonario encadenados. Repetir, repetir, repetir. Lo aprendido en la construcción de un tramo puede aplicarse a otro, igual que los obreros que levantaron el Empire State aprendieron de una planta a otra. Además, una vez implantado el aprendizaje, pueden construirse simultáneamente tramos de autopista para reducir el tiempo.

A continuación, presento un gráfico con todos los tipos de proyectos ordenados según su el grosor de su «cola» en términos de coste, es decir, según el peligro que corren de cargar con sobrecostes extremos que destruyen proyectos y carreras, arruinan empresas y humillan gobiernos.

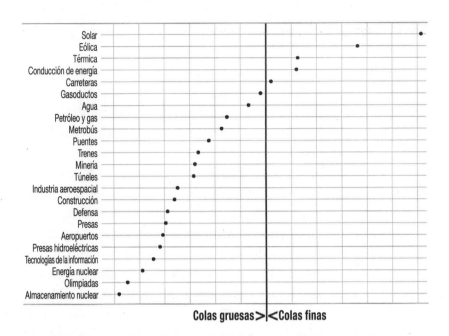

Solar
Eólica
Térmica
Conducción de energía
Carreteras
Gasoductos
Agua
Petróleo y gas
Metrobús
Puentes
Trenes
Minería
Túneles
Industria aeroespacial
Construcción
Defensa
Presas
Aeropuertos
Presas hidroeléctricas
Tecnologías de la información
Energía nuclear
Olimpiadas
Almacenamiento nuclear

Colas gruesas >|< Colas finas

En un extremo —el lugar aterrador donde nadie quiere estar— encontramos el almacenamiento de residuos nucleares, la organización de unos Juegos Olímpicos, la construcción de centrales nucleares, de sistemas de tecnología de la información y de presas hidroeléctricas. Todos ellos son proyectos clásicos de «cosa enorme». En el otro extremo encontramos los cinco benditos tipos de proyectos que no están sujetos a los riesgos de la cola gruesa. Todos son modulares. (También lo son los gasoductos, que quedan un poco alejados de la línea de separación). En cambio, la energía solar y la eólica están al otro lado bien asentadas. Y son *extremadamente* modulares. Lo que explica por qué están superando rápidamente a otras fuentes de energía —fósil, nuclear, hidráulica— en precio.[25]

El patrón está claro: los proyectos modulares corren mucho menos peligro de acabar en desastres como los de cola gruesa. Así pues, la construcción modular es más rápida, más barata *y* menos arriesgada. Este es un hecho de inmensa importancia.

Cómo ahorrar *billones* de dólares

En los años anteriores a la pandemia de covid, cantidades sin precedentes de dinero público y privado se invirtieron en gigantescos proyectos de infraestructuras por todo el mundo. En los años posteriores, ese gasto se ha convertido en un torrente, sobre todo en Estados Unidos, China y la Unión Europea. Las sumas son abrumadoras. Ya en 2017, antes de que realmente se dispararan, calculé que, en la década siguiente, se gastarían entre 6 y 9 billones de dólares al año en todo el mundo en proyectos gigantescos. Esa estimación era conservadora en comparación con otras, que llegaban hasta los 22 billones de dólares anuales.[26] Si añadimos el repunte postpandémico de la inversión, es seguro que mi estimación es ahora demasiado baja. Considérese, sin embargo, lo que significa incluso esa cifra baja.

Si el pésimo historial de los grandes proyectos mejorase, aunque solo fuera un poco —reduciendo el coste en un mero 5 por ciento, pongamos por caso—, se ahorrarían entre 300.000 y 400.000 millones de dólares al año. Eso equivale aproximadamente al producto interior bruto anual de Noruega. Si añadimos mejoras equivalentes en los beneficios aportados por los grandes proyectos, las ganancias serían del orden del PIB de Suecia. Cada año. Pero, como han demostrado Frank Gehry y la dirección del Metro de Madrid, una mejora del 5 por ciento no es nada. Reducir los costes en un 30 por ciento —lo que sigue siendo modesto y enteramente posible— crearía un ahorro anual del orden del PIB del Reino Unido, Alemania o Japón.

Son cifras que cambian el mundo. Para ponerlas en perspectiva, un estudio de 2020 financiado por el gobierno alemán estimó que el coste total para acabar con el hambre en el mundo en 2030 sería de 330.000 millones de dólares en diez años —una fracción de lo que se podría ganar haciendo los grandes proyectos un poco mejor.[27]

El experimento chino

Algunos lectores objetarán que he sido injusto con el modelo de «una cosa enorme». Argumentarán que los proyectos de «una cosa enorme» —por ejemplo, las centrales nucleares— son paralizados por la opinión pública, los gobiernos hostiles y las cargas de una reglamentación excesiva en materia de seguridad y medio ambiente. Rompiendo esas cadenas, dicen, tales proyectos podrían funcionar tan bien o mejor que sus competidores modulares, la energía eólica y la solar. Es una hipótesis interesante. Afortunadamente, un experimento natural la puso a prueba y tenemos los resultados.

El experimento se llevó a cabo en China durante la última década. Los trámites burocráticos y la oposición NIMBY (siglas de Not In My Back Yard, «no al lado de mi casa») pueden ralentizar o detener proyectos, y de hecho así es en muchos países, pero no en China. En China, si el gobierno nacional decide al más alto nivel que un proyecto es prioritario, se eliminan los obstáculos y el proyecto se lleva a cabo.

Durante más de una década, el gobierno chino ha considerado nada menos que un imperativo estratégico nacional aumentar masivamente la capacidad china de generación de electricidad no fósil. Quiere más de todo: más energía eólica, más energía solar, más energía nuclear. Y lo quiere lo más rápido posible.

Entonces ¿con qué rapidez se han ejecutado esos tres tipos de proyectos en China? El gráfico de la página siguiente, adaptado del trabajo realizado por el analista energético Michael Barnard y actualizado con datos de la Agencia Internacional de Energías Renovables, muestra, por fuentes, los megavatios de la nueva capacidad de generación eléctrica añadidos a la red nacional china de 2001 a 2020.[28]

Los resultados no pueden ser más claros. El modelo de «una cosa enorme», ejemplificado por la energía nuclear, es la línea que discurre por la parte inferior del diagrama. Ha sido aplastado por «muchas cosas pequeñas» —la energía eólica y la solar— que se disparan en la parte derecha. China es un caso crítico en el sentido de que es la nación del mundo con las condiciones más propicias para la energía nuclear. Por tanto, si la energía nuclear no consigue escalar allí, es poco probable que lo logre en otro sitio —a menos, claro está, que en la industria nuclear tenga lugar una revolución, que es exactamente lo que sugieren ahora sus partidarios más informados—. Han llegado a aceptar las limitaciones del modelo de «una cosa enorme» y están intentando llevar la energía nuclear en una dirección radicalmente diferente. Piden que se construyan reactores a escala reducida en fábricas, se envíen a donde se necesiten y se monten en el lugar correspondiente, transformando de nuevo el lugar de construcción en lugar de ensamblaje, lo que se considera, con razón, la

NUEVA CAPACIDAD ELÉCTRICA INSTALADA (MW) EN CHINA:
Por tecnología y año

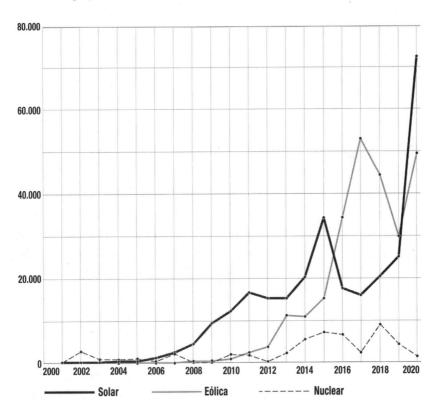

clave del éxito. Cada uno de estos reactores produciría solo entre el 10 y el 20 por ciento de la electricidad generada por un reactor nuclear convencional. Y si se necesita más electricidad, podría añadirse un segundo reactor. O un tercero. O cuantos se requieran.[29] El nombre de este nuevo modelo de energía nuclear lo dice todo: son «*small modular reactors*» (SMR), pequeños reactores modulares.

En el momento de escribir estas líneas, los SMR son una tecnología no probada. No voy a adivinar si finalmente funcionarán como se espera ni cuánto tiempo tardarán en hacerlo. Pero es revelador que, tras más de sesenta años de desarrollo de la energía nuclear civil, gran parte de la industria nuclear —apoyada por una lista de inversores que incluye a Bill Gates y Warren Buffett— esté por fin cambiando su forma de pensar y pase de «una cosa enorme» a «muchas cosas pequeñas».[30] Deberían contemplarse otras formas de infraestructura global de «una cosa enorme» y aprender de ellas.

Crisis climática

Me hubiera gustado terminar este libro justo aquí. Pero no puedo porque hay una razón mucho más urgente y aterradora por la que necesitamos mejorar radicalmente nuestra forma de planificar y ejecutar grandes proyectos. Es el cambio climático.

A mediados de julio de 2021, los cielos se cubrieron y el oeste de Alemania sufrió un diluvio, con algunas regiones recibiendo más lluvia en un día de la que normalmente reciben en un mes. Inundaciones repentinas arrasaron los campos. Los pueblos quedaron anegados. Al menos doscientas personas murieron. Mientras Alemania se ahogaba, el noroeste de Estados Unidos, desde Oregón hasta la Columbia Británica, se asfixiaba en una ola de calor que elevó las temperaturas a cotas que antes se tenían por imposibles. Los cultivos se secaron. Los incendios forestales arrasaron los bosques y una ciudad de la Columbia Británica quedó reducida a cenizas. Una estimación del número de estadounidenses muertos por las altas temperaturas lo cifró en seiscientos.[31] Se cree que el número de canadienses fallecidos por efecto de la ola de calor en la Columbia Británica fue de 595.[32] La Organización Mundial de la Salud estima que entre 2030 y 2050 «se espera que el cambio climático cause en todo el mundo alrededor de un cuarto de millón de muertes adicionales al año por malnutrición, malaria, diarrea y estrés térmico».[33]

Siempre ha habido fenómenos meteorológicos extremos, pero el cambio climático los está haciendo más frecuentes y más extremos. Y seguirá haciéndolos más frecuentes y más extremos. La única pregunta es cuánto más.

Consideremos lo que dijo el panel científico que asesora a las Naciones Unidas sobre una ola de calor lo suficientemente grave como para que, en el pasado, antes de que la humanidad empezara a cambiar la atmósfera, se pudiera esperar que ocurriera una vez cada cincuenta años. Hoy, el planeta es 1,2 grados centígrados más cálido que entonces. Como consecuencia, cabe esperar que esa misma ola de calor se produzca 4,8 veces a lo largo de cincuenta años, o una vez cada diez años. Si el aumento de la temperatura llega a los 2 grados, ocurrirá 8,6 veces a lo largo de cincuenta años, o una vez cada seis años. Con un aumento de 5,3 grados, se producirá 39,2 veces a lo largo de cincuenta años —una vez cada quince meses— hasta convertir un acontecimiento raro y peligroso en una nueva normalidad.[34]

Lo mismo acontece con los huracanes, las inundaciones, las sequías, los incendios forestales, el deshielo y otros fenómenos. Con cada uno de ellos, las colas gruesas —los extremos— engordan cada vez más. Si esa progresión se ralentiza pronto y finalmente se detiene, seguiremos viviendo en un mundo en el que la humanidad puede prosperar. Si no, tendremos graves problemas.[35]

Para detener el cambio climático antes de que se torne catastrófico, la mayoría de las naciones del mundo se han comprometido con un objetivo de «cero emisiones netas para 2050», lo que significa que a mediados de siglo no emitirán a la atmósfera más gases de efecto invernadero de los que eliminen. Los científicos estiman que si el mundo alcanza colectivamente ese objetivo tendremos una buena oportunidad de limitar el aumento de la temperatura a 1,5 grados centígrados. Suena bastante sencillo. Pero es difícil exagerar lo ambicioso que es el objetivo y lo fundamental que es una buena ejecución de los proyectos para alcanzarlo.

En 2021, la Agencia Internacional de la Energía, una organización intergubernamental autónoma establecida en el marco de la Organización para la Cooperación y el Desarrollo Económicos (OCDE), publicó un informe detallado en el que se examinaba lo que se necesitaría para llegar al cero neto.[36] En él se sostenía que los combustibles fósiles, que hoy representan cuatro quintas partes de la producción mundial de energía, podrían proporcionar no más de una quinta parte en 2050. Sustituirlos exigiría un enorme aumento de la electrificación —nuestros nietos solo encontrarán gasolineras en los libros de historia— y un gran aumento de la producción de electricidad a partir de fuentes de energía renovables. La energía eólica debe multiplicarse por once. La energía solar debe crecer nada menos que una veintena de veces.[37] La inversión en energías renovables debe triplicarse para 2030, en su mayor parte suministrada en forma de cientos, si no miles, de parques eólicos y solares a gran escala y de costes multimillonarios en dólares. La nueva energía nuclear y la nueva energía hidráulica pueden tener un papel que desempeñar para la fecha límite de 2050, pero, para 2030, ya han demostrado ser demasiado lentas.

Además, las tecnologías que ahora son solo conceptos y prototipos deben estar pronto listas para su implantación masiva. Una de las principales, si se consigue que funcione a escala, es lo que se llama captura, utilización y almacenamiento de carbono (captura de carbono, para abreviar), que extrae el carbono del aire y lo almacena bajo tierra o lo utiliza como materia prima en procesos industriales. Otra es la capacidad de electrolización a escala industrial, que utiliza electricidad de producción eólica o solar para generar hidrógeno. Cada mes a partir de 2030, dice la Agencia Internacional de la Energía, diez plantas industriales pesadas deben equiparse con captura de carbono, deben construirse tres nuevas plantas industriales basadas en el hidrógeno y deben añadirse dos gigavatios de capacidad de electrolización en emplazamientos industriales. *Todos los meses.*

Queda mucho más por hacer, pero ya nos hacemos una idea: estamos hablando de proyectos a una escala y en un número nunca vistos en la historia de la humanidad, sin los cuales será imposible mitigar el cambio climático y adaptarse a él. Fatih Birol, director ejecutivo de la Agencia Internacional de la Energía, lo expresó sin rodeos: «La escala y la velocidad de los esfuerzos que exige este objetivo crítico y formidable [...] hacen que este sea quizá el mayor reto al que se haya enfrentado jamás la humanidad».[38]

«Escala y rapidez»: tales son las palabras clave. Para ganar en la lucha contra el cambio climático, debemos construir a una escala y a una velocidad que avergüencen el largo y lamentable historial de los gigantescos proyectos del pasado. No podemos seguir permitiéndonos presupuestos y plazos hinchados que sigan deslizándose hacia el futuro. Y no podemos en absoluto tener proyectos que nunca cumplen lo que prometen. No hay sitio para más Monjus ni para el tren de alta velocidad de California. En nuestra situación actual, el dispendio de recursos y la pérdida de tiempo son una amenaza para la civilización. Debemos construir a lo grande y rápido. Afortunadamente, tenemos un sólido precedente de cómo hacerlo. Se encuentra en mi país, Dinamarca.

Blowin' in The Wind

En las décadas de 1950 y 1960, Dinamarca, como muchos otros países, se hizo dependiente del petróleo barato de Oriente Medio. Cuando la OPEP embargó a Occidente en 1973, la economía danesa se desplomó y su vulnerabilidad se hizo evidente para todos.

Una furiosa búsqueda de nuevas fuentes de energía llevó a Dinamarca a ampliar rápidamente el uso del carbón, el petróleo y el gas natural de fuentes cercanas. Pero algunos pioneros tomaron una dirección diferente. Dinamarca es un país pequeño y llano azotado por vientos oceánicos. Deberíamos aprovechar esa energía, dijeron, y en 1978 el país había construido la primera turbina eólica multimegavatio del mundo en Tvind, Jutlandia, que sigue funcionando hoy en día.

La gente se entretenía con experimentos en garajes y granjas, probando diseños, tamaños y ubicaciones. Pero, aun con exenciones fiscales para los inversores, la energía eólica terrestre siguió siendo una industria modesta y periférica, en parte porque Dinamarca no tiene muchas tierras deshabitadas y la gente no quiere vivir a la sombra de las turbinas eólicas. A fines de la década de 1990, un visionario ministro danés de Medio Ambiente, Svend Auken, dijo a las empresas que solicitaban permiso para construir generadores de carbón que podían seguir adelante con la condición de que también construyeran dos de los primeros parques eólicos marinos del mundo. Así lo hicieron. Uno funcionó, el otro fue un desastre. Ambos permitieron experimentar (*experiri*) a los propietarios. Fue un comienzo.

Cuando, en 2006, un grupo de compañías energéticas danesas se fusionó para convertirse en DONG Energy, conocida ahora como Ørsted, esta nueva compañía heredó los parques eólicos marinos, además de otro en el mar de Irlanda. Eran activos menores para una compañía que trabajaba casi exclusivamente con combustibles fósiles, pero bastaron para que «por casualidad nos convirtiéramos en los tipos más experimentados en energía eólica marina», recuerda Anders Eldrup, el primer CEO de la nueva empresa.[39]

En 2009, la ONU celebró una conferencia histórica en Copenhague para debatir sobre el cambio climático, y Eldrup hizo allí un anuncio audaz. Un 85 por ciento de la energía de su compañía procedía entonces de combustibles fósiles y solo un 15 por ciento de energías renovables, en su mayoría eólica. En una generación, prometió, su «plan 85/15» invertiría esas cifras. Eso no era simplemente ambicioso; muchos observadores pensaban que era imposible. La tecnología de la energía eólica era demasiado inmadura y demasiado costosa. Incluso con contratos del gobierno que garantizaban la compra de electricidad a tarifas generosas durante años, los inversores desconfiaban. No acababan de entender la extrema modularidad de los parques eólicos marinos. Ensamblando cuatro piezas de Lego —fundamentos, torre, cabezal, aspas; clic, clic, clic— se tenía una turbina que podía empezar a generar electricidad inmediatamente. Ensamblando de ocho a diez turbinas y conectándolas entre sí, se tenía una «cadena» que podía conectarse a una subestación que alimentaba la red eléctrica nacional. También esta podía empezar a suministrar electricidad nada más ensamblarse. Juntando unas cuantas cadenas, se tenía un parque eólico operativo desde el primer día. Repetir, repetir, repetir. Se podía ampliar tanto como se quisiera y cada iteración empujaba a todos hacia arriba en la curva de aprendizaje.

«Sabíamos que teníamos que reducir drásticamente el coste de la energía eólica marina para que fuera competitiva, y nos fijamos el objetivo de disminuirlo entre un treinta y cinco y un cuarenta por ciento en un periodo de siete años», recuerda Henrik Poulsen, que relevó a Anders Eldrup, que entonces se jubilaba, como CEO en 2012.[40] La compañía y sus socios introdujeron mejoras en todos los aspectos del negocio. La más espectacular fue el aumento del tamaño de las turbinas. Mientras que en 2000 alguna turbina podría haber sido un poco más alta que la Estatua de la Libertad y capaz de suministrar energía a 1.500 hogares, una turbina en 2017 era casi el doble de alta y capaz de suministrar energía a 7.100 hogares.

El tamaño de los parques eólicos creció aún más rápido. Un parque eólico marino que la compañía terminó en 2013 cubría 88 kilómetros cuadrados; la primera fase de su Proyecto Hornsea frente a la costa de Inglaterra, terminada en 2020, cubría 407 kilómetros cuadrados. Cuando se concluya la segunda fase del Proyecto Hornsea, el conjunto cubrirá 869 kilómetros cuadrados, lo que lo hará considerablemente mayor que los 784 kilómetros cuadrados de los cinco distritos de la ciudad de Nueva York.

El crecimiento exponencial hizo bajar los costes. «Resulta —dijo Poulsen—, que una vez que nos pusimos en marcha, una vez que empezamos a aceptar proyectos de energía eólica marina en el Reino Unido y más tarde en Alemania, Dinamarca y los Países Bajos, una vez que empezamos a industrializar y estandarizar la forma en que estábamos construyendo parques eólicos marinos, una vez que conseguimos que toda la cadena de valor de la industria se centrara en ello, en cuatro años habíamos reducido el coste de la energía eólica marina en un 60 por ciento». Aquello fue más de lo esperado y tres años antes de lo previsto. La energía eólica se abarató frente a los combustibles fósiles más rápido de lo que nadie había soñado.[41] No había en ello ningún sesgo de optimismo, sino todo lo contrario.

En 2017, con el petróleo y el gas desapareciendo de su negocio, Ørsted adoptó su nuevo nombre en honor al físico danés Hans Christian Ørsted, descubridor del electromagnetismo. Dos años más tarde, el «imposible» plan 85/15 de Anders Eldrup se hizo realidad. No había tardado una generación; había tardado diez años.[42] Una vez más, eso fue mejor de lo esperado y se adelantó quince años al calendario previsto, algo inaudito para los grandes proyectos energéticos convencionales.

En esos diez años, el porcentaje de la electricidad danesa generada por combustibles fósiles descendió del 72 al 24 por ciento, mientras que la parte aportada por la energía eólica se disparó del 18 al 56 por ciento.[43] Algunos días, las turbinas eólicas danesas producen más electricidad de la que el país puede consumir. El excedente se exporta a las naciones vecinas.

Es probable que, en Dinamarca, los beneficios de esta revolución se dejen sentir durante décadas. La industria mundial de la energía eólica está en auge, con desarrollos cada vez mayores en todo el mundo, y muchas de las empresas líderes son danesas gracias al papel pionero de Dinamarca. Ørsted se ha globalizado. También lo ha hecho Vestas, uno de los mayores fabricantes de turbinas eólicas del mundo, también danés.[44] Y muchas de las empresas más pequeñas y especializadas del sector no proceden solo de Dinamarca, sino concretamente de Jutlandia, la región donde se empezó a experimentar con turbinas en la década de 1970. Henrik Poulsen, que ahora asesora a una compañía de inversiones, describió cómo su empresa compró recientemente una compañía danesa que fabricaba sistemas de control para parques eólicos: «Ahora queremos ampliarla y estamos buscando compañías que podamos fusionar en esta plataforma». Naturalmente, están buscando en todo el mundo. Pero las posibilidades que han encontrado «están todas situadas a pocos cientos de kilómetros» unas de otras en Jutlandia. «Lo cual es casi una locura, dijo Poulsen. Los geógrafos económicos, como yo mismo, llamamos a esto «arracimamiento» o «economías de aglomeración». Es lo que ocurrió con el cine en Hollywood durante la década de 1920 y con la tecnología en Silicon Valley a mediados del siglo XX. Jutlandia es ahora el Silicon Valley de la energía eólica, algo sorprendente para un país cuya población es poco más de la mitad de la del condado de Los Ángeles.

Una oportunidad de luchar

Pero no se trata de Dinamarca, sino del mundo y de lo que podemos aprender de la revolución eólica de Dinamarca. Parte de la lección es que el gobierno tiene un papel en el desarrollo. «Sin el marco creado por el gobierno, esto nunca habría ocurrido», señaló Anders Eldrup. Puede que esto no sea popular en Estados Unidos, pero, irónicamente, Estados Unidos es el modelo. Toda la revolución digital, que dominan los gigantes estadounidenses de Silicon Valley, no podría haberse producido sin el apoyo del gobierno estadounidense a la creación de tecnologías digitales, incluido lo que se convirtió en internet. Si se quiere iniciar una avalancha lo suficientemente grande como para cambiar el mundo, es posible que el gobierno tenga que ayudar a empujar la primera roca.

Pero la lección más fundamental es el poder de la modularidad. Fue esta la que permitió un aprendizaje tan rápido y un crecimiento tan explosivo que Dinamarca fue capaz de revolucionar tanto la tecnología de la energía eólica como su propio suministro eléctrico más rápidamente de lo que nadie esperaba, incluidos los propios innovadores, y en menos tiempo del que tardan muchos países en realizar un único proyecto de «una cosa enorme». Eso es enorme y rápido. Y es el modelo que necesitamos: «muchas cosas pequeñas» fabricadas a escala y ensambladas como Lego, clic, clic, clic.

Las implicaciones para los gobiernos y las empresas son claras: fomentar, apoyar y poner en práctica un método modular. Pero esto también da poder a los individuos. Cuando lo pequeño puede ampliarse y convertirse rápidamente en enorme, los pequeños experimentos tienen un enorme potencial. Todo lo que hace falta es imaginación y tenacidad. Recordemos que gran parte de la industria eólica mundial actual se remonta a un puñado de daneses que se entretenían con experimentos en garajes y granjas. Utilicemos nuestra imaginación. Pongámonos a experimentar por nuestra cuenta.

Con nuevas ideas y la aplicación incesante del modelo modular, tendremos una oportunidad de luchar y lograr la transformación que necesitan las personas y el planeta.

Epílogo

Once heurísticas para dirigir mejor los proyectos

Las heurísticas son reglas empíricas rápidas y escuetas que se utilizan para simplificar decisiones complejas. El término tiene su origen en la palabra griega antigua «¡Eureka!», el grito de alegría y satisfacción cuando uno encuentra o descubre algo.[1] «Piensa despacio, actúa rápido» es un ejemplo de heurística. Tanto los expertos como los legos las utilizan cuando toman decisiones en condiciones de incertidumbre.[2] Las heurísticas son atajos mentales utilizados para reducir la complejidad, haciendo que las decisiones sean manejables. Suelen ser tácitas, y hay que desvelarlas deliberadamente antes de poder compartirlas verbalmente. Las personas sabias, incluidos los líderes de proyectos de éxito —además de nuestras abuelas y cualquier persona con *phrónesis*— trabajan para perfeccionar y mejorar sus heurísticas a lo largo de su vida.[3]

A continuación, presento once de mis heurísticas favoritas, desarrolladas durante décadas de estudio y gestión de grandes proyectos.[4] Pero debo hacer una advertencia: las heurísticas nunca deben utilizarse como reglas irreflexivas expresadas en fórmulas. El lector debe comprobar si mis heurísticas están en consonancia con su propia experiencia antes de utilizarlas en la práctica. Y algo aún más importante: debe utilizarlas como fuente de inspiración para investigar, probar cosas nuevas y desarrollar su propia heurística, que es lo que realmente importa. Para saber cómo hacerlo y por qué, lea las referencias, avance en su experiencia y observe cómo mejora radicalmente su capacidad para convertir visiones audaces en realidades concretas.

Contrate a un maestro de obras

A veces digo que esta es mi única heurística, porque el maestro de obras —así llamado por los hábiles albañiles que construyeron las catedrales medievales de Europa— posee toda la *phrónesis* necesaria para hacer realidad su proyecto. Porque se querrá a alguien con una profunda experiencia y un historial probado de éxito en lo que sea que se necesite hacer, ya sea una reforma en casa, celebrar una boda, crear un sistema informático o levantar un rascacielos. Pero los maestros de obras no siempre están disponibles o son asequibles, en cuyo caso habrá que pensar más y considerar algunas de las siguientes opciones.

Acierte con el equipo

Esta es la única heurística citada por todos los líderes de proyectos que he conocido. Ed Catmull explicó por qué: «Dé una buena idea a un equipo mediocre y la estropeará. Dé una idea mediocre a un gran equipo, y la perfeccionará o se le ocurrirá algo mejor. Si acierta con el equipo, es probable que este acierte con las ideas».[5] Pero ¿quién debe elegir al equipo? Idealmente, esa es tarea de un maestro de obras. De hecho, es el trabajo principal del maestro de obras. Por eso, el papel de maestro de obras no es tan solitario como parece; los proyectos los realizan los equipos. Así que, para completar mi consejo anterior: cuando sea posible, contrate a un maestro de obras y al equipo del maestro de obras.

Pregunte «¿por qué?»

Preguntarnos por qué hacemos un proyecto nos centrará en lo que importa: el propósito último y su resultado. Esto va en la casilla de la derecha del gráfico de nuestro proyecto. Mientras el proyecto navega en una tormenta de acontecimientos y detalles, los buenos líderes nunca pierden de vista el resultado final. «No importa dónde me encuentre ni lo que esté haciendo en el proceso de ejecución», dijo Andrew Wolstenholme, el líder que hizo realidad la Terminal 5 de Heathrow, de la que traté en el capítulo 8, «me controlo constantemente preguntándome si mis acciones actuales contribuyen efectivamente al resultado de la derecha» (véase el capítulo 3).

Construya con Lego

Lo grande se construye mejor con lo pequeño. Se hornea un piso de la tarta. Se hornea otro. Y otro más. Luego se apilan. Dejando a un lado la decoración, eso es todo lo que realmente hay incluso en la tarta nupcial más imponente. Lo mismo que con las tartas nupciales ocurre con los parques solares y eólicos, las granjas de servidores, las baterías, el transporte en contenedores, los oleoductos y las carreteras. Todos son profundamente modulares, construidos con un bloque de construcción básico. Su escala puede aumentar sin límite, volviéndose mejores, más rápidos, más grandes y más baratos a medida que lo hacen. El piso horneado es la pieza de Lego —el bloque de construcción básico— de la tarta nupcial. El panel solar es el Lego del parque solar. El servidor es el Lego de la granja de servidores. Esta pequeña y potente idea se ha aplicado a *software*, líneas de metro, *hardware*, hoteles, edificios de oficinas, escuelas, fábricas, hospitales, cohetes, satélites, coches y tiendas de *apps*. Su aplicabilidad solo está limitada por la imaginación. ¿Cuál es su Lego? (Véase el capítulo 9).

Piense despacio, actúe rápido

¿Qué es lo peor que puede ocurrir durante la planificación? Que la pizarra se borre accidentalmente. ¿Qué es lo peor que puede pasar durante la ejecución? La perforadora se avería en el fondo del océano, inundando el túnel. Justo antes de estrenar la película, una pandemia cierra los cines. Se arruina la vista más hermosa de Washington, DC. Hay que dinamitar meses de trabajo en el teatro de la ópera, retirar los escombros y volver a empezar. El paso elevado se derrumba y mata a decenas de personas. Y muchas otras cosas. Casi cualquier pesadilla que podamos imaginar puede hacerse realidad —y *ha* ocurrido— durante la ejecución. Queremos limitar la exposición a estos riesgos. Lo hacemos tomándonos todo el tiempo necesario para crear un plan detallado y probado. Planificar es relativamente barato y seguro; ejecutar lo planificado es caro y peligroso. Una buena planificación aumenta las probabilidades de una ejecución rápida y eficaz, manteniendo pequeña la ventana de riesgo y cerrándola lo antes posible (véase el capítulo 1).

Tenga una vista exterior

Su proyecto es especial, pero a menos que se esté haciendo lo que literalmente nunca se ha hecho antes —construir una máquina del tiempo, diseñar un agujero negro—, no es único; forma parte de una clase más amplia de proyectos. Pensar en el proyecto como «uno de esos», recopilar datos y aprender de toda la experiencia que esos números representan haciendo previsiones de clase de referencia es fundamental. Y también usar el mismo método para detectar y mitigar los riesgos. Poner el foco del proyecto en la clase a que pertenece conducirá, paradójicamente, a una comprensión más precisa del mismo. (Véase el capítulo 6).

Vigile el lado negativo

A menudo se dice que la oportunidad es tan importante como el riesgo. Eso es falso. El riesgo puede acabar con uno o con su proyecto. Ningún lado positivo puede compensarlo. Para el riesgo de cola gruesa, que está presente en la mayoría de los proyectos, conviene olvidarse de prever el riesgo y proceder directamente a mitigarlo detectando y eliminando los peligros. Un corredor del Tour de Francia, la agotadora carrera ciclista de tres semanas, explicó que participar no consiste en ganar sino en no perder cada día de los veintiún días. Solo después de eso se puede considerar que se ha ganado. Los líderes de proyectos de éxito piensan así; se centran en no perder, y eso cada día, teniendo siempre a la vista el premio, el objetivo que intentan alcanzar.

Diga no y déjelo

Mantenerse centrado es esencial para sacar adelante los proyectos. Decir no es esencial para mantener la concentración. Al principio, ¿dispondrá el proyecto de las personas y los fondos, incluidos los de contingencias, necesarios para tener éxito? Si no es así, debe dejarlo. ¿Contribuye una acción a alcanzar el objetivo de la casilla de la derecha? Si no es así, debe descartarla. Hay que decir no a los monumentos. No a la tecnología no probada. No a las demandas judiciales. Y así sucesivamente. Esto puede resultar difícil, sobre todo si en la organización del proyecto hay un sesgo de la acción. Pero decir no es esencial para el éxito de un proyecto y de una organización. «La verdad es que estoy tan orgulloso de las cosas que no hemos hecho como de las que hemos hecho», observó una vez Steve Jobs. Las cosas no hechas ayudaron a Apple a mantenerse centrada en unos pocos productos que se convirtieron en un gran éxito gracias a esa disposición, según Jobs.[6]

Haga amigos y consérvelos

Un líder de un proyecto informático multimillonario del sector público me contó que pasaba más de la mitad de su tiempo actuando como un diplomático, cultivando la comprensión y el apoyo de las partes interesadas que podían influir significativamente en su proyecto. ¿Por qué? Es la gestión de riesgos. Si algo sale mal, el destino del proyecto depende de la fortaleza de esas relaciones. Y cuando algo sale mal, es demasiado tarde para empezar a desarrollarlas y cultivarlas. Debemos construir puentes antes de necesitarlos.

Incorpore al proyecto la mitigación del cambio climático

Ninguna tarea es hoy más urgente que mitigar la crisis climática, no solo por el bien común, sino también el de la propia organización, el de uno mismo y el de su familia. Aristóteles definió la «phrónesis» como la doble capacidad de ver qué cosas son buenas para los demás *y* de conseguir que se hagan. Sabemos lo que es bueno: para la mitigación del cambio climático, por ejemplo, electrificarlo todo —viviendas, coches, oficinas, fábricas, comercios— y asegurarnos de que la electricidad procede de fuentes renovables abundantes. Tenemos la capacidad de hacerlo. De hecho, ya está ocurriendo, como vimos en el capítulo 9. Ahora se trata de acelerar y ampliar sin cesar el esfuerzo con miles de proyectos más de mitigación (y adaptación), grandes y pequeños, siguiendo los principios expuestos en este libro: de hecho, esta fue una de las principales motivaciones para escribirlo y para confeccionar esta lista de heurísticas.

Sea consciente de que el mayor riesgo es uno mismo

Resulta tentador pensar que los proyectos fracasan porque el mundo nos depara sorpresas: cambios en los precios y el alcance de los proyectos, accidentes, el mal tiempo, nuevos gestores... y la lista continúa. Pero esta es una idea superficial. El Festival del Gran Incendio de Chicago fracasó no porque Jim Lasko no pudiera predecir la cadena exacta de circunstancias que condujeron al mal funcionamiento del sistema de ignición (véase el capítulo 6); fracasó porque se quedó en una vista interna de su proyecto y no estudió cómo suelen producirse los fracasos en los eventos en directo vistos como una clase. ¿Por qué no lo hizo? Porque la psicología humana nos inclina a centrarnos en el caso particular e ignorar la clase. La mayor amenaza a la que se enfrentaba Lasko no estaba fuera, en el mundo; estaba en su propia cabeza, en sus sesgos conductuales. Esto es cierto de cada uno de nosotros y de cada proyecto. Por eso, el mayor riesgo es uno mismo.

Apéndice A

Tasas base del riesgo en los costes*

La tabla de la página 232 muestra los sobrecostes de veinticinco tipos de proyectos que abarcan más de dieciséis mil proyectos. El sobrecoste se mide como (a) sobrecoste medio, (b) porcentaje de proyectos en la cola superior (definida como ≤ 50 por ciento) y (c) sobrecoste medio en la cola. El sobrecoste se mide en términos reales.

Las cifras de la tabla son tasas base para el riesgo de los costes en la gestión de proyectos. Cuando, por ejemplo, se planifican unos Juegos Olímpicos, la tasa base (valor esperado) del sobrecoste será del 157 por ciento, con un riesgo del 76 por ciento de acabar en la cola con un sobrecoste esperado del 200 por ciento y un sustancial riesgo adicional de sobrecoste por encima de esta cifra. La cuestión clave para el patrocinador o el líder del proyecto sería «¿podemos permitirnos este riesgo?», y si no, «¿debemos abandonar o podemos reducir el riesgo?».

Vemos en la tabla que las tasas base son muy diferentes para los distintos tipos de proyectos, tanto para el riesgo medio como

* Los resultados para el riesgo en relación con el plazo y el riesgo en relación con el beneficio son similares, aunque se basan en menos datos; véase Bent Flyvbjerg y Dirk W. Bester, «The Cost-Benefit Fallacy: Why Cost-Benefit Analysis Is Broken and How to Fix It», *Journal of Benefit-Cost Analysis*, vol. 12, núm. 3 (2021), pp. 395-419.

para el riesgo de cola. El mayor riesgo medio lo tiene el almacenamiento nuclear, con un 238 por ciento, mientras que el menor lo tiene la energía solar, con un 1 por ciento. El mayor riesgo de acabar en la cola lo tienen los Juegos Olímpicos, con un 76 por ciento, mientras que el mayor sobrecoste medio en la cola lo tienen los proyectos de tecnología de la información con un 447 por ciento. Las diferencias en las tasas base deben tenerse en cuenta a la hora de planificar y gestionar proyectos, pero a menudo esto no se hace. Con frecuencia, las tasas base empíricas no se tienen en cuenta en absoluto.

TIPO DE PROYECTO	(A) SOBRECOSTE MEDIO (%)*	(B) % DE PROYECTOS EN LA COLA (≥ 50 % DE SOBRECOSTE)	(C) SOBRECOSTE DE PROYECTOS EN LA COLA
Almacenamiento nuclear	238	48	427
Juegos Olímpicos	157	76	200
Energía nuclear	120	55	204
Presas hidroeléctricas	75	37	186
Tecnología informática	73	18	447
Presas no hidroeléctricas	71	33	202
Edificios	62	39	206
Industria aeroespacial	60	42	119
Defensa	53	21	253
Metrobús	40	43	69
Ferrocarril	39	28	116
Aeropuertos	39	43	88
Túneles	37	28	103
Petróleo y gas	34	19	121
Puertos	32	17	183
Hospitales, salud	29	13	167
Minería	27	17	129
Puentes	26	21	107
Aguas	20	13	124
Energía térmica fósil	16	14	109
Carreteras	16	11	102
Oleoductos	14	9	110
Energía eólica	13	7	97
Conducción eléctrica	8	4	166
Energía solar	1	2	50

FUENTE: BASE DE DATOS FLYVBJERG

* El sobrecoste se calculó sin incluir la inflación y se basó lo más tarde posible en el ciclo del proyecto, justo antes del visto bueno (caso empresarial final en la decisión final de inversión). Esto significa que las cifras de la tabla son conservadoras. Si se hubiera incluido la inflación y utilizado los primeros casos empresariales como base de referencia, el sobrecoste sería mucho mayor, a veces varias veces superior.

Apéndice B

Otras publicaciones de Bent Flyvbjerg

Si el lector está interesado en saber más de mi investigación sobre el liderazgo de proyectos, encontrará aquí una lista de lecturas recomendadas. Puede descargar gratuitamente los artículos de la lista en Social Science Research Network (SSRN), ResearchGate, Academia, arXiv y Google Scholar. Se proporcionan además enlaces directos a SSRN para cada artículo que había sido publicado cuando escribía este libro.

Bent Flyvbjerg, Alexander Budzier, Maria D. Christodoulou y M. Zottoli, «So You Think Projects Are Unique? How Uniqueness Bias Undermines Project Management», en revisión.

—, Alexander Budzier, Mark Keil, Jong Seok Lee, Dirk W. Bester y Daniel Lunn, «The Empirical Reality of IT Project Cost Overruns: Discovering a Power-Law Distribution», *Journal of Management Information Systems* 39, n.º 3 (otoño de 2022), <https://www.jmis-web.org>.

—, «Heuristics for Masterbuilders: Fast and Frugal Ways to Become a Better Project Leader», *Saïd Business School Working Papers*, University of Oxford, 2022, <https://papers.ssrn.com/sol3/papers.cfm?abstract_id=4159984>.

—, y Atif Ansar, «How to Solve Big Problems: Bespoke Versus Platform

Strategies», *Oxford Review of Economic Policy*, vol. 38, n.º 2 (2022), pp. 1-31, <https://papers.ssrn.com/sol3/papers.cfm?abstract_id =4119492>.

—, «Top Ten Behavioral Biases in Project Management: An Overview», *Project Management Journal*, vol. 52, n.º 6 (2021), pp. 531-546, <https://papers.ssrn.com/sol3/papers.cfm?abstract_id=,3979164>.

—, «Make Megaprojects More Modular», *Harvard Business Review*, vol. 99, n.º 6 (noviembre-diciembre de 2021), pp. 58-63, <https://papers.ssrn.com/sol3/papers.cfm?abstract_id=3937465>.

—, y Dirk W. Bester, «The Cost-Benefit Fallacy: Why Cost-Benefit Analysis Is Broken and How to Fix It», *Journal of Benefit-Cost Analysis*, vol. 12, n.º 3 (2021), pp. 395-419, <https://papers.ssrn.com/sol3/papers.cfm?abstract_id=3918328>.

—, Alexander Budzier y Daniel Lunn, «Regression to the Tail: Why the Olympics Blow Up», *Environment and Planning A: Economy and Space*, vol. 53, n.º 2 (marzo de 2021), pp. 233-260, <https://papers.ssrn.com/sol3/papers.cfm?abstract_id=3686009>.

—, «Four Ways to Scale Up: Smart, Dumb, Forced, and Fumbled», *Saïd Business School Working Papers*, University of Oxford, 2021, <https://papers.ssrn.com/sol3/papers.cfm?abstract_id=3760631>.

—, «The Law of Regression to the Tail: How to Survive Covid-19, the Climate Crisis, and Other Disasters», *Environmental Science and Policy*, n.º 114 (diciembre de 2020), pp. 614-618, <https://papers.ssrn.com/sol3/papers.cfm?abstract_id=3600070>.

—, Atif Ansar, Alexander Budzier, Søren Buhl, Chantal Cantarelli, Massimo Garbuio, Carsten Glenting, Mette Skamris Holm, Dan Lovallo, Daniel Lunn, Eric Molin, Arne Rønnest, Allison Stewart y Bert van Wee, «Five Things You Should Know About Cost Overrun», *Transportation Research Part A: Policy and Practice*, n.º 118 (diciembre de 2018), pp. 174-190, <https://papers.ssrn.com/sol3/papers.cfm?abstract_id=3248999>.

—, y J. Rodney Turner, «Do Classics Exist in Megaproject Management?», *International Journal of Project Management*, vol. 36, n.º 2 (2018), pp. 334-341, <https://papers.ssrn.com/sol3/papers.cfm?abstract_id=3012134>.

—, ed., *The Oxford Handbook of Megaproject Management* (Oxford, UK, Oxford University Press, 2017), <https://amzn.to/3O CTZqI>.

—, «Introduction: The Iron Law of Megaproject Management», en *The Oxford Handbook of Megaproject Management*, ed. Bent Flyvbjerg (Oxford, UK, Oxford University Press, 2017), pp. 1-18, <https://papers.ssrn.com/sol3/papers.cfm?abstract_id=2742088>.

—, Atif Ansar, Alexander Budzier y Daniel Lunn, «Does Infrastructure Investment Lead to Economic Growth or Economic Fragility? Evidence from China», *Oxford Review of Economic Policy*, vol. 32, n.º 3 (otoño de 2016), pp. 360-390, <https://papers.ssrn.com/sol3/papers.cfm?abstract_id=2834326>.

—, «The Fallacy of Beneficial Ignorance: A Test of Hirschman's Hiding Hand», *World Development*, vol. 84 (mayo de 2016), pp. 176-189, <https://papers.ssrn.com/sol3/papers.cfm?abstract_id=2767128>.

—, Atif Ansar, Alexander Budzier y Daniel Lunn, «Should We Build More Large Dams? The Actual Costs of Hydropower Megaproject Development», *Energy Policy*, n.º 69 (marzo de 2014), pp. 43-56, <https://papers.ssrn.com/sol3/papers.cfm?abstract_id=2406852>.

—, ed., *Megaproject Planning and Management: Essential Readings*, vols. 1-2 (Cheltenham, UK, Edward Elgar, 2014), <https://amzn.to/3kg1g1s>.

—, «What You Should Know About Megaprojects and Why: An Overview», *Project Management Journal*, vol. 45, n.º 2 (abril-mayo de 2014), pp. 6-19, <https://papers.ssrn.com/sol3/papers.cfm?abstract_id=2424835>. Este artículo fue distinguido como artículo del año por el *PMI Project Management Journal* 2015.

—, «How Planners Deal with Uncomfortable Knowledge: The Dubious Ethics of the American Planning Association», *Cities*, n.º 32 (junio de 2013), pp. 157-163; con comentarios de Ali Modarres, David Thacher y Vanessa Watson (junio de 2013), y Richard Bolan y Bent Flyvbjerg (febrero de 2015), <https://papers.ssrn.com/sol3/papers.cfm?abstract_id=2278887>.

—, «Quality Control and Due Diligence in Project Management: Getting Decisions Right by Taking the Outside View», *International Journal of Project Management*, vol. 31, n.º 5 (mayo de 2013), pp. 760-774, <https://papers.ssrn.com/sol3/papers.cfm?abstract_id=2229700>.

—, «Why Mass Media Matter and How to Work with Them: Phronesis and Megaprojects», en *Real Social Science: Applied Phronesis*, ed. Bent Flyvbjerg, Todd Landman y Sanford Schram (Cambridge, Reino Unido, Cambridge University Press, 2012), pp. 95-121, <https://papers.ssrn.com/sol3/papers.cfm?abstract_id=2278219>.

—, y Alexander Budzier, «Why Your IT Project May Be Riskier Than You Think», *Harvard Business Review*, vol. 89, n.º 9 (2011), pp. 23-25, <https://papers.ssrn.com/sol3/papers.cfm?abstract_id=2229735>. Este artículo fue seleccionado por *Harvard Business Review* como artículo destacado en su sección de «Ideas Watch», que se ocupa de las más importantes nuevas ideas en temas de gestión empresarial.

—, «Survival of the Unfittest: Why the Worst Infrastructure Gets Built, and What We Can Do About It», *Oxford Review of Economic Policy*, vol. 25, n.º 3 (2009), pp. 344-367, <https://papers.ssrn.com/sol3/papers.cfm?abstract_id=2229768>.

—, Massimo Garbuio y Dan Lovallo, «Delusion and Deception in Large Infrastructure Projects: Two Models for Explaining and Preventing Executive Disaster», *California Management Review*, vol. 51, n.º 2 (invierno de 2009), pp. 170-193, <https://papers.ssrn.com/sol3/papers.cfm?abstract_id=2229781>.

—, Nils Bruzelius y Bert van Wee, «Comparison of Capital Costs per Route-Kilometre in Urban Rail», *European Journal of Transport and Infrastructure Research*, vol. 8, n.º 1 (marzo de 2008), pp. 17-30, <https://papers.ssrn.com/sol3/papers.cfm?abstract_id=2237995>.

—, «Policy and Planning for Large-Infrastructure Projects: Problems, Causes, Cures», *Environment and Planning B: Planning and Design*, vol. 34, n.º 4 (2007), pp. 578-597, <https://papers.ssrn.com/sol3/papers.cfm?abstract_id=2230414>. Este artículo fue galardonado por la Association of European Schools of Planning (AESOP) con el Premio al Mejor Artículo Publicado en julio de 2008.

—, «Cost Overruns and Demand Shortfalls in Urban Rail and Other

Infrastructure»" *Transportation Planning and Technology*, vol. 30, n.º 1 (febrero de 2007), pp. 9-30, <https://papers.ssrn.com/sol3/papers.cfm?abstract_id=2230421>.

—, «From Nobel Prize to Project Management: Getting Risks Right», *Project Management Journal*, vol. 37, n.º 3 (agosto de 2006), pp. 5-15, <https://papers.ssrn.com/sol3/papers.cfm?abstract_id=2238013>.

—, «Design by Deception: The Politics of Megaproject Approval», *Harvard Design Magazine*, n.º 22 (primavera-verano de 2005), pp. 50-59, <https://papers.ssrn.com/sol3/papers.cfm?abstract_id=2238047>.

—, Mette K. Skamris Holm y Søren L. Buhl, «How (In)accurate Are Demand Forecasts in Public Works Projects? The Case of Transportation», *Journal of the American Planning Association*, vol. 71, n.º 2 (primavera de 2005), pp. 131-146, <https://papers.ssrn.com/sol3/papers.cfm?abstract_id=2238050>.

—, Carsten Glenting y Arne Rønnest, *Procedures for Dealing with Optimism Bias in Transport Planning: Guidance Document* (Londres, UK Department for Transport, junio de 2004), <https://papers.ssrn.com/sol3/papers.cfm?abstract_id=2278346>.

—, Mette K. Skamris Holm y Søren L. Buhl, «What Causes Cost Overrun in Transport Infrastructure Projects?», *Transport Reviews*, vol. 24, n.º 1 (enero de 2004), pp. 3-18, <https://papers.ssrn.com/sol3/papers.cfm?abstract_id=2278352>.

—, Nils Bruzelius y Werner Rothengatter, *Megaprojects and Risk: An Anatomy of Ambition* (Cambridge, Reino Unido, Cambridge University Press, 2003), <https://amzn.to/3ELjq4R>.

—, «Delusions of Success: Comment on Dan Lovallo and Daniel Kahneman», *Harvard Business Review*, vol. 81, n.º 12 (diciembre de 2003), pp. 121-122, <https://papers.ssrn.com/sol3/papers.cfm?abstract_id=2278359>.

—, Mette K. Skamris Holm y Søren L. Buhl, «Underestimating Costs in Public Works Projects: Error or Lie?», *Journal of the American Planning Association*, vol. 68, n.º 3 (verano de 2002), pp. 279-295, <https://papers.ssrn.com/sol3/papers.cfm?abstract_id=2278415>.

Werner Rothengatter y Nils Bruzelius, Bent Flyvbjerg, «Big Decisions,

Big Risks: Improving Accountability in Mega Projects», *International Review of Administrative Sciences*, vol. 64, n.º 3 (septiembre de 1998), pp. 423-440, <https://papers.ssrn.com/sol3/papers.cfm? abstract_id=2719896>.

Agradecimientos

Escribir un libro es una «gran cosa». Como tal, requiere trabajo en equipo. Quiero dar las gracias a las muchas personas que han hecho posible este libro. Es un gran equipo, así que sin duda me he olvidado de algunas, por lo que les pido disculpas, pero eso no disminuye su contribución ni mi gratitud.

Gerd Gigerenzer, Daniel Kahneman, Benoit Mandelbrot y Nassim Nicholas Taleb son sus principales influencias intelectuales. Nadie entiende el riesgo mejor que ellos, y entender el riesgo es *la* clave para entender los grandes proyectos. Kahneman y Taleb aceptaron puestos como investigadores distinguidos en mi grupo en Oxford, por lo que no puedo agradecérselo lo suficiente. Ello facilitó enormemente el intercambio intelectual, y el lector habrá visto su influencia a lo largo de todo el libro.

Frank Gehry y Ed Catmull son mis principales influencias prácticas. Cuando Gehry construyó el Museo Guggenheim de Bilbao a tiempo y sin salirse del presupuesto supe que tenía que contar con su cerebro, porque si se pueden construir obras arquitectónicas como *esta* dentro del plazo y del presupuesto, se puede construir *cualquier cosa* dentro del plazo y del presupuesto. Entonces ¿por qué es esto tan raro y cuál es el secreto de Gehry? Gehry accedió generosamente a hablar, lo que dio lugar a múltiples entrevistas. Ed Catmull es responsable de una racha ininterrumpida de éxitos de taquilla en Hollywood, tan larga (la más larga de la historia del cine) que, en principio, debería ser estadísticamente imposible, dado que el destino de las películas es notoriamente azaroso. Entonces ¿cómo sucedió? Catmull también accedió a hablar, y les estoy agradecido, a él y a Gehry, por compartir conmigo su tiempo y sus ideas y por facilitarme otras entrevistas con miembros de sus equipos. Ambos también aceptaron amablemente invitaciones para explicar su forma de pensar en conferencias de mi curso en Oxford.

Las siguientes personas compartieron amablemente su experiencia en entrevistas adicionales: Patrick Collison, Morgan Doan, Pete Docter, Simon Douthwaite, David Drake, Anders Eldrup, Sally Forgan, Danny Forster, Paul Gardien, Mike Green, Richard Harper, Robi Kirsic, Bernie Koth, Eddie Kramer, Jim Lasko, Dana Macaulay, Adam Marelli, Ian McAllister, Molly Melching, Manuel Melis, Deb Niven, Don Norman, Dominic Packer, Henrik Poulsen, Alan South, John Storyk, Lou Thompson, Kimberly Dasher Tripp, Ralph Vartabedian, Craig Webb, Andrew Wolstenholme, Ricky Wong y Micah Zenko. Además de las entrevistas formales, agradezco a las siguientes personas su ayuda en la recopilación de información adicional: Kermit Baker, Elena Bonometti, Scott Gilmore, Jan Haust, Paul Hillier y Liam Scott.

El libro se basa en la mayor base de datos de este tipo que existe en el mundo, con información sobre más de dieciséis mil proyectos, grandes y pequeños. Mette Skamris Holm fue clave en la recopilación de los primeros datos conmigo en la Universidad de Aalborg. Chantal Cantarelli y Bert van Wee fueron colaboradores en la recopilación posterior de datos cuando yo ocupaba la cátedra de la Universidad Tecnológica de Delft. Más tarde, Chantal se trasladó conmigo a la Universidad de Oxford, donde unimos fuerzas con Alexander Budzier, Atif Ansar y numerosos asistentes de investigación que fueron esenciales para desarrollar la base de datos hasta convertirla en lo que es hoy. Mi trabajo como consultor externo para McKinsey & Company aportó más datos de los clientes de McKinsey, para lo que la labor de Jürgen Laartz fue fundamental. Deseo agradecer a cada uno de mis colaboradores y a nuestras instituciones su ayuda y apoyo en la construcción de la base de datos, sin la cual el libro no habría sido posible.

Con los datos vienen las estadísticas y los estadísticos. Su trabajo no se ve directamente en el cuerpo del texto, porque deseaba mantenerlo sin tecnicismos. Pero los estadísticos han trabajado duro en segundo plano para garantizar la validez de los resultados. Deseo dar las gracias, en particular, a Dirk W. Bester, Søren Buhl, Maria Christodoulou, Daniel Lunn y Mariagrazia Zottoli. Los lectores con una inclinación técnica pueden encontrar referencias a las estadísticas en las notas finales.

Un agradecimiento especial merece mi sufrido coautor, Dan Gardner, que trabajó conmigo durante más de dos años desarrollando ideas, encontrando estudios de casos pasados y presentes y ayudándome a contar mi historia mucho mejor de lo que yo solo podría haberlo hecho. Dan tuvo que soportar mi puntillosidad profesoral en cada palabra y frase. Quiero felicitarle por no perder nunca la calma en el proceso y por defender la línea argumental tan vigorosamente como yo defendía la erudición en nuestros textos.

Un agradecimiento especial merece también Alexander Budzier, mi *alter ego* y colaborador más cercano en la gestión de megaproyectos. Hace muchos años nos comprometimos a ser socios, fueran las circunstancias favorables o adversas. Espero que Alex piense que he cumplido mi palabra tan bien como yo creo que él ha cumplido la suya. No hay nadie a quien prefiera tener a mi lado cuando hacemos números o estamos metidos de lleno en el «gran lodazal», intentando dar la vuelta a algún proyecto multimillonario descarrilado, como hicimos en el capítulo 6. Alex me ha ayudado en todo, desde los datos hasta las ideas, pasando por la comprobación de los hechos.

Un escritor no podría pedir un agente mejor que Jim Levine. Jim fue el primero en ver el potencial de *Cómo hacer grandes cosas* cuando el libro era solo una idea. Sin él, la idea se habría quedado solo en eso. Jim también aportó sus comentarios sobre la redacción, hizo oportunas correcciones al manuscrito y ayudó a dar en el clavo con el título en un ejemplar esfuerzo de equipo. Mi gratitud a todo el equipo de la Agencia Literaria Levine Greenberg Rostan. Courtney Paganelli fue siempre alentadora y pasmosamente útil a la hora de convertir el incipiente proyecto en los comienzos de un libro.

Estoy muy agradecido a todos en Random House. Talia Krohn y Paul Whitlatch revisaron el manuscrito con imaginación y perspicacia, y mejoraron mucho el resultado. Doug Pepper aportó comentarios de gran utilidad. Katie Berry mantuvo el manuscrito organizado y dentro de plazo. Lynn Anderson corrigió magistralmente el borrador final. Gracias a Robert Siek, Katie Zilberman y Fritz Metsch por editar un libro tan bellamente acabado, a Jessie Bright por diseñar la elegante cubierta, a Jane Farnol por confeccionar el índice y a Cozetta Smith, Dyana Messina, Mason Eng y Julie Cepler por hacer todo lo posible para ayudar a transmitir los mensajes que contiene el libro a un amplio público que no los conoce. Gracias también a David Drake, Gillian Blake, Annsley Rosner, Michelle Giuseffi, Sally Franklin, Allison Fox y al resto del equipo editorial. Nicole Amter elaboró con maestría la bibliografía del libro.

Durante la investigación destinada al libro me he beneficiado de inteligentes conversaciones con muchos mentores y colegas brillantes. Martin Wachs, mi supervisor doctoral y postdoctoral, apoyó todas las decisiones y publicaciones importantes de mi carrera académica, incluido el presente libro. Inesperadamente, Marty falleció en medio de nuestra comprobación de los hechos sobre el caso del tren de alta velocidad de California del que trato en la introducción, en el que él era un experto. No entendía por qué sus correos electrónicos cesaron de repente y de forma poco habitual. Entonces recibí la trágica noticia. Nadie podría esperar un supervisor y mentor mejor y más generoso. Marty ha dejado en mí un vacío profundo y doloroso. Verner C. Petersen me enseñó el valor de las posiciones fundamentales de la filosofía y la teoría social para comprender la planificación y la gestión. Otros interlocutores importantes fueron Jeremy Adelman, Arun Agrawal, Michele Alacevich, Alan Altshuler, Jørgen Andreasen, Atif Ansar, Dan Ariely, Martin Beniston, Maria Flyvbjerg Bo, Alexander Budzier, Chantal Cantarelli, David Champion, Aaron Clauset, Stewart Clegg, Andrew Davies, Henrik Flyvbjerg, John Flyvbjerg, W. H. Fok, Karen Trapenberg Frick, Hans-Georg Gemünden, Gerd Gigerenzer, Edward Glaeser, Carsten Glenting, Tony Gómez-Ibáñez, el Honorable Lord Hardie, Martina Huemann, Sir Bernard Jenkin, Hans Lauritz Jørgensen, Daniel Kahneman, Mark Keil, Mike Kiernan, Thomas Kniesner, Jonathan Lake, Edgardo Latrubesse, Richard LeBlanc, Jong Seok Lee, Zhi Liu, Dan Lovallo, Gordon McNicoll, Edward Merrow, Ralf Müller, Simon Flyvbjerg Nørrelykke, Juan de Dios Ortúza, Jamie Peck, Morten Rugtved Petersen, Don Pickrell, Kim Pilgaard, Shankar Sankaran, Jens Schmidt, Peter Sestoft, Jonas Söderlund, Benjamin Sovacool, Allison Stewart, Cass Sunstein, Nassim Nicholas Taleb, Philip Tetlock, J. Rodney Turner, Bo Vagnby, Bert van Wee, Graham Winch y Andrew Zimbalist. Gracias a todos.

También deseo dar las gracias a los participantes en los programas de formación de ejecutivos en los que he impartido mis lecciones, incluido el máster de Oxford en Gestión de Grandes Programas, la Academia de Liderazgo de Grandes Proyectos del Gobierno del Reino Unido, el Programa de Liderazgo de Grandes Proyectos del Gobierno de Hong Kong y programas similares en el sector privado, que me han brindado la inestimable oportunidad de poner a prueba las ideas del libro con más de un millar de ejecutivos empresariales y gubernamentales de alto nivel y calibre, en geografías tan diferentes como Estados Unidos, Europa, Asia, África y Australia. Muchas gracias también a Atif Ansar, Alexander Budzier, Paul Chapman, Patrick O'Connell y Andrew White por su excelente ayuda en la cofundación, codirección y codirección de estos programas.

Junto con Alexander Budzier fui cofundador de Oxford Global Projects como un medio para apalancar nuestra investigación académica en la práctica y como fuente de datos adicionales. También ha resultado ser un campo de pruebas crucial para las ideas del libro, y quiero dar las gracias a los numerosos clientes que nos invitaron a probar nuestros datos, teorías y métodos en sus proyectos. Estoy agradecido a cada uno de los miembros del equipo de OGP: Rayaheen Adra, Karlene Agard, Simone Andersen, Mike Bartlett, Radhia Benalia, Alexander Budzier, Caitlin Combrinck, Michele Dallachiesa, Gerd Duch, Sam Franzen, Andi Garavaglia, Adam Hede, Andreas Leed, Newton Li y Caixia Mao.

La financiación del trabajo en el libro ha procedido de subvenciones concedidas a a mis cátedras: la BT Professorship and Chair of Major Programme Management de la Universidad de Oxford y la Villum Kann Rasmussen Professorship and Chair of Major Programme Management de la Universidad IT de Copenhague. Deseo dar las gracias al Grupo BT, a la Fundación Villum, a la Universidad de Oxford y a la Universidad IT de Copenhague por patrocinar generosamente mi investigación sin compromisos, creando así las condiciones ideales para una investigación independiente.

El agradecimiento ni siquiera empieza a expresar lo que les debo a mi familia y mis amigos por estar siempre a mi lado cuando los necesito: Carissa, Maria, Ava, August, Kasper, John, Mikala, Henrik, Olga, Claus, Damon, Finn, Frank, Jeremy, Kim, Niels y Vaughan.

Mi mayor y más caluroso agradecimiento a Carissa Véliz, que se encerró conmigo cada día de la redacción del libro, mientras completaba el suyo propio. Ella ha influido en todos los aspectos, desde el título hasta el contenido y la portada. Probablemente Dan se cansó de oírme decir «le preguntaré a Carissa» cada vez que él y yo estábamos inseguros o en desacuerdo sobre algo. Pero ella es la escritora en la que más confío (léanse sus cosas y se entenderá), y el libro es significativamente mejor por ello. Carissa leyó detenidamente el manuscrito completo de principio a fin y mejoró sustancialmente la redacción. Por último, nos ayudó a los dos a resistir la pandemia, a pesar de la inesperada inquietud y de estar aislados en un país extranjero lejos de nuestras familias durante lo que nos pareció una eternidad. Las palabras no bastan para expresar mi admiración y gratitud. Aun así, desde el fondo de mi corazón, gracias, *guapa*.

Notas

Introducción: El sueño californiano

1. Se hicieron estimaciones del precio de los billetes en toda una gama de escenarios, con un mínimo de 68 dólares y un máximo de 104. El coste total del proyecto se estimó entre 32.785 y 33.625 millones de dólares. Véase California High-Speed Rail Authority, *Financial Plan* (Sacramento, California High-Speed Rail Authority, 1999); California High-Speed Rail Authority, *California High-Speed Train Business Plan* (Sacramento, California High-Speed Rail Authority, 2008); Safe, Reliable High-Speed Passenger Train Bond Act for the 21st Century, AB-3034, 2008, <https://leginfo.legislature.ca.gov/faces/billNavClient.xhtml?bill _id=200720080AB3034>.

2. California High-Speed Rail Authority, *California High-Speed Rail Program Revised 2012 Business Plan: Building California's Future* (Sacramento, California High-Speed Rail Authority, 2012); California High-Speed Rail Authority, *Connecting California: 2014 Business Plan* (Sacramento, California High-Speed Rail Authority, 2014); California High-Speed Rail Authority, *Connecting and Transforming California: 2016 Business Plan* (Sacramento, California High-Speed Rail Authority, 2016); California High-Speed Rail Authority, *2018 Business Plan* (Sacramento, California High-Speed Rail Authority, 2018); California High-Speed Rail Authority, *2020 Business Plan: Recovery and Transformation* (Sacramento, California High-Speed Rail Authority, 2021);

California High-Speed Rail Authority, *2020 Business Plan: Ridership & Revenue Forecasting Report* (Sacramento, California High-Speed Rail Authority, 2021); California High-Speed Rail Authority, *Revised Draft 2020 Business Plan: Capital Cost Basis of Estimate Report* (Sacramento, California High-Speed Rail Authority, 2021). California High-Speed Rail Authority, *California High-Speed Rail Program Revised 2012 Business Plan: Building California's Future* (Sacramento, California High-Speed Rail Authority, 2012); California High-Speed Rail Authority, *Connecting California: 2014 Business Plan* (Sacramento, California High-Speed Rail Authority, 2014); California High-Speed Rail Authority, *Connecting and Transforming California: 2016 Business Plan* (Sacramento, California High-Speed Rail Authority, 2016); California High-Speed Rail Authority, *2018 Business Plan* (Sacramento, California High-Speed Rail Authority, 2018); California High-Speed Rail Authority, *2020 Business Plan: Recovery and Transformation* (Sacramento, California High-Speed Rail Authority, 2021); California High-Speed Rail Authority, *2020 Business Plan: Ridership & Revenue Forecasting Report* (Sacramento, California High-Speed Rail Authority, 2021); California High-Speed Rail Authority, *Revised Draft 2020 Business Plan: Capital Cost Basis of Estimate Report* (Sacramento, California High-Speed Rail Authority, 2021).

3. California High-Speed Rail Authority, *Revised Draft 2020 Business Plan: Capital Cost Basis of Estimate Report.*

4. Para un informe completo sobre el proyecto de las escuelas en Nepal, véase Bent Flyvbjerg, «Four Ways to Scale Up: Smart, Dumb, Forced, and Fumbled», *Saïd Business School Working Papers*, Oxford University, 2021.

5. «What Did Nepal Do?», Exemplars in Global Health, 2022, <https://www.exemplars.health/topics/stunting/nepal/what-did-nepal-do>.

6. El nombre del proyecto era Basic and Primary Education Project (BPEP). Trabajé en estrecha colaboración con el arquitecto danés Hans Lauritz Jørgensen, que diseñó prototipos de escuelas y aulas. Yo planifiqué y programé el proyecto. Más tarde, un equipo de ejecución se encargó de las obras y dedicó doce años a construir las escuelas. Me ofrecieron la oportunidad de dirigir el equipo de ejecución, pero la re-

chacé respetuosamente porque había decidido que mi cátedra universitaria sería mi vocación principal, por mucho que me gustara —y me encanta— participar activamente en la planificación y la ejecución de proyectos. Quería entender —hasta la raíz— lo que hace que los proyectos *realmente* avancen, algo que, a mi juicio, requeriría una profunda investigación universitaria. Así que regresé a Dinamarca y a mi cátedra para llevar a cabo esa investigación, primero en la Universidad de Aalborg, y más tarde en la Universidad Tecnológica de Delft (Países Bajos), la Universidad de Oxford (Reino Unido) y la Universidad IT de Copenhague (Dinamarca).

7. Bent Flyvbjerg, «Introduction: The Iron Law of Megaproject Management», en *The Oxford Handbook of Megaproject Management*, ed. de Bent Flyvbjerg (Oxford, Reino Unido, Oxford University Press, 2017), pp. 1-18.

8. Joseph E. Stevens, *Hoover Dam: An American Adventure* (Norman, University of Oklahoma Press, 1988); Young Hoon Kwak *et al.*, «What Can We Learn from the Hoover Dam Project That Influenced Modern Project Management?», *International Journal of Project Management*, n.º 32 (2014), pp. 256-264.

9. Martin W. Bowman, *Boeing 747: A History* (Barnsley, Reino Unido, Pen and Sword Aviation, 2015); Stephen Dowling, «The Boeing 747: The Plane That Shrank the World», BBC, 19 de junio de 2020, <https://www.bbc.com/future/article/20180927-the-boeing-747-the-plane-that-shrank-the-world>.

10. Citado pot Patrick Collison, basándose en su comunicación personal con Tony Fadell, en <https://patrickcollison.com/fast>; Walter Isaacson, *Steve Jobs* (Nueva York, Simon & Schuster, 2011), pp. 384-390.

11. Jason Del Rey, «The Making of Amazon Prime, the Internet's Most Successful and Devastating Membership Program», Vox, 3 de mayo de 2019 <https://www.vox.com/recode/2019/5/3/18511544/amazon-prime-oral-history-jeff-bezos-one-day-shipping>.

12. John Tauranc, *The Empire State Building: The Making of a Landmark* (Ithaca, NY, Cornell University Press, 2014), p. 153.

13. William F. Lamb, «The Empire State Building», *Architectural Forum*, vol. 54, n.º 1 (enero de 1931), pp. 1-7.

14. Empire State Inc., *The Empire State* (Nueva York, Publicity Association, 1931), p. 21.

15. Carol Willis, *Building the Empire State* (Nueva York, Norton, 1998), pp. 11-12.

16. Tauranac, *The Empire State Building*, p. 204.

17. Ibid.

18. Benjamin Flowers, *Skyscraper: The Politics and Power of Building New York City in the Twentieth Century* (Filadelfia, University of Pennsylvania Press, 2009), p. 14.

1. Piensa despacio, actúa rápido

1. Para organizar la información interna y apoyar mi recuerdo de lo que aconteció, he recurrido a las siguientes fuentes: Shani Wallis, «Storebaelt Calls on Project Moses for Support», *TunnelTalk*, abril de 1993, <https://www.tunneltalk.com/Denmark-Apr1993-Project-Moses-called-on-to-support-Storebaelt-undersea-rail-link.php>; Shani Wallis, «Storebaelt—The Final Chapters», *TunnelTalk*, mayo de 1995, <https://www.tunneltalk.com/Denmark-May1995-Storebaelt-the-final-chapters.php>; «Storebaelt Tunnels, Denmark», Constructive Developments, <https://sites.google.com/site/constructive developments/storebaelt-tunnels>.

2. De af Folketinget Valgte Statsrevisorer [National Audit Office of Denmark], *Beretning om Storebæltsforbindelsens økonomi*, beretning 4/97 (Copenhague, Statsrevisoratet, 1998); Bent Flyvbjerg, «Why Mass Media Matter and How to Work with Them: Phronesis and Megaprojects», en *Real Social Science: Applied Phronesis*, ed. de Bent Flyvbjerg, Todd Landman y Sanford Schram (Cambridge, Reino Unido, Cambridge University Press, 2012), pp. 95-121.

3. Walter Williams, *Honest Numbers and Democracy* (Washington, DC, Georgetown University Press, 1998).

4. Para ejemplos de estudios que equivocan los datos, véase Bent Flyvbjerg *et al.*, «Five Things You Should Know About Cost Overrun», *Transportation Research Part A: Policy and Practice* 118 (diciembre de 2018), pp. 174-190.

5. Mi principal colaborador en la recopilación de los primeros datos fue Mette K. Skamris, a la sazón estudiante de doctorado en la Universidad de Aalborg y coautora de las principales publicaciones sobre esos datos. Mette haría una brillante carrera en prácticas de planificación. Cuando escribo esto es ingeniera municipal de la ciudad de Aalborg (Dinamarca).

6. Bent Flyvbjerg, Mette K. Skamris Holm y Søren L. Buhl, «Underestimating Costs in Public Works Projects: Error or Lie?», *Journal of the American Planning Association*, vol. 68, n.º 3 (verano de 2002), pp. 279-295; Bent Flyvbjerg, Mette K. Skamris Holm y Søren L. Buhl, «What Causes Cost Overrun in Transport Infrastructure Projects?», *Transport Reviews*, vol. 24, n.º 1 (enero de 2004), pp. 3-18; Bent Flyvbjerg, Mette K. Skamris Holm y Søren L. Buhl, «How (In)accurate Are Demand Forecasts in Public Works Projects? The Case of Transportation», *Journal of the American Planning Association*, vol. 71, n.º 2 (primavera de 2005), pp. 131-146.

7. Michael Wilson, «Study Finds Steady Overruns in Public Projects», *The New York Times*, 11 de julio de 2002.

8. Aquí y en otras partes de este libro, los sobrecostes se miden en términos reales (es decir, sin incluir la inflación) y con una base en la propuesta final (es decir, *no* en el esbozo o borrador inicial de la propuesta). Esto significa que los sobrecostes comunicados son conservadores; es decir, bajos. Si se incluyera la inflación, y si la base se fijara en propuestas anteriores, los sobrecostes serían mucho más elevados, en ocasiones varias veces superiores. En términos matemáticos, el sobrecoste se mide en porcentajes, como O = (Ca/Ce-1) × 100, donde O = sobrecoste porcentual; Ca = coste real de ejecución; Ce = coste estimado en el momento de la decisión final de inversión (también conocida como fecha de decisión de la construcción o propuesta final), con todos los costes medidos en precios constantes (reales). Para más detalles sobre cómo se mide el sobrecoste y los escollos de dicha medición, véase Flyvbjerg *et al.*, «Five Things You Should Know About Cost Overrun».

9. Bent Flyvbjerg y Alexander Budzier, «Why Your IT Project May Be Riskier Than You Think», *Harvard Business Review*, vol. 89, n.º 9 (septiembre de 2011), pp. 23-25.

10. Para una visión de conjunto, véase el Apéndice A.

11. Bent Flyvbjerg y Dirk W. Bester, «The Cost-Benefit Fallacy: Why Cost-Benefit Analysis Is Broken and How to Fix It», *Journal of Benefit-Cost Analysis*, vol. 12, n.º 3 (2021), pp. 395-419.

12. Marion van der Kraats, «BER Boss: New Berlin Airport Has Money Only Until Beginning of 2022», *Aviation Pros*, 1 de noviembre de 2021, <https://www.aviationpros.com/airports/news/21244678/berboss-new-berlin-airport-has-money-only-until-beginning-of-2022>.

13. Bent Flyvbjerg, «Introduction: The Iron Law of Megaproject Management», en *The Oxford Handbook of Megaproject Management*, ed. de Bent Flyvbjerg (Oxford, Reino Unido, Oxford University Press, 2017), pp. 1-18.

14. Max Roser, Cameron Appel y Hannah Ritchie, «Human Height», *Our World in Data*, mayo de 2019, <https://ourworldindata.org /human-height>.

15. La estatura media del varón adulto es de 175 cm. El varón adulto más alto mide 272 cm. Cuando escribo esto, la persona más rica del mundo es Jeff Bezos, con 197.800 millones de dólares netos; la riqueza per cápita media en el mundo es de 63.100 dólares.

16. Véase también Bent Flyvbjerg *et al.*, «The Empirical Reality of IT Project Cost Overruns: Discovering a Power-Law Distribution», de próxima aparición en *Journal of Management Information Systems*, vol. 39, n.º 3 (otoño de 2022).

17. Para el lector con inclinaciones matemáticas/estadísticas: en la teoría de la probabilidad y la estadística, la curtosis es una medida estándar de las «colas» de la distribución de probabilidad de una variable aleatoria de valor real. La distribución gaussiana (normal) tiene una curtosis de 3. Las distribuciones de probabilidad con una curtosis inferior a 3 tienen colas más finas que la gaussiana, que como tal se consideran de cola fina. Las distribuciones de probabilidad con una curtosis superior a 3 se consideran de colas gruesas. Cuanto mayor sea por encima de 3 la curtosis de una distribución (lo que se denomina «exceso de curtosis»), más de colas gruesas se considera la distribución. El matemático Benoit Mandelbrot halló una curtosis de 43,36 en un estudio pionero de las variaciones diarias del índice Standard & Poor's 500 entre 1970 y 2001 —14,5 veces más de colas gruesas que la gaussiana— que le pareció alarmantemente

elevada en términos de riesgo financiero; véase Benoit B. Mandelbrot y Richard L. Hudson, *The (Mis)behavior of Markets* (Londres, Profile Books, 2008), p. 96. Pero el hallazgo de Mandelbrot no es especialmente elevado si lo comparamos con la curtosis que he encontrado para los porcentajes de sobrecostes en proyectos de tecnología de la información, que es de 642,51, o 214 veces más de colas gruesas que la gaussiana, o en proyectos hidráulicos, con una curtosis de 182,44. De hecho, en los más de veinte tipos de proyectos de cuyos datos dispongo, solo unos pocos tienen una curtosis para los sobrecostes que indica una distribución normal o casi normal (los resultados son similares para los alargamientos de los plazos y los déficits de beneficios, aunque con menos datos). Una gran mayoría de tipos de proyectos tiene una curtosis superior a 3 —a menudo mucho mayor—, lo que indica distribuciones de colas gruesas y muy gruesas. La estadística y la teoría de la decisión hablan además del «riesgo de curtosis», que es el riesgo que resulta cuando un modelo estadístico supone la distribución normal (o casi normal) pero se aplica a observaciones que tienen tendencia a estar ocasionalmente mucho más lejos (en términos de número de desviaciones estándares) de la media de lo que se espera para una distribución normal. Los estudios sobre la gestión de proyectos y sus prácticas ignoran en gran medida el riesgo de curtosis, lo que resulta desafortunado dados los niveles extremos de curtosis documentados anteriormente, y es una causa fundamental de que este tipo de gestión salga tan a menudo sistemática y espectacularmente mal.

18. Bent Flyvbjerg y Alexander Budzier, «Why Your IT Project May Be Riskier Than You Think».

19. Ibid.

20. «Former SCANA CEO Sentenced to Two Years for Defrauding Ratepayers in Connection with Failed Nuclear Construction Program», US Department of Justice, 7 de octubre de 2021, <https://www.justice.gov/usao-sc/pr/former-scana-ceo-sentenced-two-years-defrauding-ratepayers-connection-failed-nuclear>.

21. *Restoration Home*, 3.ª temporada, episodio 8, BBC, <https://www.bbc.co.uk/programmes/b039glq7>.

22. Alex Christian, «The Untold Story of the Big Boat That Broke the World», *Wired*, 22 de junio de 2021, <https://www.wired.co.uk/article/ever-given-global-supply-chain>.

23. Motoko Rich, Stanley Reed y Jack Ewing, «Clearing the Suez Canal Took Days. Figuring Out the Costs May Take Years», *The New York Times*, 31 de marzo de 2021.

24. Charles Perrow, *Normal Accidents: Living with High-Risk Technologies*, edición actualizada (Princeton, NJ, Princeton University Press, 1999).

25. Henning Larsen, *De skal sige tak! Kulturhistorisk testamente om Operaen* (Copenhague, People's Press, 2009), p. 14.

26. Maria Abi-Habib, Oscar Lopez y Natalie Kitroeff, «Construction Flaws Led to Mexico City Metro Collapse, Independent Inquiry Shows», *The New York Times*, 16 de junio de 2021; Oscar Lopez, «Faulty Studs Led to Mexico City Metro Collapse, Attorney General Says», *The New York Times*, 14 de octubre de 2021.

27. Natalie Kitroeff *et al.*, «Why the Mexico City Metro Collapsed», *The New York Times*, 13 de junio de 2021.

28. Ed Catmull, *Creativity, Inc.: Overcoming the Unseen Forces That Stand in the Way of True Inspiration* (Nueva York, Random House, 2014), p. 115.

29. Como muchas otras palabras sabias atribuidas a Abraham Lincoln, Winston Churchill, Mark Twain y otras figuras ilustres, esta cita podría ser apócrifa; véase <https://quoteinvestigator.com/2014/03/29/sharp-axe/>.

30. Entrevista del autor con Louis Thompson, 22 de abril de 2020. Aquí y en otras partes del libro, una «entrevista del autor» es una entrevista realizada por uno o ambos autores de este libro, es decir, por Bent Flyvbjerg, Dan Gardner o ambos.

2. La falacia del compromiso

1. Steve Vogel, *The Pentagon: A History* (Nueva York, Random House, 2007), p. 11.

2. Ibid., p. 41.

3. Ibid., p. 76.

4. Ibid., p. 49.

5. La tergiversación estratégica a veces se denomina también «sesgo

político», «sesgo estratégico», «sesgo de poder» o «factor Maquiavelo». Este sesgo es una racionalización en la que el fin justifica los medios. La estrategia (por ejemplo, conseguir financiación) dicta el sesgo (por ejemplo, hacer que un proyecto quede bien sobre el papel). La tergiversación estratégica puede deberse a problemas prácticos y a presiones político-organizativas; por ejemplo, la competencia por unos fondos escasos o la pugna por alcanzar una posición. La tergiversación estratégica es un engaño deliberado y, como tal, por definición, una mentira; véase Bent Flyvbjerg, «Top Ten Behavioral Biases in Project Management: An Overview», *Project Management Journal*, vol. 52, n.º 6 (diciembre de 2021), pp. 531-546; Lawrence R. Jones y Kenneth J. Euske, «Strategic Misrepresentation in Budgeting», *Journal of Public Administration Research and Theory*, vol. 1, n.º 4 (1991), pp. 437-460; Wolfgang Steinel y Carsten K. W. De Dreu, 2004, «Social Motives and Strategic Misrepresentation in Social Decision Making», *Journal of Personality and Social Psychology*, vol. 86, n.º 3 (marzo de 1991), pp. 419-434; Ana Guinote y Theresa K. Vescio, eds., *The Social Psychology of Power* (Nueva York, Guilford Press, 2010).

6. Dan Lovallo y Daniel Kahneman, «Delusions of Success: How Optimism Undermines Executives' Decisions», *Harvard Business Review*, vol. 81, n.º 7 (julio de 2003), pp. 56-63; Bent Flyvbjerg, «Delusions of Success: Comment on Dan Lovallo and Daniel Kahneman», *Harvard Business Review*, vol. 81, n.º 12 (diciembre de 2003), pp. 121-122.

7. En su best seller de 2011 *Pensar rápido, pensar despacio*, Kahneman escribió: «Los errores en los presupuestos iniciales no siempre son inocentes. A los autores de planes poco realistas con frecuencia los mueve el deseo de que su plan sea aprobado —por sus superiores o por un cliente—, y se amparan en el conocimiento de que los proyectos raras veces se abandonan sin terminarlos porque los costes se incrementen o los plazos venzan» (pp. 250-251). Es claro que esta no es una descripción de un sesgo cognitivo, que es, por definición, inocente, sino de un sesgo político, concretamente de una tergiversación estratégica destinada a poner en marcha los proyectos. Para un relato más completo de mis discusiones con Daniel Kahneman sobre el sesgo de poder y la tergiversación estratégica, véase Flyvbjerg, «Top Ten Behavioral Biases in Project Management».

8. Flyvbjerg, «Top Ten Behavioral Biases in Project Management».

9. El optimismo es un sesgo cognitivo bien documentado. Es la tendencia de los individuos a ser excesivamente confiados respecto a los resultados de acciones planificadas. El neurocientífico Sharot Tali lo llama «uno de los mayores engaños de los que es capaz la mente humana». Mientras que la tergiversación estratégica es deliberada, el sesgo del optimismo no lo es. En las garras del optimismo, las personas, incluidos los expertos, no son conscientes de que son optimistas. Toman decisiones basadas en una visión ideal del futuro en lugar de una ponderación racional de las ganancias, las pérdidas y las probabilidades. Sobreestiman los beneficios y subestiman los costes. Involuntariamente dan vueltas a escenarios de éxito y pasan por alto el potencial de fallos y errores de cálculo. Como resultado, es poco probable que los planes den los resultados esperados en términos de beneficios y costes. Véase Tali Sharot, *The Optimism Bias: A Tour of the Irrationally Positive Brain* (Nueva York, Pantheon, 2011), p. xv; Daniel Kahneman, *Thinking, Fast and Slow* (Nueva York, Farrar, Straus and Giroux, 2011), p. 255; Flyvbjerg, «Top Ten Behavioral Biases in Project Management».

10. Iain A. McCormick, Frank H. Walkey y Dianne E. Green, «Comparative Perceptions of Driver Ability —A Confirmation and Expansion», *Accident Analysis & Prevention*, vol. 18, n.º 3 (junio de 1986), pp. 205-208.

11. Arnold C. Cooper, Carolyn Y. Woo y William C. Dunkelberg, «Entrepreneurs' Perceived Chances for Success», *Journal of Business Venturing*, vol. 3, n.º 2 (primavera de 1988), pp. 97-108.

12. Neil D. Weinstein, Stephen E. Marcus y Richard P. Moser, «Smokers' Unrealistic Optimism About Their Risk», *Tobacco Control*, vol. 14, n.º 1 (febrero de 2005), pp. 55-59.

13. Kahneman, *Thinking, Fast and Slow*, p. 257.

14. Keith E. Stanovich y Richard F. West, «Individual Differences in Reasoning: Implications for the Rationality Debate», *Behavioral and Brain Sciences*, vol. 23, n.º 5 (2000), pp. 645-665.

15. Gerd Gigerenzer, Peter M. Todd y el grupo de investigación ABC, *Simple Heuristics That Make Us Smart* (Oxford, Reino Unido, Oxford University Press, 1999); Gerd Gigerenzer, Ralph Hertwig y Thorsten Pachur, eds., *Heuristics: The Foundations of Adaptive Beha-*

vior (Oxford, Reino Unido, Oxford University Press, 2011); Gerd Gigerenzer y Wolfgang Gaissmaier, «Heuristic Decision Making», *Annual Review of Psychology*, vol. 62, n.º 1 (2011), pp. 451-482.

16. Gary Klein, *Sources of Power: How People Make Decisions* (Cambridge, MA, MIT Press, 1999).

17. La falacia de planificación es una subcategoría del sesgo de optimismo que surge cuando los individuos hacen planes y estimaciones que se acercan de forma poco realista a los mejores escenarios posibles. El término fue acuñado originalmente por Daniel Kahneman y Amos Tversky para describir la tendencia de las personas a subestimar los tiempos de realización de tareas. Roger Buehler y sus colegas continuaron trabajando de acuerdo con esta definición. Más tarde, el concepto se amplió para abarcar la tendencia de las personas a, por un lado, subestimar los costes, los plazos y los riesgos de las acciones planificadas y, por otro, sobreestimar los beneficios y las oportunidades de dichas acciones. Dado que los conceptos, tanto el original, estrecho, como el posterior, más amplio, son tan fundamentalmente diferentes en el ámbito que abarcan, propuse con Cass Sunstein el término «falacia de planificación en sentido amplio» para el concepto de mayor alcance, y así evitar confundir los dos. Véase Daniel Kahneman y Amos Tversky, «Intuitive Prediction: Biases and Corrective Procedures», en *Studies in the Management Sciences: Forecasting*, vol. 12, ed. de Spyros Makridakis y S. C. Wheelwright (Ámsterdam, North Holland, 1979), p. 315; Roger Buehler, Dale Griffin y Heather MacDonald, «The Role of Motivated Reasoning in Optimistic Time Predictions», *Personality and Social Psychology Bulletin*, vol. 23, n.º 3 (marzo de 1997), pp. 238-247; Roger Buehler, Dale Wesley Griffin y Michael Ross, «Exploring the 'Planning Fallacy': Why People Underestimate Their Task Completion Times», *Journal of Personality and Social Psychology*, vol. 67, n.º 3 (septiembre de 1994), pp. 366-381; Bent Flyvbjerg y Cass R. Sunstein, «The Principle of the Malevolent Hiding Hand; or, The Planning Fallacy Writ Large», *Social Research*, vol. 83, n.º 4 (invierno de 2017), pp. 979-1004.

18. Douglas Hofstadter, *Gödel, Escher, Bach: An Eternal Golden Braid* (Nueva York, Basic Books, 1979).

19. Roger Buehler, Dale Griffin y Johanna Peetz, «The Planning

Fallacy: Cognitive, Motivational, and Social Origins», *Advances in Experimental Social Psychology*, n.º 43 (2010), pp. 1-62.

20. Dale Wesley Griffin, David Dunning y Lee Ross, «The Role of Construal Processes in Overconfident Predictions About the Self and Others», *Journal of Personality and Social Psychology*, vol. 59, n.º 6 (enero de 1991), pp. 1128-1139; Ian R. Newby-Clark *et al.*, «People Focus on Optimistic Scenarios and Disregard Pessimistic Scenarios While Predicting Task Completion Times», *Journal of Experimental Psychology: Applied*, vol. 6, n.º 3 (octubre de 2000), pp. 171-182.

21. «Leadership Principles», Amazon, <https://www.amazon.jobs/en/principles>.

22. Francesca Gino y Bradley Staats, «Why Organizations Don't Learn», *Harvard Business Review*, vol. 93, n.º 10 (noviembre de 2015), pp. 110-118.

23. El sesgo de disponibilidad es la tendencia a dar más importancia a lo que nos viene a la mente. La disponibilidad está influida por la actualidad de los recuerdos y por lo inusuales o emocionalmente cargados que puedan estar, siendo más fáciles de recordar los hechos más recientes, más inusuales y más emotivos. Se ha demostrado que los individuos poderosos son más propensos al sesgo de disponibilidad que los que no lo son. El mecanismo causal parece ser que los individuos poderosos se ven más influidos por la facilidad de recuperación que por el contenido que recuperan debido a que tienden más a «dejarse llevar» y a confiar en su intuición que los individuos que no son poderosos. Véase Mario Weick y Ana Guinote, «When Subjective Experiences Matter: Power Increases Reliance on the Ease of Retrieval», *Journal of Personality and Social Psychology*, vol. 94, n.º 6 (junio de 2008), pp. 956-970; Flyvbjerg, «Top Ten Behavioral Biases in Project Management».

24. Jean Nouvel, entrevista sobre DR-Byen en *Weekendavisen* (Copenhague), 16 de enero de 2009, p. 4.

25. Willie Brown, «When Warriors Travel to China, Ed Lee Will Follow», *San Francisco Chronicle*, 27 de julio de 2013.

26. Comunicación personal, archivos del autor.

27. Ibid.

28. George Radwanski, «Olympics Will Show Surplus Mayor Insists», *The Gazette*, 30 de enero de 1973.

29. Brown, «When Warriors Travel to China, Ed Lee Will Follow».

30. Elia Kazan, *A Life* (Nueva York, Da Capo Press, 1997), pp. 412-413.

31. Steven Bach, *Final Cut: Art, Money, and Ego in the Making of* Heaven's Gate, *the Film That Sank United Artists* (Nueva York, Newmarket Press, 1999), p. 23.

32. Bent Flyvbjerg y Allison Stewart, «Olympic Proportions: Cost and Cost Overrun at the Olympics, 1960-2012», *Saïd Business School Working Papers*, University of Oxford, 2012.

33. La escalada del compromiso es la tendencia a justificar el aumento de la inversión en una decisión basada en la inversión previa acumulada, a pesar de las nuevas pruebas que sugieren que la decisión puede ser errónea y que los costes adicionales no se verán compensados por los beneficios adicionales. La escalada del compromiso es aplicable a individuos, grupos y organizaciones enteras. Fue descrita por primera vez por Barry M. Staw en 1976, con trabajos posteriores de Joel Brockner, Barry Staw, Dustin J. Sleesman *et al.*, y Helga Drummond. Los economistas utilizan términos relacionados, como «falacia del coste hundido» (Arkes y Blumer, 1985) y «lock-in» (Cantarelli *et al.*, 2010), para describir fenómenos similares. La escalada del compromiso se resume en expresiones populares como «tirar el dinero bueno tras el malgastado» e *«in for a penny, in for a pound»* (equivalente en castellano a «de perdidos al río», o «ya que estamos en el baile, bailemos»). En su definición original, la escalada del compromiso es irreflexiva y no deliberada. Al igual que ocurre con otros sesgos cognitivos, las personas no saben que están sujetas a este sesgo. Sin embargo, una vez que se comprende el mecanismo, puede utilizarse deliberadamente. Véanse Barry M. Staw, «Knee-Deep in the Big Muddy: A Study of Escalating Commitment to a Chosen Course of Action», *Organizational Behavior and Human Resources*, vol. 16, n.º 1 (1976), pp. 27-44; Joel Brockner, «The Escalation of Commitment to a Failing Course of Action: Toward Theoretical Progress», *Academy of Management Review*, vol. 17, n.º 1 (1992), pp. 39-61; Barry M. Staw, «The Escalation of Commitment: An Update and Appraisal», en *Organizational Decision Making*, ed. de Zur Shapira (Cambridge, Reino Unido, Cambridge University Press, 1997), pp. 191-215; Dustin J. Sleesman

et al., «Cleaning up the Big Muddy: A Meta-analytic Review of the Determinants of Escalation of Commitment», *Academy of Management Journal*, vol. 55, n.º 3 (2012), pp. 541-562; Helga Drummond, «Is Escalation Always Irrational?», originalmente publicado en *Organization Studies*, vol. 19, n.º 6 (1998), citado en *Megaproject Planning and Management: Essential Readings*, vol. 2, ed. de Bent Flyvbjerg (Cheltenham, Reino Unido, Edward Elgar, 2014), pp. 291-309; Helga Drummond, «Megaproject Escalation of Commitment: An Update and Appraisal», en *The Oxford Handbook of Megaproject Management*, ed. de Bent Flyvbjerg (Oxford, Reino Unido, Oxford University Press, 2017), pp. 194-216; Flyvbjerg, «Top Ten Behavioral Biases in Project Management».

34. Sleesman *et al.*, «Cleaning Up the Big Muddy».

35. Richard H. Thaler, *Misbehaving: How Economics Became Behavioural* (Londres, Allen Lane, 2015), p. 20.

36. Vogel, *The Pentagon*, p. 24.

37. Bent Flyvbjerg, Massimo Garbuio y Dan Lovallo, «Delusion and Deception in Large Infrastructure Projects: Two Models for Explaining and Preventing Executive Disaster», *California Management Review*, vol. 51, n.º 2 (invierno de 2009), pp. 170-193.

38. Vogel, *The Pentagon*, p. 102.

39. Un hallazgo clásico de la psicología social es que las personas intentan ser al menos un tanto coherentes en sus palabras y actos, por lo que, si asumimos un compromiso —especialmente un compromiso público—, tendemos a comportarnos posteriormente de forma coherente con ese compromiso; véanse Rosanna E. Guadagno y Robert B. Cialdini, «Preference for Consistency and Social Influence: A Review of Current Research Findings», *Social Influence*, vol. 5, n.º 3 (2010), pp. 152-163; Robert B. Cialdini, *Influence: The Psychology of Persuasion*, nueva edición ampliada (Nueva York, Harper Business, 2021), pp. 291-362. Comprometerse públicamente a completar un proceso antes de sacar conclusiones puede ayudar a mantener la mente abierta.

3. Pensar de derecha a izquierda

1. Entrevista del autor con Frank Gehry, 5 de marzo de 2021.

2. Academy of Achievement, «Frank Gehry, Academy Class of 1995, Full Interview», YouTube, 19 de julio de 2017, <https://www.youtube.com/watch?v=wTElCmNkkKc>.

3. Paul Goldberger, *Building Art: The Life and Work of Frank Gehry* (Nueva York, Alfred A. Knopf, 2015), pp. 290-294.

4. Ibid., p. 290.

5. Ibid., p. 303. El éxito de Bilbao fue tan significativo que dio origen a la expresión «efecto Bilbao» para describir la revitalización económica resultante de la creación de un nuevo edificio espectacular. Pero lo que ocurrió en Bilbao no hizo sino repetir lo que la Ópera de Sídney había hecho por primera vez en Sídney, un precedente que estaba muy presente en la mente de los funcionarios vascos, que pidieron explícitamente a Gehry que hiciese una réplica. Así que el fenómeno podría llamarse mejor el «efecto Sídney». Sea cual sea su nombre, es poco frecuente. Muchas ciudades han intentado reproducirlo, pero fuera de Sídney y Bilbao, el historial ha sido generalmente decepcionante.

6. Jason Farago, «Gehry's Quiet Interventions Reshape the Philadelphia Museum», *The New York Times*, 30 de mayo de 2021.

7. John B. Robinson, «Futures Under Glass: A Recipe for People Who Hate to Predict», *Futures*, vol. 22, n.º 8 (1990), pp. 820-842.

8. Peter H. Gleick *et al.*, «California Water 2020: A Sustainable Vision», Pacific Institute, mayo de 1995, <http://s3-us-west-2.amazonaws.com/ucldc-nuxeo-ref-media/dd359729-560b-4899-aaa2-1944b7a42e5b>.

9. Todos los comentarios de Steve Jobs, motivados por una comprometedora pregunta del público, pueden verse en el siguiente vídeo: 258t, «Steve Jobs Customer Experience», YouTube, 16 de octubre de 2015, <https://www.youtube.com/watch?v=r2O5qKZlI50>.

10. Steven Levy, «20 Years Ago, Steve Jobs Built the 'Coolest Computer Ever'. It Bombed», *Wired*, 24 de julio de 2020, <https://www.wired.com/story/20-years-ago-steve-jobs built-the-coolest-computer-ever-it-bombed/>.

11. Colin Bryar y Bill Carr, *Working Backwards: Insights, Stories, and Secrets from Inside Amazon* (Nueva York, St. Martin's Press, 2021), pp. 98-105; Charles O'Reilly y Andrew J. M. Binns, «The Three Stages of Disruptive Innovation: Idea Generation, Incubation, and Scaling», *California Management Review*, vol. 61, n.º 3 (mayo de 2019), pp. 49-71.

12. Entrevista del autor con Ian McAllister, 12 de noviembre de 2020.

13. Bryar y Carr, *Working Backwards*, pp. 106-109.

14. Ibid., pp. 158-160.

15. Brad Stone, *Amazon Unbound: Jeff Bezos and the Invention of a Global Empire* (Nueva York, Simon & Schuster, 2021), pp. 40-41.

16. Robert A. Caro, *Working: Researching, Interviewing, Writing* (Nueva York, Vintage Books, 2019), pp. 197-199. De una entrevista originalmente publicada en *Paris Book Review*, primavera de 2016.

4. Planificación Pixar

1. «World Heritage List: Sydney Opera House», UNESCO, <https://whc.unesco.org/en/list/166>.

2. Cristina Bechtler, *Frank O. Gehry/Kurt W. Forster* (Ostfildern-Ruit, Hatje Cantz, 1999), p. 23.

3. Matt Tyrnauer, «Architecture in the Age of Gehry», *Vanity Fair*, 30 de junio de 2010.

4. Paul Goldberger, *Building Art: The Life and Work of Frank Gehry* (Nueva York, Alfred A. Knopf, 2015), p. 299; Bent Flyvbjerg, «Design by Deception: The Politics of Megaproject Approval», *Harvard Design Magazine*, n.º 22 (primavera-verano de 2005), pp. 50-59.

5. Paul Israel, *Edison: A Life of Invention* (Nueva York, John Wiley & Sons, 1998), pp. 167-177.

6. Para más comentarios sobre curvas de aprendizaje positivas y negativas, véase Bent Flyvbjerg, «Four Ways to Scale Up: Smart, Dumb, Forced, and Fumbled», *Saïd Business School Working Papers*, University of Oxford, 2021.

7. Peter Murray, *The Saga of the Sydney Opera House* (Londres, Routledge, 2003), pp. 7-8.

8. Flyvbjerg, «Design by Deception».

9. En aquel momento, los ingenieros llegaron a la conclusión de que el edificio originalmente diseñado por Utzon con sus valvas no podía construirse. Décadas más tarde, el equipo de Frank Gehry demostró que, de hecho, podría haberse construido si el modelo de diseño CATIA 3D de Gehry hubiera estado a disposición de Utzon y su equipo. El problema de fondo no era que el edificio diseñado por Utzon fuera imposible de construir, sino que todavía no se había desarrollado la tecnología para diseñarlo y construirlo.

10. Philip Drew, *The Masterpiece: Jørn Utzon, a Secret Life* (South Yarra, Victoria, Australia, Hardie Grant Books, 2001).

11. A menudo se afirma que Jørn Utzon no fue invitado a la ceremonia de inauguración de la Ópera de Sídney. Es una buena historia, y probablemente por eso persiste, incluso en Wikipedia («Sydney Opera House», consultado el 9 de julio de 2022). Pero es falsa. Utzon fue invitado. Sin embargo, declinó la invitación dando como razón que su asistencia podría resultar embarazosa y reabrir la polémica sobre el edificio, lo que sería algo desafortunado, dada la presencia de la reina Isabel. La inauguración debía ser una ocasión para la alegría y la celebración, no para el antagonismo, arguyó Utzon. También quería evitar a los medios de comunicación y sabía que si iba a Sídney eso sería imposible. Explicó que, dadas las circunstancias, no presentarse era lo más diplomático que podía hacer (Drew, *The Masterpiece*, pp. 432-433). Sin embargo, declinar la invitación podría haber disgustado a los anfitriones. A lo largo de mi investigación, entrevisté al personal de la Ópera de Sídney. Me contaron que durante décadas después de la inauguración habían recibido instrucciones de no mencionar el nombre de Utzon cuando hacían visitas guiadas al edificio (lo que ocurre varias veces al día). En su lugar, se nombraba a Peter Hall, el arquitecto australiano contratado para terminar el edificio. Solo en la década de 1990, casi treinta años después de que Utzon se hubiera marchado de Australia, el mundo se dio cuenta de la negligencia y de pronto empezó a colmarle de premios, entre ellos el Premio Wolf en Israel, el Premio Sonning en Dinamarca y el Premio Pritzker de Arquitectura en Estados Unidos. Finalmente, se llegó a una especie de reconciliación cuando las autoridades del teatro de la ópera invitaron a Utzon a preparar unas directrices de diseño para futuras

obras en el edificio, y Utzon aceptó la invitación en agosto de 1999 con la condición de que su hijo Jan Utzon lo representara en Australia; véase ibid., pp. xɪᴠ-xᴠ.

12. Goldberger, *Building Art*, pp. 291-292.

13. CATIA son las siglas de «computer-aided three-dimensional interactive application» («aplicación interactiva tridimensional asistida por ordenador»). Es un paquete de *software* para diseño asistido por ordenador (CAD), fabricación asistida por ordenador (CAM), ingeniería asistida por ordenador (CAE), modelado 3D y gestión del ciclo de vida de un producto (PLM), desarrollado por la compañía francesa Dassault Systèmes. Se utiliza en diversas industrias, entre ellas la aeroespacial y la de defensa. Se adaptó a la arquitectura por iniciativa de Frank Gehry y su estudio. Gehry rebautizó más tarde su adaptación como «Proyecto Digital».

14. Para una foto del Museo de Diseño Vitra con la escalera de caracol por detrás del edificio, véase <https://bit.ly/3n7hrAH>.

15. «Looking Back at Frank Gehry's Building-Bending Feats», *PBS NewsHour*, 11 de septiembre de 2015, <https://www.pbs.org/newshour/show/frank-gehry>; entrevista del autor con Craig Webb, 23 de abril de 2021.

16. «The Seven-Beer Snitch», *The Simpsons*, 3 de abril de 2005.

17. Goldberger, *Building Art*, pp. 377-378.

18. Comunicación personal de Frank Gehry; archivos del autor.

19. Architectural Videos, «Frank Gehry Uses CATIA for His Architecture Visions», YouTube, 2 de noviembre de 2011, <https://www.youtube.com/watch?v=UEn53Wr6380>.

20. Entrevista del autor con Pete Docter, 7 de enero de 2021.

21. Ibid.

22. Sophia Kunthara, «A Closer Look at Theranos' Big-Name Investors, Partners, and Board as Elizabeth Holmes' Criminal Trial Begins, *Crunchbase News*, 14 de septiembre de 2021, https://news.crunchbase.com/news/theranos-elizabeth-holmes-trial-investors-board/>.

23. John Carreyrou, *Bad Blood: Secrets and Lies in a Silicon Valley Startup* (Nueva York, Alfred A. Knopf, 2018), p. 299; *U.S. v. Elizabeth Holmes, et al.*, <https://www.justice.gov/usao-ndca/us-v-elizabeth-holmes-et-al>.

24. Leonid Rozenblit y Frank Keil, «The Misunderstood Limits of Folk Science: An Illusion of Explanatory Depth», *Cognitive Science*, vol. 26, n.º 5 (2002), pp. 521-562; Rebecca Lawson, «The Science of Cycology: Failures to Understand How Everyday Objects Work», *Memory & Cognition*, vol. 34, n.º 8 (2006), pp. 1667-1675.

25. Eric Ries, *The Lean Startup* (Nueva York, Currency, 2011).

26. United States Congress, House Committee on Science and Astronautics, «1974 NASA Authorization Hearings», 93rd Congress, first session, on H.R. 4567, US Government Printing Office, 1, 271.

27. Entrevista del autor con Pete Docter, 7 de enero de 2021.

5. ¿Se tiene experiencia?

1. Aristotle, *The Nicomachean Ethics*, traducido por J. A. K. Thomson, revisado con notas y apéndices por Hugh Tredennick, introducción y bibliografía por Jonathan Barnes (Harmondsworth, Reino Unido, Penguin Classics, 1976).

2. Entrevista del autor con Lou Thompson, presidene del California High-Speed Rail Peer Review Group, 4 de junio de 2020.

3. Lee Berthiaume, «Skyrocketing Shipbuilding Costs Continue as Estimate Puts Icebreaker Price at $7.25B», *The Canadian Press*, 16 de diciembre de 2021.

4. El nombre danés de la Administración de Tribunales es Domstolsstyrelsen. Yo formaba parte de su consejo de administración, que es el responsable último de la gestión de los tribunales.

5. El sesgo de singularidad fue identificado originalmente por los psicólogos como la tendencia de los individuos a verse a sí mismos como más singulares de lo que realmente son; por ejemplo, ser singularmente sanos, inteligentes o atractivos. En la planificación y gestión de proyectos utilicé el término por primera vez en mi artículo de 2014 «What You Should Know About Megaprojects and Why», en *Project Management Journal*, donde definí el sesgo de singularidad como la tendencia de los planificadores y gestores a ver sus proyectos como singulares. Se trata de un sesgo general, pero resulta especialmente gratificante como objeto de estudio en la gestión de proyectos, porque los planificadores y

gestores de proyectos están sistemáticamente predispuestos a ver sus proyectos como singulares; véanse Bent Flyvbjerg, «What You Should Know About Megaprojects and Why: An Overview», *Project Management Journal*, vol. 45, n.º 2 (abril-mayo de 2014), pp. 6-19; Bent Flyvbjerg, «Top Ten Behavioral Biases in Project Management: An Overview», *Project Management Journal*, vol. 52, n.º 6 (2021), pp. 531-546; Bent Flyvbjerg, Alexander Budzier, Maria D. Christodoulou y M. Zottoli, «So You Think Projects Are Unique? How Uniqueness Bias Undermines Project Management», en revisión.

6. Marvin B. Lieberman y David B. Montgomery, «First-Mover Advantages», *Strategic Management Journal*, vol. 9, n.º 51 (verano de 1988), pp. 41-58.

7. Peter N. Golder y Gerard J. Tellis, «Pioneer Advantage: Marketing Logic or Marketing Legend?», *Journal of Marketing Research*, vol. 30, n.º 2 (mayo de 1993), pp. 158-170.

8. Fernando F. Suárez y Gianvito Lanzolla, «The Half-Truth of First-Mover Advantage», *Harvard Business Review*, vol. 83, n.º 4 (abril de 2005), pp. 121-127; Marvin Lieberman, «First-Mover Advantage», en *Palgrave Encyclopedia of Strategic Management*, eds. Mie Augier y David J. Teece (Londres, Palgrave Macmillan, 2018), pp. 559-562.

9. *Oxford Dictionary of Quotations*, 8.ª ed., ed. de Elizabeth Knowles (Nueva York, Oxford University Press, 2014), p. 557.

10. Bent Flyvbjerg, Alexander Budzier y Daniel Lunn, «Regression to the Tail: Why the Olympics Blow Up», *Environment and Planning A: Economy and Space*, vol. 53, n.º 2 (marzo de 2021), pp. 233-260.

11. Ibid.

12. Ashish Patel, Paul A. Bosela y Norbert J. Delatte, «1976 Montreal Olympics: Case Study of Project Management Failure», *Journal of Performance of Constructed Facilities*, vol. 27, n.º 3 (2013), pp. 362-369.

13. Ibid.

14. Para unas fotografías y reportajes periodísticos de la época, véase Andy Riga, «Montreal Olympic Photo Flashback: Stadium Was Roofless at 1976 Games», *Montreal Gazette*, 21 de julio de 2016.

15. Brendan Kelly, «Olympic Stadium Architect Remembered as a Man of Vision», *Montreal Gazette*, 3 de octubre de 2019.

16. Rafael Sacks y Rebecca Partouche, «Empire State Building Pro-

ject: Archetype of "Mass Construction"», *Journal of Construction Engineering and Management*, vol. 136, n.º 6 (junio de 2010), pp. 702-710.

17. William F. Lamb, «The Empire State Building; Shreve, Lamb & Harmon, Architects: VII. The General Design», *Architectural Forum*, vol. 54, n.º 1 (enero de 1931), pp. 1-7.

18. Mattias Jacobsson y Timothy L. Wilson, «Revisiting the Construction of the Empire State Building: Have We Forgotten Something?», *Business Horizons*, vol. 61, n.º 1 (octubre de 2017), pp. 47-57; John Tauranac, *The Empire State Building: The Making of a Landmark* (Ithaca, NY, Cornell University Press, 2014), p. 204.

19. Carol Willis, *Form Follows Finance: Skyscrapers and Skylines in New York and Chicago* (Princeton, NJ, Princeton Architectural Press, 1995), p. 95.

20. Catherine W. Bishir, «Shreve and Lamb (1924-1970s)», North Carolina Architects & Builders: A Biographical Dictionary, 2009, <https://ncarchitects.lib.ncsu.edu/people/P000414>.

21. Michael Polanyi, *The Tacit Dimension* (Chicago, University of Chicago Press, 1966), p. 4.

22. Malcolm Gladwell, *Blink: The Power of Thinking Without Thinking* (Nueva York, Back Bay Books, 2007), pp. 1-5.

23. Durante mucho tiempo, los psicólogos han tendido a dividirse en dos escuelas de pensamiento aparentemente contradictorias sobre la intuición. Una escuela, conocida como la de «heurística y sesgos» y liderada por Daniel Kahneman, se basa sobre todo en experimentos de laboratorio para demostrar cómo el pensamiento rápido de la intuición puede engañarnos. La otra, conocida como la de la «toma de decisiones naturalista» (NDM, *naturalistic decision making*), estudia cómo las personas experimentadas toman decisiones en el lugar de trabajo, y ha demostrado que la intuición puede ser una base excelente para emitir juicios, como una enfermera experimentada que intuye que algo va mal con un recién nacido, aunque los instrumentos y protocolos sugieran que está bien. El psicólogo Gary Klein es el decano de esta última escuela. En 2009, Kahneman y Klein publicaron un trabajo conjunto en el que concluían que, en realidad, las dos escuelas coinciden en lo fundamental. También esbozaron las condiciones requeridas para que se desarrolle una intuición hábil. Véase Daniel Kahneman y Gary Klein, «Conditions

for Intuitive Expertise: A Failure to Disagree», *American Psychologist*, vol. 64, n.º 6 (septiembre de 2009), pp. 515-526. Para un resumen sobre la toma de decisiones naturalista y el estudio de la intuición hábil, véase Gary Klein, «A Naturalistic Decision-Making Perspective on Studying Intuitive Decision Making», *Journal of Applied Research in Memory and Cognition*, vol. 4, n.º 3 (septiembre de 2015), pp. 164-168; véase también Gary Klein, *Sources of Power: How People Make Decisions* (Cambridge, MA, MIT Press, 1999).

24. Hay que subrayar que los sobrecostes y los retrasos del Walt Disney Concert Hall no se debieron a la falta de planificación de Frank Gehry, aunque a menudo se le culpó de ello. Gehry se vio forzado a abandonar el proyecto de la Disney Concert Hall tras la fase de desarrollo del diseño, cuando el cliente decidió encargar el proyecto a un arquitecto ejecutivo que se pensó sería mejor elaborando los documentos de construcción y realizando la administración de la obra. El arquitecto ejecutivo fracasó, lo que fue una de las principales causas de los retrasos y sobrecostes de la Disney Concert Hall. De hecho, cuando Gehry volvió a ser contratado más tarde, construyó la Disney Concert Hall dentro del presupuesto, en comparación con el estimado al inicio de la construcción, según el biógrafo de Gehry, Paul Goldberger, y Stephen Rountree, presidente del Music Center de Los Ángeles y propietario de la Disney Concert Hall. Véase Paul Goldberger, *Building Art: The Life and Work of Frank Gehry* (Nueva York, Alfred A. Knopf, 2015), p. 322; Stephen D. Rountree, «Letter to the Editor, Jan Tuchman, Engineering News Record», Music Center, Los Ángeles, 1 de abril de 2010.

La Walt Disney Concert Hall ocupa un lugar especial en la carrera de Frank Gehry como poco menos que como su némesis, pero también como el proyecto que le enseñó a proteger sus diseños de ser socavados por la política y los negocios. La Disney Concert Hall fue para Gehry «casi la experiencia de Utzon» en el sentido de que amenazó con acabar con su carrera, tal como la Ópera de Sídney deshizo la de Utzon. Sin embargo, hubo una diferencia importante que salvó a Gehry, aunque por poco: cuando los problemas golpearon a Gehry, no pudo huir de vuelta a casa, como había hecho Utzon, porque ya estaba allí. Vivía y trabajaba en Los Ángeles, a solo unos kilómetros por la autopista de la

Disney Concert Hall. Como consecuencia, cuando el proyecto salió mal, se convirtió en un paria en su propia ciudad natal. Durante años fue machacado por la prensa local. No podía salir a la calle sin que lo abordara gente que lo culpaba de la debacle de la Walt Disney Concert Hall o le expresaba su compasión por su desgraciado destino, dos cosas que molestaban por igual a Gehry. «Iban todos a por mí aquí [en Los Ángeles] porque era el tipo de la zona —explicó más tarde en una entrevista—, así que empezaron a venir a por mí, a acosarme» (citado en Frank Gehry, *Gehry Talks: Architecture + Process*, ed. Mildred Friedman [Londres, Thames & Hudson, 2003], p. 114). Casi diez años después de los hechos, Gehry seguía calificando aquel periodo como la «época más oscura» de su vida y afirmaba: «Tengo muchas heridas del proceso»; véase Frank O. Gehry, «Introducción», en *Symphony: Frank Gehry's Walt Disney Concert Hall*, ed. Gloria Gerace (Nueva York, Harry N. Abrams, 2003), p. 15. El punto más bajo llegó en 1997, cuando, tras nueve años de trabajo en la Disney Concert Hall, los líderes políticos y empresariales a cargo intentaron echar a Gehry y que otra persona completara sus diseños y dibujos. Aquello fue la gota que colmó el vaso. Durante un tiempo, Gehry pensó que el proyecto había terminado en lo que a él respectaba y se planteó abandonar Los Ángeles.

Sin embargo, la viuda de Walt Disney, Lillian Disney, era una de las principales patrocinadoras del proyecto y la familia Disney intervino entonces, con su poder y su dinero, poniéndose del lado de Gehry. La Disney Concert Hall se había convertido en un escándalo, sin duda, pero una vez disipada la polvareda, la posición de Gehry en el proyecto se había reforzado, y por fin estaba a cargo del diseño y de los planos finales. La portavoz de la familia Disney, la hija de Lillian y Walt Disney, Diane Disney Miller, emitió un comunicado en el que decía: «Prometimos a Los Ángeles un edificio de Frank Gehry, y eso es lo que pretendemos cumplir»; véase Richard Koshalek y Dana Hutt, «The Impossible Becomes Possible: The Making of Walt Disney Concert Hall», en *Symphony*, p. 57. A diferencia de Utzon en Sídney, Gehry contaba en Los Ángeles con poderosos partidarios que le defendieron cuando los ataques se volvieron incontrolables. Eso acabó salvándole a él y a sus diseños para la Disney Concert Hall.

Pero Gehry también tuvo suerte en el tiempo. Su momento más bajo con la Disney Concert Hall coincidió con su ascenso al estrellato internacional con la inauguración en 1997 del Museo Guggenheim de Bilbao. Ese edificio fue reconocido inmediata y mundialmente como una hazaña de diseño moderno que llevó la arquitectura a nuevos niveles de expresión artística, como menciono en el cuerpo del texto. Debido a la controversia y los retrasos con la Disney Concert Hall, aunque el Guggenheim de Bilbao se inició tres años después, se terminó seis años antes que esta. Por ello, el Guggenheim de Bilbao forzó la opinión de los líderes políticos y empresariales de Los Ángeles, de los medios de comunicación locales y del público en general de que si Gehry podía construir arquitectura de categoría mundial a tiempo y dentro del presupuesto en la lejana ciudad de Bilbao, quizá pudiera hacer lo mismo en su casa, en Los Ángeles. Finalmente, Gehry asumió la responsabilidad de terminar la Disney Concert Hall y no hubo nuevos sobrecostes ni escándalos en el proyecto de 274 millones de dólares desde que se hizo cargo de él hasta su finalización en 2003. Igual de importante fue el hecho de que la Walt Disney Concert Hall fuera inmediata y ampliamente reconocida como «la obra maestra de arquitectura pública más asombrosa jamás construida en Los Ángeles»; véase Koshalek y Hutt, «The Impossible Becomes Possible», p. 58.

De modo que ¿bien está lo que bien acaba? Esta es la visión convencional del escándalo en la arquitectura. Al fin y al cabo, el edificio terminado suele permanecer durante un siglo o más, mientras que los apuros y escándalos que conllevó su realización pronto se olvidarán. Las personas caen, los edificios permanecen. Desde este punto de vista, proyectos como la Walt Disney Concert Hall y la Ópera de Sídney son éxitos a pesar del trastorno y el dolor que causaron. Sin embargo, no para Gehry, que aquí también es poco convencional. Su lección de la Disney Concert Hall fue «¡Nunca más!». Era incómodamente consciente de que la suerte y las circunstancias le habían salvado del destino de Utzon. Nunca más arriesgaría su sustento y el de sus socios. Nunca más soportaría el abuso y la «tenebrosidad» a que había estado sometido en la construcción de la Disney Concert Hall. Durante el largo proceso de gestación de la sala, Gehry llegó a la conclusión de que es tan poco inteligente como innecesario correr el tipo de riesgos y aceptar el tipo de maltrato al que se había visto sometido. Gehry aprendió que los sobrecostes, los retrasos, la controversia, el daño a la propia reputación y el riesgo que corrió su carrera y sus negocios no son ingredientes inevitables en la construcción de una obra maestra. Poco a poco —golpe a golpe en la Disney Concert Hall, triunfo a triunfo en Bilbao y en otros lugares— Gehry se dio cuenta de que hay una forma diferente de organizar el diseño y la construcción, en la que él mantendría el control en lugar de quedar marginado e «infantilizado», como él dice. Gehry acuñó un término para la nueva configuración que acabó desarrollando: «la organización del artista», publicado por primera vez en *Harvard Design Magazine*; véase Bent Flyvbjerg, «Design by Deception: The Politics of Megaproject Approval», *Harvard Design Magazine*, n.º 22 (primavera-verano de 2005), pp. 50-59. Gehry ha utilizado esta fórmula en todos los proyectos después de la Disney Concert Hall para realizar una arquitectura sublime sin rebasar el plazo y el presupuesto.

25. Aristotle, *The Nicomachean Ethics*, trad. de J. A. K. Thomson, revisión con notas y apéndices de Hugh Tredennick, introducción y bibliografía de Jonathan Barnes (Harmondsworth, Reino Unido, Penguin Classics, 1976), 1144b33–1145a11. Para profundizar en la importancia de la *phrónesis* en el conocimiento y la acción humanos, véase Bent Flyvbjerg, *Making Social Science Matter: Why Social Inquiry Fails and How It Can Succeed Again* (Cambridge, Reino Unido, Cambridge University Press, 2001).

6. ¿Cree que su proyecto es único?

1. Hice mi trabajo en XRL con un equipo compuesto por el profesor Tsung-Chung Kao, el doctor Alexander Budzier y yo mismo, asistido por un nutrido equipo de expertos de MTR. Puede verse información sobre dicho trabajo en Bent Flyvbjerg y Tsung-Chung Kao con Alexander Budzier, «Report to the Independent Board Committee on the Hong Kong Express Rail Link Project», en MTR Independent Board Committee, *Second Report by the Independent Board Committee on the Express Rail Link Project* (Hong Kong, MTR, 2014), pp. A1-A122.

2. Robert Caro, *Working: Researching, Interviewing, Writing* (Nueva York, Vintage Books, 2019), pp. 71-77.

3. Ibid., p. 74.

4. Ibid., p. 72.

5. Ibid., pp. 76-77.

6. Anclaje es la tendencia a confiar demasiado, o «anclarse», en una sola pieza de información a la hora de tomar decisiones. El cerebro humano se anclará en casi cualquier cosa, como se ilustra en el cuerpo del texto, ya sean números aleatorios, experiencia previa o información falsa. Se ha demostrado que es difícil evitarlo. Por lo tanto, la forma más eficaz de tratar el anclaje parece ser no evitarlo, sino asegurarse de que el cerebro se ancla en información relevante antes de tomar decisiones; por ejemplo, en tasas base que sean pertinentes para la decisión en cuestión. Este consejo es similar a recomendar a los jugadores que conozcan las probabilidades objetivas del juego al que juegan para aumentar sus posibilidades de ganar y limitar sus pérdidas. Es un consejo sensato pero a menudo no se le hace caso. Véanse Timothy D. Wilson *et al.*, «A New Look at Anchoring Effects: Basic Anchoring and Its Antecedents», *Journal of Experimental Psychology: General*, vol. 125, n.º 4 (1996), pp. 387-402; Nicholas Epley y Thomas Gilovich, «The Anchoring-and-Adjustment Heuristic: Why the Adjustments Are Insufficient, *Psychological Science*, vol. 17, n.º 4 (2006), pp. 311-318; Joseph P. Simmons, Robyn A. LeBoeuf y Leif D. Nelson, «The Effect of Accuracy Motivation on Anchoring and Adjustment: Do People Adjust from Provided Anchors?», *Journal of Personality and Social Psychology*, vol. 99, n.º 6 (2010), pp. 917-932; Bent Flyvbjerg, «Top Ten Behavioral Biases in Project Management: An Overview», *Project Management Journal*, vol. 52, n.º 6 (2021), pp. 531-546.

7. Amos Tversky y Daniel Kahneman, «Judgment Under Uncertainty: Heuristics and Biases», *Science*, vol. 185, n.º 4157 (1974), pp. 1124-1131; véanse también Gretchen B. Chapman y Eric J. Johnson, «Anchoring, Activation, and the Construction of Values», *Organizational Behavior and Human Decision Processes*, vol. 79, n.º 2 (1999), pp. 115-153; Drew Fudenberg, David K. Levine y Zacharias Maniadis, «On the Robustness of Anchoring Effects in WTP and WTA Experiments», *American Economic Journal: Microeconomics*, vol. 4, n.º 2 (2012), pp. 131-145; Wilson *et al.*, «A New Look at Anchoring Effects»; Epley and Gilovich, «The Anchoring-and-Adjustment Heuristic».

8. Daniel Kahneman y Amos Tversky, «Intuitive Prediction: Biases and Corrective Procedures», *Studies in Management Sciences*, n.° 12 (1979), p. 318.

9. Flyvbjerg, «Top Ten Behavioral Biases in Project Management»; Bent Flyvbjerg, Alexander Budzier, Maria D. Christodoulou y M. Zottoli, «So You Think Projects Are Unique? How Uniqueness Bias Undermines Project Management», en revisión. Véanse también Jerry Suls y Choi K. Wan, «In Search of the False Uniqueness Phenomenon: Fear and Estimates of Social Consensus», *Journal of Personality and Social Psychology*, n.° 52 (1987), pp. 211-217; Jerry Suls, Choi K. Wan y Glenn S. Sanders, «False Consensus and False Uniqueness in Estimating the Prevalence of Health-Protective Behaviors», *Journal of Applied Social Psychology*, n.° 18 (1988), pp. 66-79; George R. Goethals, David M. Messick y Scott Allison, «The Uniqueness Bias: Studies in Constructive Social Comparison», en *Social Comparison: Contemporary Theory and Research*, eds. Jerry Suls y T. A. Wills (Hillsdale, NJ, Erlbaum, 1991), pp. 149-176.

10. El secretario de Defensa Donald Rumsfeld usó el término «unknown unknowns» en una sesión informativa del Departamento de Defensa (DoD) de 12 de febrero de 2002. Véase «DoD News Briefing: Secretary Rumsfeld and Gen. Myers», US Department of Defense, 12 de febrero de 2002, <https://archive.ph/20180320091111/http://archive.defense.gov/Transcripts/Transcript.aspx?TranscriptID=2636#selection-401.0-401.53>.

11. Bent Flyvbjerg, Carsten Glenting y Arne Kvist Rønnest, *Procedures for Dealing with Optimism Bias in Transport Planning: Guidance Document* (Londres, UK Department for Transport, 2004); Bent Flyvbjerg, «From Nobel Prize to Project Management: Getting Risks Right», *Project Management Journal*, vol. 37, n.° 3 (agosto de 2006), pp. 5-15.

12. El desarrollo y uso de la previsión de clase de referencia en proyectos del gobierno del Reino Unido se halla documentado en las siguientes publicaciones: HM Treasury, *The Green Book: Appraisal and Evaluation in Central Government*, Treasury Guidance (Londres, TSO, 2003); HM Treasury, *Supplementary Green Book Guidance: Optimism Bias* (Londres, HM Treasury, 2003); Flyvbjerg *et al.*, *Procedures for*

Dealing with Optimism Bias in Transport Planning; Ove Arup and Partners Scotland, *Scottish Parliament, Edinburgh Tram Line 2 Review of Business Case* (West Lothian, Escocia, Ove Arup and Partners, 2004); HM Treasury, *The Orange Book. Management of Risk: Principles and Concepts* (Londres, HM Treasury, 2004); UK Department for Transport, *The Estimation and Treatment of Scheme Costs: Transport Analysis Guidance*, TAG Unit 3.5.9, octubre de 2006; UK Department for Transport, *Changes to the Policy on Funding Major Projects* (Londres, Department for Transport); UK National Audit Office, 2009, «Note on Optimism Bias», Lords Economic Affairs Committee Inquiry on Private Finance and Off-Balance Sheet Funding, noviembre de 2009; HM Treasury, *The Green Book: Appraisal and Evaluation in Central Government* (edición de 2003 revisada en 2011), (Londres, HM Treasury, 2011); UK National Audit Office, NAO, *Over-optimism in Government Projects* (Londres, UK National Audit Office, 2013); HM Treasury, «Supplementary Green Book Guidance: Optimism Bias», abril de 2013, <https://assets.publishing.service.gov.uk/government/uploads/system/uploads/attachment_data/file/191507/Optimism_bias.pdf>; HM Treasury, «Early Financial Cost Estimates of Infrastructure Programmes and Projects and the Treatment of Uncertainty and Risk», 26 de marzo de 2015; Bert De Reyck *et al.*, «Optimism Bias Study: Recommended Adjustments to Optimism Bias Uplifts», UK Department for Transport, <https://assets.publishing.service.gov.uk/government/uploads/system/uploads/attachment_data/file/576976/dft-optimism-bias-study.pdf>; UK Infrastructure and Projects Authority, *Improving Infrastructure Delivery: Project Initiation Routemap* (Londres, Crown, 2016); Bert De Reyck *et al.*, «Optimism Bias Study: Recommended Adjustments to Optimism Bias Uplifts», actualización, Department for Transport, Londres, 2017; HM Treasury, *The Green Book: Central Government Guidance on Appraisal and Evaluation* (Londres, Crown, 2018); HM Treasury, *The Orange Book. Management of Risk: Principles and Concepts* (Londres, HM Treasury, 2019); HM Treasury, *The Green Book: Central Government Guidance on Appraisal and Evaluation* (Londres, HM Treasury, 2020).
Las investigaciones preliminares mostraron que la RCF funcionaba. En 2006, el gobierno del Reino Unido hizo obligatorio el nuevo método de previsión en todos los proyectos de grandes infraes-

tructuras de transporte; véase UK Department for Transport, *The Estimation and Treatment of Scheme Costs: Transport Analysis Guidance*, TAG Unit 3.5.9, 2006; UK Department for Transport, *Changes to the Policy on Funding Major Projects* (Londres, Department for Transport, 2006); UK Department for Transport and Oxford Global Projects, *Updating the Evidence Behind the Optimism Bias Uplifts for Transport Appraisals: 2020 Data Update to the 2004 Guidance Document «Procedures for Dealing with Optimism Bias in Transport Planning»* (Londres, UK Department for Transport, 2020).

13. Transport-og Energiministeriet [Ministerio Danés de Transporte y Energía], *Aktstykke om nye budgetteringsprincipper* [Ley sobre los nuevos principios de elaboración de presupuestos], Aktstykke nr. 16, Finansudvalget, Folketinget, Copenhague, 24 de octubre de 2006; Transport-og Energiministeriet, «Ny anlægsbudgettering på Transportministeriets område, herunder om økonomistyrings-model og risikohåndtering for anlægsprojekter», Copenhague, 18 de noviembre de 2008; Ministerio Danés de Transporte, Construcción y Vivienda, *Hovednotatet for Ny Anlægsbudgettering: Ny anlægsbudgettering på Transport-, Bygnings-og Boligministeriets område, herunder om økonomistyringsmodel og risikohåndtering for anlægsprojekter* (Copenhague, Ministerio Danés de Transporte, Construcción y Vivienda, 2017).

14. National Research Council, *Metropolitan Travel Forecasting: Current Practice and Future Direction*, Special Report n.° 288 (Washington, DC, Committee for Determination of the State of the Practice in Metropolitan Area Travel Forecasting and Transportation Research Board, 2007); Ministerio Francés de Transporte, *Ex-Post Evaluation of French Road Projects: Main Results* (París, Ministerio Francés de Transporte, 2007); Bent Flyvbjerg, Chi-keung Hon y Wing Huen Fok, «Reference-Class Forecasting for Hong Kong's Major Roadworks Projects», *Proceedings of the Institution of Civil Engineers*, vol. 169, n.° CE6 (noviembre de 2016), pp. 17-24; Australian Transport and Infrastructure Council, *Optimism Bias* (Canberra, Commonwealth of Australia, 2018); New Zealand Treasury, *Better Business Cases: Guide to Developing a Detailed Business Case* (Wellington, Nueva Zelanda, Crown, 2018); Irish Department of Public Expenditure and Reform, *Public Spending Code: A Guide to Evaluating, Planning and Managing Pu-*

blic Investment (Dublín, Irish Department of Public Expenditure and Reform, 2019).

15. Jordy Batselier y Mario Vanhoucke, «Practical Application and Empirical Evaluation of Reference-Class Forecasting for Project Management», *Project Management Journal*, vol. 47, n.º 5 (2016), p. 36; puede encontrarse más documentación sobre la exactitud de la RCF en Li Liu y Zigrid Napier, «The Accuracy of Risk-Based Cost Estimation for Water Infrastructure Projects: Preliminary Evidence from Australian Projects», *Construction Management and Economics*, vol. 28, n.º 1 (2010), pp. 89-100; Li Liu, George Wehbe, y Jonathan Sisovic, «The Accuracy of Hybrid Estimating Approaches: A Case Study of an Australian State Road and Traffic Authority», *The Engineering Economist*, vol. 55, n.º 3 (2010), pp. 225-245; Byung-Cheol Kim y Kenneth F. Reinschmidt, «Combination of Project Cost Forecasts in Earned Value Management», *Journal of Construction Engineering and Management*, vol. 137, n.º 11 (2011), pp. 958-966; Robert F. Bordley, «Reference-Class Forecasting: Resolving Its Challenge to Statistical Modeling», *The American Statistician*, vol. 68, n.º 4 (2014), pp. 221-229; Omotola Awojobi y Glenn P. Jenkins, «Managing the Cost Overrun Risks of Hydroelectric Dams: An Application of Reference-Class Forecasting Techniques», *Renewable and Sustainable Energy Reviews*, n.º 63 (septiembre de 2016), pp. 19-32; Welton Chang *et al.*, «Developing Expert Political Judgment: The Impact of Training and Practice on Judgmental Accuracy in Geopolitical Forecasting Tournaments», *Judgment and Decision Making*, vol. 11, n.º 5 (septiembre de 2016), pp. 509-526; Jordy Batselier y Mario Vanhoucke, «Improving Project Forecast Accuracy by Integrating Earned Value Management with Exponential Smoothing and Reference-Class Forecasting», *International Journal of Project Management*, vol. 35, n.º 1 (2017), pp. 28-43.

16. Daniel Kahneman, *Thinking, Fast and Slow* (Nueva York, Farrar, Straus and Giroux, 2011), p. 251.

17. Quien crea que el proyecto que ha planeado se verá afectado por más y mayores incógnitas desconocidas que los proyectos de la clase de referencia, no tiene más que añadir contingencias e introducir amortiguadores de tiempo o dinero; esto es, de nuevo anclaje y ajuste. Por ejemplo, si el cambio climático está aumentando el riesgo de inundacio-

nes, puede que eso no se refleje en los datos de la clase de referencia porque son históricos; en este caso, el ajuste debe ser mayor de lo que indica la clase de referencia. Si cree que su proyecto se verá menos afectado que la clase de referencia, reduzca el ajuste. Pero tiene que estar prevenido: esto volverá a introducir el juicio subjetivo en la mezcla, con lo que corre el riesgo de reintroducir el sesgo optimista. El análisis cuidadoso y autocrítico —y los datos— son esenciales.

18. Véase el capítulo 1 y Bent Flyvbjerg, «Quality Control and Due Diligence in Project Management: Getting Decisions Right by Taking the Outside View», *International Journal of Project Management*, vol. 31, n.º 5 (mayo de 2013), pp. 760-774.

19. Kahneman, *Thinking, Fast and Slow*, pp. 245-247.

20. Bent Flyvbjerg, Nils Bruzelius y Werner Rothengatter, *Megaprojects and Risk: An Anatomy of Ambition* (Cambridge, Reino Unido, Cambridge University Press, 2003).

21. Statens Offentlige Utredninger (SOU), *Betalningsansvaret för kärnavfallet* (Estocolmo, Statens Offentlige Utredninger, 2004), p. 125.

22. Bent Flyvbjerg, «The Law of Regression to the Tail: How to Survive Covid-19, the Climate Crisis, and Other Disasters», *Environmental Science and Policy*, n.º 114 (diciembre de 2020), pp. 614-618. Para el lector con inclinaciones matemáticas y estadísticas: una distribución de ley de potencia con un valor alfa de 1 o inferior tiene una media infinita (inexistente). Si el valor alfa es 2 o inferior, la varianza es infinita (inexistente), lo que da lugar a medias muestrales inestables y hace imposible la previsión. Como heurística conservadora, Nassim Nicholas Taleb y sus colegas recomiendan considerar las variables con un valor alfa de 2,5 o inferior como no pronosticables en la práctica. Para tales variables, la media muestral será demasiado inestable y requerirá demasiados datos para que las previsiones sean fiables o incluso prácticas. Para ilustrarlo, mencionan el hecho de que se necesitarían 1014 observaciones para que la media muestral de una distribución Pareto 80/20, con un valor alfa de 1,13, fuera tan fiable como la media muestral de solo treinta observaciones de una distribución gaussiana (normal); véase Nassim Nicholas Taleb, Yaneer Bar-Yam y Pasquale Cirillo, «On Single Point Forecasts for Fat-Tailed Variables», *International Journal of Fo-*

recasting, n.º 38 (2022), pp. 413-422. En resumen, para los fenómenos de cola gruesa, el análisis de coste-beneficio, la evaluación de riesgos y otras previsiones no serán ni fiables ni prácticas.

23. Por lo general, los planificadores de proyectos y los académicos han sido formados para suponer que el rendimiento de los proyectos sigue una regresión a la media. Esto es desafortunado, porque los datos no respaldan esa suposición; de hecho, el rendimiento de los proyectos sigue la regresión a la cola para muchos tipos de proyectos; véase Flyvbjerg, «The Law of Regression to the Tail». Los planificadores y gestores de proyectos deben comprender la regresión a la cola para poder realizar sus proyectos con éxito.

Sir Francis Galton acuñó el término «regresión a la media» —o «regresión hacia la mediocridad», como lo llamó originalmente—; véase Francis Galton, «Regression Towards Mediocrity in Hereditary Stature», *The Journal of the Anthropological Institute of Great Britain and Ireland*, n.º 15 (1886), pp. 246-263. En la actualidad es un concepto muy utilizado en estadística y modelización estadística, que describe cómo las mediciones de la media de una muestra tenderán hacia la media de la población cuando se hacen en número suficiente, aunque pueda haber grandes variaciones en mediciones individuales. Galton ilustró su principio con el ejemplo de que los padres que son altos tienden a tener hijos que crecen siendo más bajos que sus padres, esto es, más cerca de la media de la población, y viceversa para los padres de baja estatura. Hoy sabemos que el ejemplo de Galton es erróneo, porque la estatura de un niño no es estadísticamente independiente de la estatura de sus padres, debido a la genética, desconocida para Galton. No obstante, entendemos lo que Galton intentaba demostrar, y resulta que tenía razón. Para poner un ejemplo estadísticamente más correcto del principio de Galton, con sucesos estadísticamente independientes, una ruleta con una probabilidad de 50:50 para el rojo o el negro puede mostrar el rojo cinco veces seguidas —de hecho, lo hará el 3 % de las veces en cinco vueltas consecutivas de la ruleta—, pero las probabilidades son de 50:50 para el rojo frente al negro en las vueltas siguientes. Por lo tanto, cuantas más veces se haga girar la ruleta, más se acercará el resultado al 50:50 de rojo frente a negro, incluso si se empieza con cinco rojos consecutivos. Cuando se hace girar la ruleta muchas veces, el resultado medio regresa a la media esperada a medida que se aumenta el número de veces, independientemente de cuál haya sido el punto de partida.

No hay nada tan práctico como una teoría correcta. La regresión a la media se ha demostrado matemáticamente para muchos tipos de estadística, y es muy útil en sanidad, seguros y escuelas, en las fábricas, en los casinos y en la gestión de riesgos, como, por ejemplo, la seguridad en los vuelos. Gran parte de la estadística y los modelos estadísticos se basan en la regresión a la media, incluidos la ley de los grandes números, el muestreo, las desviaciones estándares y las pruebas convencionales de significación estadística. Cualquiera que haya hecho un curso básico de estadística habrá aprendido lo que significa la regresión a la media, sea o no consciente de ello. Pero la regresión a la media presupone que existe una media poblacional. Y en el caso de algunos sucesos aleatorios de gran trascendencia, esto no es así.

Las distribuciones de magnitudes de terremotos, inundaciones, incendios forestales, pandemias, guerras y ataques terroristas, por ejemplo, no tienen media poblacional, o la media está mal definida debido a una varianza infinita. En otras palabras: la media y la varianza no existen. La regresión a la media es un concepto sin sentido para estos fenómenos, mientras que la regresión a la cola tiene sentido y consecuencias. Una distribución debe tener una densidad de probabilidad no evanescente hacia el infinito (o menos infinito) para que se produzca la regresión a la cola en los datos muestreados en ella. Esta densidad de probabilidad no evanescente hacia el infinito tiene el aspecto de una cola en un gráfico de distribución. La regresión a la cola solo se produce en distribuciones con varianza infinita. La frecuencia de nuevos extremos y la cantidad en la que un nuevo extremo excede al extremo anterior indican si la distribución subyacente de la que se muestrean los datos tiene un valor esperado y una varianza finita, o una varianza infinita y, por tanto, ningún valor esperado que esté bien definido. En este último caso, «regresión a la media» significa regresión al infinito; es decir, no *existe* un valor medio en el sentido convencional. Los intentos cada vez mejores de estimar la media con métodos convencionales (es decir, mediante los valores medios de una muestra) arrojarán valores cada vez mayores, es decir, valores en la cola.

He denominado este fenómeno —que los acontecimientos aparezcan en la cola en tamaño y frecuencia suficientes para que la media *no* converja— «la ley de regresión a la cola»; véase Flyvbjerg, 2020, «The Law of Regression to the Tail». La ley describe una situación con acontecimientos extremos, y por muy extremo que sea el acontecimiento más extremo, siempre habrá otro aún más extremo. Solo es cuestión de tiempo (o de una muestra mayor) hasta que aparezca. La magnitud de los terremotos es un ejemplo arquetípico de un fenómeno que sigue la ley de regresión a la cola. También lo son los incendios forestales y las inundaciones. Pero la ley no solo se aplica a los fenómenos naturales y sociales extremos. Mis datos demuestran que también se aplica a la planificación y gestión de proyectos cotidianos, desde los proyectos informáticos ordinarios hasta los Juegos Olímpicos, pasando por las centrales nucleares y las grandes presas; véase Bent Flyvbjerg *et al.*, «The Empirical Reality of IT Project Cost Overruns: Discovering a Power-Law Distribution», aceptado para su publicación en *Journal of Management Information Systems*, n.º 39, n.º 3 (otoño de 2022); Bent Flyvbjerg, Alexander Budzier y Daniel Lunn, «Regression to the Tail: Why the Olympics Blow Up», *Environment and Planning A: Economy and Space*, vol. 53, n.º 2 (marzo de 2021), pp. 233-260. O, dicho de otro modo, la planificación y la gestión de proyectos se comportan como fenómenos naturales y sociales extremos, aunque los planificadores y gestores lo ignoren en gran medida y traten los proyectos como si se rigieran por la regresión a la media, lo que de por sí explica en gran medida el pésimo rendimiento de la mayoría de los proyectos.

24. De ahí procede la contingencia estándar del 10 al 15 por ciento que se encuentra en gran parte de la gestión convencional de proyectos. Se basa en el supuesto de una distribución normal. Pero esta suposición no suele cumplirse en la realidad, como se explica en el cuerpo del texto. De ahí que la suposición suela ser errónea.

25. Flyvbjerg, «The Law of Regression to the Tail».

26. HS2 se hallaba en construcción mientras escribía este libro.

27. «Exploring Our Past, Preparing for the Future», HS2, 2022, <https://www.hs2.org.uk/building-hs2/archaeology/>.

28. *Journal of the House of Representatives of the United States*, 77th Congress, segunda sesión, 5 de enero de 1942 (Washington, DC, US Government Printing Office), p. 6.

29. Entrevista del autor con Jim Lasko, 3 de junio de 2020; Hal Dardick, «Ald. Burke Calls Great Chicago Fire Festival a 'Fiasco'», *Chicago Tribune*, 6 de octubre de 2014.

30. Nos aseguramos de incluir en las pruebas estadísticas únicamente los proyectos que eran estadísticamente similares en sobrecostes, costes y retrasos. Para un informe completo, véase Bent Flyvbjerg *et al.*, «Report to the Independent Board Committee on the Hong Kong Express Rail Link Project», en MTR Independent Board Committee, *Second Report by the Independent Board Committee on the Express Rail Link Project* (Hong Kong, MTR, 2014), pp. A1-A122.

31. El nivel más alto de un seguro contra estos excesos que un cliente nos ha pedido nunca a mi equipo y a mí que modelizáramos es del 95 por ciento, lo cual dio lugar a enormes contingencias. Esto se debe a que el coste marginal del seguro aumenta con el nivel de seguro. El cliente quería estar *muy* seguro por razones políticas. En circunstancias normales no recomiendo un seguro por encima de aproximadamente el 80 por ciento para grandes proyectos independientes, como el XRL, porque sencillamente es demasiado caro y los fondos que una organización reserva para contingencias no pueden utilizarse para fines más productivos en otras partes de la organización. A los gestores de carteras responsables de muchos proyectos les recomiendo un nivel aún más bajo, más cercano a la media de la clase de referencia, porque en algunos proyectos, las pérdidas en la cartera pueden compensarse entonces con las ganancias en otros.

32. Hong Kong Development Bureau, Project Cost Management Office, and Oxford Global Projects, *AI in Action: How The Hong Kong Development Bureau Built the PSS, an Early-Warning-Sign System for Public Works Projects* (Hong Kong, Development Bureau, 2022).

7. ¿Puede la ignorancia ser nuestra aliada?

1. Entrevista del autor con Eddie Kramer, 25 de mayo de 2020.

2. Entrevista del autor con John Storyk, 28 de mayo y 2 de junio de 2020.

3. Electric Lady Studios, <https://electricladystudios.com>.

4. *Restoration Home*, 3.ª temporada, episodio 8, BBC, <https://www.bbc.co.uk/programmes/b039glq7>.

5. Albert O. Hirschman, «The Principle of the Hiding Hand», *The Public Interest*, n.º 6 (invierno de 1967), pp. 10-23.

6. Malcolm Gladwell, «The Gift of Doubt: Albert O. Hirschman and the Power of Failure», *The New Yorker*, 17 de junio de 2013; Cass R. Sunstein, «An Original Thinker of Our Time», *The New York Review of Books*, 23 de mayo de 2013, pp. 14-17.

7. Albert O. Hirschman, *Development Projects Observed*, 3.ª ed. (Washington, DC, Brookings Institution, 2015).

8. Michele Alacevich, «Visualizing Uncertainties; or, How Albert Hirschman and the World Bank Disagreed on Project Appraisal and What This Says About the End of 'High Development Theory'», *Journal of the History of Economic Thought*, vol. 36, n.º 2 (junio de 2014), p. 157.

9. Hirschman era explícito cuando veía el comportamiento descrito y la mano oculta como algo típico y un «principio general de la acción». Véase Hirschman, *Development Projects Observed*, pp. 1, 3, 7, 13; y «The Principle of the Hiding Hand», *The Public Interest*, p. 13.

10. Esta es la historia relatada por Hirschman. De hecho, la fábrica de papel de Bangladesh y varios otros proyectos que él describió como éxitos, al ser salvados por la mano oculta, resultaron ser desastres. La fábrica funcionó con pérdidas durante toda la década de 1970 y se convirtió en un lastre para la economía nacional en lugar del impulso que Hirschman había predicho solo unos años antes. La acería Paz del Río, en Colombia, es otro ejemplo de gran proyecto admirado por Hirschman en el que la mano oculta desencadenó un desastre financiero en lugar de soluciones creativas. Por último, el ferrocarril Bornu de Nigeria, de 483 km de longitud, catalizó un conflicto étnico que condujo a la secesión y a una trágica guerra civil, con hambrunas y matanzas en la separatista Biafra de 1967 a 1970. En privado, a Hirschman le perturbaba no haber visto que un proyecto que acababa de estudiar y declarar un éxito pudiera tener consecuencias tan desastrosas tan poco tiempo después. Pero, curiosamente, en ninguna parte este fracaso o el hecho de que los resultados de los proyectos parecieran ir en contra del principio de la mano oculta hicieron que Hirschman evaluase de forma

crítica y revisara el principio, ni siquiera cuando escribió un nuevo prefacio para una edición posterior de *Development Projects Observed* ni cuando un grupo de destacados académicos le invitó a reflexionar sobre ese principio. Para leer la historia completa, con todas las referencias, véase Bent Flyvbjerg, «The Fallacy of Beneficial Ignorance: A Test of Hirschman's Hiding Hand», *World Development*, n.º 84 (abril de 2016), pp. 176-189.

11. Peter Biskind, *Easy Riders, Raging Bulls* (Londres, Bloomsbury, 1998), pp. 264-277.

12. Hirschman, *Development Projects Observed*, pp. 1, 3, 7, 13; Hirschman, «The Principle of the Hiding Hand».

13. Flyvbjerg, «The Fallacy of Beneficial Ignorance».

14. Daniel Kahneman, *Thinking, Fast and Slow* (Nueva York, Farrar, Straus and Giroux, 2011), p. 255.

15. Joseph Campbell, *The Hero with a Thousand Faces* (San Francisco, New World Library, 2008).

16. Bent Flyvbjerg, «Design by Deception: The Politics of Megaproject Approval», *Harvard Design Magazine*, n.º 22 (primavera-verano de 2005), pp. 50-59. La expresión «arquitecto de un solo edificio» se utiliza para designar a los arquitectos conocidos principalmente por un solo edificio. Utzon diseñó otros edificios además de la Ópera de Sídney, algunos de los cuales se construyeron, sobre todo en su país natal, Dinamarca. Pero fueron de menor importancia en comparación con la Ópera de Sídney. Internacionalmente (y en Dinamarca), Utzon es conocido casi exclusivamente por la Ópera de Sídney. En mis conferencias sobre el tema he formulado esta pregunta «¿Puede nombrar un edificio distinto de la Ópera de Sídney que haya diseñado Jørn Utzon?» a al menos mil personas. Muy pocos pueden, y casi siempre son daneses o arquitectos profesionales, o ambas cosas a la vez.

17. Kristin Byron, Deborah Nazarian y Shalini Khazanchi, «The Relationships Between Stressors and Creativity: A Meta-Analysis Examining Competing Theoretical Models», *Journal of Applied Psychology* 95, n.º 1 (2010), pp. 201-212.

8. Un organismo único y decidido

1. Joseph E. Stevens, *Hoover Dam: An American Adventure* (Norman, University of Oklahoma Press, 1988); Michael Hiltzik, *Colossus: Hoover Dam and the Making of the American Century* (Nueva York, Free Press, 2010).

2. Bent Flyvbjerg y Alexander Budzier, *Report for the Commission of Inquiry Respecting the Muskrat Falls Project* (St. John's, Province of Newfoundland and Labrador, Canada, Muskrat Falls Inquiry, 2018); Richard D. LeBlanc, *Muskrat Falls: A Misguided Project*, 6 vols. (Province of Newfoundland and Labrador, Canada, Commission of Inquiry Respecting the Muskrat Falls Project, 2020).

3. Entrevistas del autor con Andrew Wolstenholme, 27 de mayo de 2020, 28 de mayo de 2021 y 14 de enero de 2022.

4. Andrew Davies, David Gann y Tony Douglas, «Innovation in Megaprojects: Systems Integration at London Heathrow Terminal 5», *California Management Review*, vol. 51, n.º 2 (invierno de 2009), pp. 101-125.

5. «Your "Deadline" Won't Kill You: Or Will It?», Merriam-Webster, <https://www.merriam-webster.com/words-at-play/your-deadline-wont-kill-you>.

6. Ese cambio permitió otra innovación de la T5: el ensayo. Si la construcción del edificio principal de la terminal de un aeropuerto de Hong Kong sufrió un gran retraso que afectó a todo el proyecto, los responsables de la T5 decidieron que se llevarían a los numerosos trabajadores que levantarían el edificio principal de la T5 y los componentes que estos montarían a un lugar de la campiña inglesa. Allí practicaron el montaje. Ese ensayo permitió descubrir retos y desarrollar soluciones mucho antes del montaje real en Heathrow. No fue barato. Pero el coste fue una fracción de lo que habría sido si los problemas hubieran surgido primero en el lugar de trabajo y hubieran retrasado el proyecto.

7. «Rethinking Construction: The Report of the Construction Task Force to the Deputy Prime Minister, John Prescott, on the Scope for Improving the Quality and Efficiency of UK Construction», Constructing Excellence, 1998, <https://constructingexcellence.org.uk/wp-content/uploads/2014/10/rethinking_construction _report.pdf>.

8. Véase en particular la teoría de la autodeterminación, que es la teoría dominante de la motivación en la moderna psicología; Richard M. Ryan y Edward L. Deci, *Self-determination Theory: Basic Psychological Needs in Motivation, Development, and Wellness* (Nueva York, Guilford Press, 2017); Marylène Gagné y Edward L. Deci, «Self-determination Theory and Work Motivation», *Journal of Organizational Behavior*, vol. 26, n.º 4 (2005), pp. 331-362. Considérese también el famoso experimento natural de la empresa conjunta General Motors-Toyota NUMMI: en la década de 1970, era notorio que la planta de GM en Fremont, California, era la peor que poseía GM; en ella, la productividad y la calidad estaban por los suelos, y la moral era tan baja que los empleados saboteaban los automóviles intencionadamente. GM cerró la planta en 1982. Toyota, que en aquel momento no tenía capacidad de fabricación en Norteamérica, propuso una empresa conjunta que permitiría reabrir la planta y hacerla funcionar con la misma maquinaria y con la mayoría de los mismos trabajadores. Pero Toyota lo gestionó con sus métodos, que respetaban y empoderaban a los trabajadores. La moral se disparó; el absentismo y la rotación cayeron en picado. La calidad de la producción mejoró drásticamente y la productividad aumentó hasta el punto de que la producción se duplicó y el coste por vehículo se redujo en 750 dólares. Véase Christopher Roser, *«Faster, Better, Cheaper» in the History of Manufacturing: From the Stone Age to Lean Manufacturing and Beyond* (Boca Raton, FL, CRC Press, 2017), pp. 1-5, 336-339; Paul S. Adler, «Time-and-Motion Regained», *Harvard Business Review*, vol. 71, n.º 1 (enero-febrero de 1993), pp. 97-108.

9. Entrevista del autor con Richard Harper, 12 de septiembre de 2021.

10. Davies, Gann y Douglas, «Innovation in Megaprojects: Systems Integration at London Heathrow Terminal 5», pp. 101-125.

11. Amy Edmondson, *The Fearless Organization: Creating Psychological Safety in the Workplace for Learning, Innovation, and Growth* (Nueva York, Wiley, 2018); Alexander Newman, Ross Donohue y Nathan Eva, «Psychological Safety: A Systematic Review of the Literature», *Human Resource Management Review*, vol. 27, n.º 3 (septiembre de 2015), pp. 521-535. Una investigación realizada en Google descubrió que la seguridad psicológica era una característica distintiva de los equi-

pos que superaban a los demás; véase Charles Duhigg, «What Google Learned from Its Quest to Build the Perfect Team», *The New York Times Magazine*, 25 de febrero de 2016.

12. «Heathrow Terminal 5 Named 'World's Best' At Skytrax Awards», *International Airport Review*, 28 de marzo de 2019, <https://www.internationalairportreview.com/news/83710/heathrow-worlds-best-kytrax/>.

13. James Daley, «Owner and Contractor Embark on War of Words over Wembley Delay», *The Independent*, 22 de septiembre de 2011; «Timeline: The Woes of Wembley Stadium», *Manchester Evening News*, 15 de febrero de 2007; Ben Quinn, «253m Legal Battle over Wembley Delays», *The Guardian*, 16 de marzo de 2008.

9. ¿Cuál es su Lego?

1. Hiroko Tabuchi, «Japan Strains to Fix a Reactor Damaged Before Quake», *The New York Times*, 17 de junio de 2011, <https://www.nytimes.com/2011/06/18/world/asia/18japan.html>; «Japan to Abandon Troubled Fast Breeder Reactor», 7 de febrero de 2014, Phys.org, <https://phys.org/nes/2014-02-japan-abandon-fast-breeder-reactor.html>.

2. «Japanese Government Says Monju Will Be Scrapped», *World Nuclear News*, 22 de diciembre de 2016, <https://www.world-nuclear-news.org/NP-Japanese-government-says-Monju-will-be-scrapped-2212164.html>.

3. Yoko Kubota, «Fallen Device Retrieved from Japan Fast-Breeder Reactor», Reuters, 24 de junio de 2011, <https://www.reuters.com/article/us-japan-nuclear-monju-idUSTRE75N0H320110624>; «Falsified Inspections Suspected at Monju Fast-Breeder Reactor», *The Japan Times*, 11 de abril de 2014; «More Maintenance Flaws Found at Monju Reactor», *The Japan Times*, 26 de marzo de 2015; Jim Green, «Japan Abandons Monju Fast Reactor: The Slow Death of a Nuclear Dream», *The Ecologist*, 6 de octubre de 2016.

4. «Monju Prototype Reactor, Once a Key Cog in Japan's Nuclear Energy Policy, to Be Scrapped», *The Japan Times*, 21 de diciembre

de 2016; «Japan Cancels Failed $9bn Monju Nuclear Reactor», BBC, 21 de diciembre de 2016, <https://www.bbc.co.uk/news/world-asia-38390504>.

5. «Japanese Government Says Monju Will Be Scrapped».

6. Para una historia completa de Monju y otras centrales nucleares, véase Bent Flyvbjerg, «Four Ways to Scale Up: Smart, Dumb, Forced, and Fumbled», *Saïd Business School Working Papers*, University of Oxford, 2021.

7. Obsérvese que, a pesar de ser rápidos, *no* hicimos las escuelas nepalesas por la vía rápida. Esto último significa que la construcción se inicia antes de que los diseños estén terminados. Es peligroso, como vimos en la historia de Jørn Utzon y la construcción de la Ópera de Sídney.

8. Ramesh Chandra, *Encyclopedia of Education in South Asia*, vol. 6: *Nepal* (Delhi, Kalpaz Publications, 2014); Harald O. Skar y Sven Cederroth, *Development Aid to Nepal: Issues and Options in Energy, Health, Education, Democracy, and Human Rights* (Richmond, Surrey, Routledge Curzon Press, 2005); Alf Morten, Yasutami Shimomure y Annette Skovsted Hansen, *Aid Relationships in Asia: Exploring Ownership in Japanese and Nordic Aid* (Londres, Palgrave Macmillan, 2008); Angela W. Little, *Education for All and Multigrade Teaching: Challenges and Opportunities* (Dordrecht, Springer, 2007); S. Wal, *Education and Child Development* (Nueva Delhi, Sarup and Sons, 2006); Flyvbjerg, «Four Ways to Scale Up: Smart, Dumb, Forced, and Fumbled».

9. James H. Brown y Geoffrey B. West, eds., *Scaling in Biology* (Oxford, Reino Unido, Oxford University Press, 2000); Geoffrey West, *Scale: The Universal Laws of Life and Death in Organisms, Cities, and Companies* (Londres, Weidenfeld and Nicolson, 2017); Knut Schmidt-Nielsen, *Scaling: Why Is Animal Size So Important?* (Cambridge, Reino Unido, Cambridge University Press, 1984).

10. Entrevista del autor con Mike Green, 5 de junio de 2020.

11. Benoit B. Mandelbrot, *Fractals and Scaling in Finance* (Nueva York, Springer, 1997).

12. Erin Tallman, «Behind the Scenes at China's Prefab Hospitals Against Coronavirus», *E-Magazine* by Medical Expo, March 5, 2020,

<https://emag.medicalexpo.com/qa-behind-the-scenes-of-chinas-pre-fab-hospitals-against-coronavirus/>.

13. Entrevista del autor con Ricky Wong, vicedirector de Hong Kong's Civil Engineering Office, 16 de septiembre de 2021.

14. Quiero agradecer a Carissa Véliz que me llamara la atención sobre el caso de Sears Modern Homes como un temprano y excelente ejemplo de modularidad en la construcción de viviendas. Los archivos de Sears pueden verse en <http://www.searsarchives.com/homes/index.htm>. Véase también #HGTV, «What It's Like to Live in a Sears Catalog Home», YouTube, 13 de mayo de 2018, <https://www.youtube.com/watch?v=3kb24gwnZ18>.

15. Entrevista del autor con Mike Green, 5 de junio de 2020.

16. Dan Avery, «Warren Buffett to Offer a Fresh Approach on Modular Construction», *Architectural Digest*, 20 de mayo de 2021; entrevista del autor con Danny Forster, 4 y 27 de enero de 2021.

17. Steven Levy, «One More Thing: Inside Apple's Insanely Great (or Just Insane) New Mothership», *Wired*, 16 de mayo de 2017, <https://www.wired.com/2017/05/apple-park-new-silicon-valley-campus/>.

18. Leif Lia *et al.*, «The Current Status of Hydropower Development and Dam Construction in Norway», *Hydropower & Dams*, vol. 22, n.º 3 (2015); «Country Profile Norway», International Hydropower Association, <https://www.hydropower.org/country-profiles/norway>.

19. Tom Randall, «Tesla Flips the Switch on the Gigafactory», Bloomberg, 4 de enero de 2017, <https://www.bloomberg.com/news/articles/2017-01-04/tesla-flips-the-switch-on-the-gigafactory>; Sean Whaley, «Tesla Officials Show Off Progress at Gigafactory in Northern Nevada», *Las Vegas Review-Journal*, 20 de marzo de 2016; Seth Weintraub, «Tesla Gigafactory Tour Roundup and Tidbits: 'This Is the Coolest Factory in the World'», *Electrek*, 28 de julio de 2016, <https://electrek.co/2016/07/28/tesla-gigafactory-tour-roundup-and-tidbits-this-is-the-coolest-factory-ever/>.

20. Atif Ansar y Bent Flyvbjerg, «How to Solve Big Problems: Bespoke Versus Platform Strategies», *Oxford Review of Economic Policy*, vol. 38, n.º 2 (2022), pp. 338-368.

21. Flyvbjerg, «Four Ways to Scale Up»; Fitz Tepper, «Satellite

Maker Planet Labs Acquires BlackBridge's Geospatial Business», *Tech-Crunch*, 15 de julio de 2015, <https://techcrunch.com/2015/07/15/satellite-maker-planet-labs-acquires-blackbridges-geospatial-business/>; Freeman Dyson, «The Green Universe: A Vision», *The New York Review of Books*, 13 de octubre de 2016, pp. 4-6; Carissa Véliz, *Privacy Is Power: Why and How You Should Take Back Control of Your Data* (Londres, Bantam, 2020), p. 154.

22. Hoy enseño a mis alumnos, muchos de los cuales son ejecutivos encargados de grandes proyectos, a hacer túneles como en Madrid, por si alguna vez se encuentran al frente de un proyecto ferroviario, de carreteras, hidráulico o de otro tipo que requiera la excavación de grandes túneles. Para la mayoría tratar los túneles como Lego supone una epifanía, porque la construcción de túneles, al igual que otras excavaciones, se considera convencionalmente algo que de manera arquetípica se hace a medida. He tenido, literalmente, estudiantes que salían directos de mi clase hacia el Metro de Madrid y hacían una llamada para encargar máquinas perforadoras adicionales para sus proyectos. Cada máquina suele costar entre 20 y 40 millones de dólares, según el tamaño y el tipo, lo cual es barato, teniendo en cuenta el tiempo y el dinero que ahorran las máquinas múltiples.

23. Entrevista del autor con Manuel Melis, 3 de marzo de 2021; Manuel Melis, «Building a Metro: It's Easier Than You Think», *International Railway Journal*, abril de 2002, pp. 16-19; Bent Flyvbjerg, «Make Megaprojects More Modular», *Harvard Business Review*, vol. 99, n.º 6 (noviembre-diciembre de 2021), pp. 58-63; Manuel Melis, *Apuntes de introducción al proyecto y construcción de túneles y metros en suelos y rocas blandas o muy rotas: la construcción del Metro de Madrid y la M-30* (Madrid, Politécnica, 2011).

24. Marc Levinson, *The Box: How the Shipping Container Made the World Smaller and the World Economy Bigger* (Princeton, NJ, Princeton University Press, 2016).

25. En términos matemáticos/estadísticos, el grado de «cola gruesa» se midió por el valor alfa de una ley de potencia ajustada a los datos de sobrecostes de cada tipo de proyecto. Los proyectos con un valor alfa de cuatro o inferior se consideraron de cola gruesa. Se obtuvieron resultados similares para el calendario y los beneficios. Estas conclusiones

son aplicables a mi conjunto de datos actual. Con mi equipo, los datos crecen constantemente y los resultados pueden cambiar a medida que se recopilen más datos. Los resultados deben considerarse preliminares en este sentido.

26. Bent Flyvbjerg, ed., *The Oxford Handbook of Megaproject Management* (Nueva York, Oxford University Press, 2017); Thomas Frey, «Megaprojects Set to Explode to 24% of Global GDP Within a Decade», *Future of Construction*, 10 de febrero de 2017, <https://futureofconstruction.org/blog/megaprojects-set-to-explode-to-24-of-global-gdp-within-a-decade>.

27. Kaamil Ahmed, «Ending World Hunger by 2030 Would Cost $330 Billion, Study Finds», *The Guardian*, 13 de octubre de 2020. Usando las cifras conservadoras de Flyvbjerg en *Oxford Handbook of Megaproject Management* (2017) —es decir, de 6 a 9 billones al año— una reducción del 5 por ciento en los costes supondría un ahorro de 300 a 450 billones de dólares al año. Usando las cifras de Frey en «Megaprojects Set to Explode» (2017) —22 billones de dólares invertidos al año—, el ahorro sería de 1,1 billones de dólares al año. Con un 30 por ciento de reducción en los costes, el ahorro sería de 1,8 a 2,7 billones de dólares y 6,6 billones de dólares respectivamente. Y, por último, con un 80 por ciento, que supone una significativa innovación tecnológica, algo de la cual ya se está produciendo, el ahorro sería de 4,8 a 7,2 billones de dólares al año y 17,6 billones al año para las cifras de Flyvbjerg y Frey respectivamente. Estas cifras no incluyen incrementos en la eficiencia de las prestaciones, que añadirían otras sustanciales ganancias además del los ahorros en los costes.

28. El diagrama es una adaptación de Michael Barnard, «A Decade of Wind, Solar, and Nuclear in China Shows Clear Scalability Winners», CleanTechnica, 5 de septiembre de 2021, <https://cleantechnica.com/2021/09/05/a-decade-of-wind-solar-nuclear-in-china-shows-clear-scalability-winners/>, actualizado con datos de 2021 en «Renewable Capacity Statistics 2021», International Renewable Energy Agency, <https://www.irena.org/-/media/Files/IRENA/Agency/Publication/2021/Apr/IRENA_RE_Capacity_Statistics_2021.pdf>.

29. Joanne Liou, «What Are Small Modular Reactors (SMRs)?», International Atomic Energy Agency, 4 de noviembre de 2021, <https://www.iaea.org/newscenter/news/what-are-small-modular-reactors-smrs>.

30. Bill Gates, «How We'll Invent the Future: Ten Breakthrough Technologies, 2019», *MIT Technology Review*, marzo-abril de 2019, pp. 8-10; Reuters, «Bill Gates and Warren Buffett to Build New Kind of Nuclear Reactor in Wyoming», *The Guardian*, 3 de junio de 2021.

31. Nadja Popovich y Winston Choi-Schagrin, «Hidden Toll of the Northwest Heat Wave: Hundreds of Extra Deaths», *The New York Times*, 11 de agosto de 2021.

32. Andrea Woo, «Nearly 600 People Died in BC Summer Heat Wave, Vast Majority Seniors: Coroner», *The Globe and Mail*, 1 de noviembre de 2021.

33. «Climate Change and Health», World Health Organization, 30 de octubre de 2021, <https://www.who.int/news-room/fact-sheets/detail/climate-change-and-health>.

34. IPCC, «Summary for Policymakers», en *Climate Change 2021: The Physical Science Basis. Contribution of Working Group I to the Sixth Assessment Report of the Intergovernmental Panel on Climate Change*, eds. V. Masson-Delmotte *et al.* (Cambridge, Reino Unido, Cambridge University Press, 2021), p. 23.

35. Bent Flyvbjerg, «The Law of Regression to the Tail: How to Survive Covid-19, the Climate Crisis, and Other Disasters», *Environmental Science and Policy*, n.º 114 (diciembre de 2020), pp. 614-618.

36. *Net Zero by 2050: A Roadmap for the Global Energy Sector*, International Energy Agency, mayo de 2021, <https://www.iea.org/reports/net-zero-by-2050>.

37. La electrificación es una de las dos megatendencias dominantes en el mundo actual. La digitalización es la otra, y es interesante comparar ambas. Ambas tendencias las impulsan decenas de miles de proyectos, grandes y pequeños, año tras año, década tras década, en todas las zonas del mundo. Sin embargo, existe una diferencia fundamental entre las dos tendencias y los dos tipos de proyectos en términos de rendimiento y gestión. Los proyectos de electrificación, sin incluir los proyectos de energía nuclear e hidroeléctrica, se encuentran en un extremo de la escala, con un rendimiento y una gestión de alta calidad en términos de sobrecostes y retrasos, que son escasos y pequeños. Los proyectos de digitalización se encuentran en el otro extremo de la escala, con un rendimiento de baja calidad en términos de sobrecostes y retrasos, que

tienden a ser enormes e impredecibles. En mi análisis, la gestión de proyectos de baja calidad —y *no* los problemas con la tecnología digital— es el problema clave de la digitalización actual. Es el emperador desnudo para todas las cosas digitales, algo ampliamente ignorado a pesar de ser enormemente costoso y despilfarrador. Por el contrario, la gestión de proyectos de alta calidad es clave para el éxito masivo global de la electrificación, especialmente para la energía eólica, la energía solar, las baterías y la conducción eléctrica. Es una suerte, porque si ampliamos rápidamente la tendencia actual a una electrificación bien gestionada, podríamos salvarnos de lo peor de la crisis climática, como se explica en el cuerpo del texto. En cualquier caso, los gestores de proyectos informáticos tienen mucho que aprender de sus colegas de la electrificación. Véase Flyvbjerg *et al.*, «The Empirical Reality of IT Project Cost Overruns: Discovering a Power-Law Distribution», *Journal of Management Information Systems*, vol. 39, n.º 3 (otoño de 2022).

38. «Pathway to Critical and Formidable Goal of Net-Zero Emissions by 2050 Is Narrow but Brings Huge Benefits, According to IEA Special Report», International Energy Agency (IEA), 18 de mayo de 2021, <https://www.iea.org/news/pathway-to-critical-and-formidable-goal-of-net-zero-emissions-by-2050-is-narrow-but-brings-huge-benefits>.

39. Entrevista del autor con Anders Eldrup, 13 de julio de 2021.

40. Entrevista del autor con Henrik Poulsen, 29 de junio de 2021.

41. «Making Green Energy Affordable: How the Offshore Wind Energy Industry Matured-and What We Can Learn from It», Ørsted, junio de 2019, <https://orsted.com/-/media/WWW/Docs/Corp/COM/explore/Making-green-energy-affordable-June-2019.pdf>.

42. Heather Louise Madsen y John Parm Ulhøi, «Sustainable Visioning: Re-framing Strategic Vision to Enable a Sustainable Corporate Transformation», *Journal of Cleaner Production*, n.º 288 (marzo de 2021), p. 125602.

43. «Share of Electricity Production by Source», *Our World in Data*, <https://ourworldindata.org/grapher/share-elec-by-source>.

44. Además de las escisiones empresariales tradicionales, ha habido grandes escisiones financieras, por ejemplo, Copenhagen Infrastructure Partners (CIP), fundada en 2012 en colaboración con PensionDanmark,

la mayor empresa de pensiones del mercado laboral de Dinamarca y uno de los primeros inversores institucionales directos en proyectos eólicos marinos a nivel mundial. En la actualidad, CIP es un importante fondo global de inversión en infraestructuras con oficinas en todo el mundo, que trabaja codo con codo con Ørsted para hacer posible la transición a un sistema energético con bajas emisiones de carbono.

EPÍLOGO: Once heurísticas para dirigir mejor los proyectos

1. Oxford English Dictionary 2022, full entry, <https://www.oed.com/view/Entry/86554?isAdvanced=false & result=1&rskey=WrJUIh &>.
2. Gerd Gigerenzer, Ralph Hertwig y Thorsten Pachur, eds., *Heuristics: The Foundations of Adaptive Behavior* (Oxford, Reino Unido, Oxford University Press, 2011).
3. Actualmente existen dos escuelas principales de pensamiento en torno a la heurística. La primera se centra en las «heurísticas positivas», definidas como aquellas que ayudan a las personas a tomar mejores decisiones, como la heurística del reconocimiento y la heurística de tomarlo-mejor; véase Gerd Gigerenzer y Daniel G. Goldstein, «Reasoning the Fast and Frugal Way: Models of Bounded Rationality», *Psychological Review*, vol. 103, n.º 4 (1996), pp. 650-669; Gerd Gigerenzer, «Models of Ecological Rationality: The Recognition Heuristic», *Psychological Review*, vol. 109, n.º 1 (2002), pp. 75-90. Gerd Gigerenzer es el principal defensor de esta escuela. La segunda escuela se centra en las «heurísticas negativas», definidas como las que hacen que las personas se equivoquen o confundan y violen leyes básicas de la racionalidad y la lógica; por ejemplo, la heurística de disponibilidad y la heurística de anclaje; véase Amos Tversky y Daniel Kahneman, «Availability: A Heuristic for Judging Frequency and Probability», *Cognitive Psychology*, vol. 5, n.º 2 (septiembre de 1973), pp. 207-232; Daniel Kahneman, «Reference Points, Anchors, Norms, and Mixed Feelings», *Organizational Behavior and Human Decision Processes*, vol. 51, n.º 2 (1992), pp. 296-312. Daniel Kahneman y Amos Tversky son los principales exponentes de esta escuela. Ambas escuelas han demostrado su relevancia con impre-

sionante detalle. Existen desacuerdos importantes entre ambas, sin duda; véase Gerd Gigerenzer, «The Bias in Behavioral Economics», *Review of Behavioral Economics*, vol. 5, n.º 3-4 (diciembre de 2018), pp. 303-336; Daniel Kahneman y Gary Klein, «Conditions for Intuitive Expertise: A Failure to Disagree», *American Psychologist*, vol. 64, n.º 6 (2009), pp. 515-526. Pero se entienden mejor como modelos complementarios para comprender diferentes aspectos de la heurística, no como modelos que compiten entre sí para explicar lo mismo. En resumen, es necesario entender ambas escuelas de pensamiento para comprender plenamente el papel de la heurística en el comportamiento adaptativo humano, que es entender la existencia humana. El capítulo 2 abordó los aspectos centrales de la heurística negativa, su repercusión en la toma de decisiones y el modo de mitigarla. Este epílogo se centra en la heurística positiva, y especialmente su papel en la dirección y ejecución de proyectos realizados con éxito.

4. Para una lista más larga y detallada de mis heurísticas, incluyendo explicaciones más profundas de lo que son las heurísticas, por qué funcionan y cómo desentrañarlas, y todo con más ejemplos, véase Bent Flyvbjerg, «Heuristics for Masterbuilders: Fast and Frugal Ways to Become a Better Project Leader», *Saïd Business School Working Papers*, University of Oxford, 2022.

5. Ed Catmull, *Creativity, Inc: Overcoming the Unseen Forces That Stand in the Way of True Inspiration* (Nueva York, Random House, 2014), p. 315.

6. medianwandel, «WWDC 1997: Steve Jobs About Apple's Future», YouTube, 19 de octubre de 2011, <https://www.youtube.com/watch?v=qyd0tPOSK6o>.

Bibliografía

258t, «Steve Jobs Customer Experience», YouTube, 16 de octubre de 2015. <https:// www.youtube.com/watch?v=r2O5qKZlI50>.

AALTONEN, Kirsi, y Jaakko KUJALA, «A Project Lifecycle Perspective on Stakeholder Influence Strategies in Global Projects», *Scandinavian Journal of Management*, vol. 26, n.º 4 (2010), pp. 381-397.

ABI-HABIB, Maria, Oscar LOPEZ, y Natalie KITROEFF, «Construction Flaws Led to Mexico City Metro Collapse, Independent Inquiry Shows», *The New York Times*, 16 de junio de 2021.

ACADEMY OF ACHIEVEMENT, «Frank Gehry, Academy Class of 1995, Full Interview», YouTube, 18 de julio de 2017. <https://www.youtube.com/watch?v=wTElC mNkkKc>.

ADELMAN, Jeremy, *Worldly Philosopher: The Odyssey of Albert O. Hirschman*, Princeton (NJ), Princeton University Press, 2013.

ADLER, Paul S., «Time-and-Motion Regained», *Harvard Business Review*, vol. 17, n.º 1 (1993), pp. 97-108.

AGUINIS, Herman, «Revisiting Some "Established Facts" in the Field of Management», *Business Research Quarterly*, vol. 17, n.º 1 (2014), pp. 2-10.

AHMED, Kaamil, «Ending World Hunger by 2030 Would Cost $330 Billion, Study Finds», *The Guardian*, 13 de octubre de 2020.

ALACEVICH, Michele, «Early Development Economics Debates Revisited», *Policy Research Working Paper*, n.º 4441, Washington, DC, World Bank, 2007.

—, «Visualizing Uncertainties, or How Albert Hirschman and the World Bank Disagreed on Project Appraisal and What This Says About the End of "High Development Theory"», *Journal of the History of Economic Thought*, vol. 36, n.° 2 (2014), p. 157.

ALBALATE, Daniel, y Germà BEL, *The Economics and Politics of High-Speed Rail*, Nueva York, Lexington Books, 2014.

ALHO, Juha M., «The Accuracy of Environmental Impact Assessments: Skew Prediction Errors», *Ambio*, vol. 21, n.° 4 (1992), pp. 322-323.

ALTSHULER, Alan, y David LUBEROFF, *Mega-Projects: The Changing Politics of Urban Public Investment*, Washington, DC, Brookings Institution, 2003.

ALVARES, Claude, y Ramesh BILLOREY, *Damning the Narmada: India's Greatest Planned Environmental Disaster*, Penang, Third World Network and Asia-Pacific People's Environment Network, AP-PEN, 1988.

AMAZON, 2022 «Leadership Principles», <https://www.amazon.jobs/en/principles>.

AMBROSE, Stephen E., *Nothing Like It in the World: The Men Who Built the Transcontinental Railroad, 1863-1869*, Nueva York, Touchstone, 2000.

ANDERSON, Cameron, y Adam D. GALINSKY, «Power, Optimism, and Risk-Taking», *European Journal of Social Psychology*, vol. 36, n.° 4 (2006), pp. 511-536.

ANDRANOVICH, Greg, Matthew J. BURBANK, y Charles H. HEYING, «Olympic Cities: Lessons Learned from Mega-Event Politics», *Journal of Urban Affairs*, vol. 23, n.° 2 (2001), pp. 113-131.

ANDRIANI, Pierpaolo, y Bill MCKELVEY, «Beyond Gaussian Averages: Redirecting International Business and Management Research Toward Extreme Events and Power Laws», *Journal of International Business Studies*, vol. 38, n.° 7(2007), pp. 1212-1230.

—, «Perspective—From Gaussian to Paretian Thinking: Causes and Implications of Power Laws in Organizations», *Organization Science*, vol. 20, n.° 6 (2009), pp. 1053-1071.

—, «From Skew Distributions to Power-Law Science», en: *Complexity and Management*, eds. P. ALLEN, S. MAGUIRE, y Bill MCKELVEY, Los Ángeles, Sage, pp. 254-273, 2011.

Anguera, Ricard, «The Channel Tunnel: An Ex Post Economic Evaluation», *Transportation Research Part A*, vol. 40, n.º 4 (2006), pp. 291-315.

Ansar, Atif, y Bent Flyvbjerg, «How to Solve Big Problems: Bespoke Versus Platform Strategies», *Oxford Review of Economic Policy*, vol. 38, n.º 2 (2022), pp. 338-368.

—, Bent Flyvbjerg, Alexander Budzier, y Daniel Lunn, «Should We Build More Large Dams? The Actual Costs of Hydropower Megaproject Development», *Energy Policy*, n.º 69 (2014): pp. 43-56.

—, «Does Infrastructure Investment Lead to Economic Growth or Economic Fragility? Evidence from China», *Oxford Review of Economic Policy*, vol. 32, n.º 3 (2016), pp. 360-390.

—, 2017 «Big Is Fragile: An Attempt at Theorizing Scale», en: *The Oxford Handbook of Megaproject Management*, ed. Bent Flyvbjerg, Oxford, Oxford University Press, pp. 60-95.

Anthopoulos, Leonidas, Christopher G. Reddick, Irene Giannakidou, y Nikolaos Mavridis, «Why E-Government Projects Fail? An Analysis of the healthcare.gov Website», *Government Information Quarterly*, vol. 33, n.º 1 (2016), pp. 161-173.

Architectural Videos, «Frank Gehry Uses CATIA for His Architecture Visions», YouTube, 1 de noviembre de 2011. <https://www.youtube.com/watch?v= UEn53Wr6380>.

Aristóteles, *The Nicomachean Ethics*, traducida por J. A. K. Thomson, revisada con notas y apéndices por Hugh Tredennick. Introducción y bibliografía por Jonathan Barnes, Harmondsworth, Penguin Classics, 1976. [Hay trad. cast.: *Ética a Nicómaco*, Madrid, Gredos, 2010].

Arkes, Hal R., y Catherine Blumer, «The Psychology of Sunk Cost», *Organizational Behavior and Human Decision Processes*, vol. 35, n.º 1 (1985), pp. 124-140.

Arup, Ove, y Partners Scotland, *Scottish Parliament, Edinburgh Tram Line 2: Review of Business Case*, West Lothian, Ove Arup and Partners, 2004.

Australian Transport and Infrastructure Council, *Optimism Bias*, Canberra, Commonwealth of Australia, 2018.

Avery, Dan, «Warren Buffett to Offer a Fresh Approach on Modular Construction», *Architectural Digest*, 20 de mayo de 2021. <https://www.architecturaldigest.com/story/warren-buffett-offer-fresh-approach-modular-construction>.

Awojobi, Omotola, y Glenn P. Jenkins, «Managing the Cost Overrun Risks of Hydroelectric Dams: An Application of Reference-Class Forecasting Techniques», *Renewable and Sustainable Energy Reviews*, n.º 63 (septiembre de 2016), pp. 19-32.

Baade, Robert A., y Victor A. Matheson, «The Quest for the Cup: Assessing the Economic Impact of the World Cup», *Regional Studies*, vol. 38, n.º 4 (2004), pp. 343-354.

—, «Going for the Gold: The Economics of the Olympics», *Journal of Economic Perspectives*, vol. 30, n.º 2 (2016), pp. 201-218.

Bach, Steven, *Final Cut: Art, Money, and Ego in the Making of Heaven's Gate, the Film That Sank United Artists*, Nueva York, Newmarket Press, 1999.

Backwell, Ben, *Wind Power: The Struggle for Control of a New Global Industry*, Londres, Routledge, 2018.

Baham, Cory, Rudy Hirschheim, Andres A. Calderon, y Victoria Kisekka, «An Agile Methodology for the Disaster Recovery of Information Systems Under Catastrophic Scenarios», *Journal of Management Information Systems*, vol. 34, n.º 3 (2017), pp. 633-663.

Bain, Susan, *Holyrood: The Inside Story*, Edimburgo, Edinburgh University Press, 2005.

Bak, Per, *How Nature Works: The Science of Self-Organized Criticality*, Nueva York, Springer Science & Business Media, 1996.

—, Chao Tang, y Kurt Wiesenfeld, «Self-Organized Criticality: An Explanation of the 1/f Noise», *Physical Review Letters*, vol. 59, n.º 4 (1988), p. 381.

—, «Self-Organized Criticality», *Physical Review A*, vol. 38, n.º 1 (1988), pp. 364-374.

Bakker, Karen, «The Politics of Hydropower: Developing the Mekong», *Political Geography*, vol. 18, n.º 2 (1999), pp. 209-232.

Baldwin, Carliss Y., y Kim B. Clark, *Design Rules: The Power of Modularity*, Cambridge (Massachusetts), MIT Press, 2000.

Bar-Hillel, Maya, «The Base-Rate Fallacy in Probability Judgments», *Acta Psychologica*, vol. 44, n.º 3 (1980), pp. 211-233.

Barabási, Albert-László, «The Origin of Bursts and Heavy Tails in Human Dynamics», *Nature*, n.º 435 (2005), pp. 207-211.

—, *Linked: How Everything Is Connected to Everything Else and What It Means for Business, Science, and Everyday Life*, Nueva York, Basic Books, 2014.

—, y Réka Albert, «Emergence of Scaling in Random Networks», *Science*, vol. 286, n.º 5439 (1999), pp. 509-512.

—, Kwang-Il Goh, y Alexei Vazquez, Reply to Comment on «The Origin of Bursts and Heavy Tails in Human Dynamics», 2005, arXiv preprint. <arXiv:physics/0511186>.

Barnard, Michael, «A Decade of Wind, Solar, and Nuclear in China Shows Clear Scalability Winners», *CleanTechnica*, 5 de septiembre de 2021. <https://cleantechnicacom/2021/09/05/a-decade-of-wind-solar-nuclear-in-china-shows-clear-scalability-winners/>.

Barthiaume, Lee, «Skyrocketing Shipbuilding Costs Continue as Estimate Puts Icebreaker Price at $7.25 Bill», *The Canadian Press*, 16 de diciembre de 2021.

Bartlow, James, «Innovation and Learning in Complex Offshore Construction Projects», *Research Policy*, vol. 29, n.º 7 (2000), pp. 973-989.

Batselier, Jordy, *Empirical Evaluation of Existing and Novel Approaches for Project Forecasting and Control*, disertación doctoral, Gante (Bélgica), Universidad de Gante, 2016.

—, y Mario Vanhoucke, «Practical Application and Empirical Evaluation of Reference-Class Forecasting for Project Management», *Project Management Journal*, vol. 47, n.º 5 (2016), p. 36.

—, «Improving Project Forecast Accuracy by Integrating Earned Value Management with Exponential Smoothing and Reference-Class Forecasting», *International Journal of Project Management*, vol. 35, n.º 1 (2017), pp. 28-43.

BBC, *Restoration Home*, temporada 3, episodio 8, BBC, 21 de agosto de 2013. <https:// www.youtube.com/watch?v=_NDaO42j_KQ>.

—, «Japan Cancels Failed $9bn Monju Nuclear Reactor», BBC, 21 de diciembre de 2016. <https://www.bbc.co.uk/news/world-asia-38390504>.

BECHTLER, Cristina, ed., *Frank O. Gehry/Kurt W. Forster*, Ostfildern-Ruit (Alemania), Cantz, 1999.

BERNSTEIN, Peter L., *Wedding of the Waters: The Erie Canal and the Making of a Great Nation*, Nueva York, W. W. Norton, 2005.

BILLINGS, Stephen B., y J. Scott HOLLADAY, «Should Cities Go for the Gold? The Long-Term Impacts of Hosting the Olympics», *Economic Inquiry*, vol. 50, n.º 3 (2012), pp. 754-772.

BILLINGTON, David P., y Donald C. JACKSON, *Big Dams of the New Deal Era: A Confluence of Engineering and Politics*, Norman, University of Oklahoma Press, 2006.

BISHIR, Catherine W., «Shreve and Lamb», en: *North Carolina Architects and Builders: A Biographical Dictionary*, Raleigh, North Carolina State University Libraries, 2009. <https://ncarchitects.lib.ncsu.edu/people/P000414>.

BISKIND, Peter, *Easy Riders, Raging Bulls: How the Sex-Drugs-and-Rock 'n' Roll Generation Saved Hollywood*, Londres, Bloomsbury Publishing, 1998. [Hay trad. cast.: *Moteros tranquilos, toros salvajes*, Barcelona, Anagrama, 2004].

BIZONY, Piers, *The Man Who Ran the Moon: James Webb, JFK, and the Secret History of Project Apollo*, Cambridge (Reino Unido), Icon Books, 2006.

BOISOT, Max, y Bill MCKELVEY, «Connectivity, Extremes, and Adaptation: A Power-Law Perspective of Organizational Effectiveness», *Journal of Management Inquiry*, vol. 20, n.º 2 (2011), pp. 119-133.

BOK, Sissela, *Lying: Moral Choice in Public and Private Life*, Nueva York, Vintage, 1999.

BORDLEY, Robert F., «Reference-Class Forecasting: Resolving Its Challenge to Statistical Modeling», *The American Statistician*, vol. 68, n.º 4 (2014), pp. 221-229.

BOUDET, Hilary Schaffer, y Leonard ORTOLANO, «A Tale of Two Sitings: Contentious Politics in Liquefied Natural Gas Facility Siting in California», *Journal of Planning Education and Research*, vol. 30, n.º 1 (2010), pp. 5-21.

BOVENS, Mark, y Paul 't HART, *Understanding Policy Fiascoes*, New Brunswick (New Jersey), Transaction Publishers, 1996.

BOWMAN, Martin W., *Boeing 747: A History*, Barnsley (Reino Unido), Pen and Sword Aviation, 2015.

BOX, George E. P., «Science and Statistics», *Journal of the American Statistical Association*, vol. 71, n.º 356 (1976), pp. 791-799.

BROCKNER, Joel, «The Escalation of Commitment to a Failing Course of Action: Toward Theoretical Progress», *Academy of Management Review*, vol. 17, n.º 1 (1992), pp. 39-61.

BROOKS, Frederick P., *The Mythical Man-Month: Essays on Software Engineering*, 2.ª ed., Reading (Massachusetts), Addison-Wesley, 1995.

BROWN, James H., y Geoffrey B. WEST, eds., *Scaling in Biology*, Oxford (Reino Unido), Oxford University Press, 2000.

BROWN, Willie, «When Warriors Travel to China, Ed Lee Will Follow», *San Francisco Chronicle*, 27 de julio de 2013.

BRYAR, Colin, y Bill CARR, *Working Backwards: Insights, Stories, and Secrets from Inside Amazon*, Nueva York, St. Martin's Press, 2021.

BUCKLEY, Ralf C., «Environmental Audit: Review and Guidelines», *Environment and Planning Law Journal*, vol. 7, n.º 2 (1990), pp. 127-141.

—, «Auditing the Precision and Accuracy of Environmental Impact Predictions in Australia», *Environmental Monitoring and Assessment*, vol. 18, n.º 1 (1991), pp. 1-23.

—, «How Accurate Are Environmental Impact Predictions?», *Ambio*, vol. 20, n.º 3-4 (1991), pp. 161-162, con «Response to Comment by J. M. Alho», vol. 21, n.º 4, pp. 323-324.

BUDZIER, Alexander, y Bent FLYVBJERG, «Double Whammy: How ICT Projects Are Fooled by Randomness and Screwed by Political Intent», *Saïd Business School Working Papers*, Oxford (Reino Unido), University of Oxford, 2011.

—, «Making Sense of the Impact and Importance of Outliers in Project Management Through the Use of Power Laws», *Proceedings of IRNOP* [International Research Network on Organizing by Projects], n.º 11 (2013), pp. 1-28.

—, Bent FLYVBJERG, Andi GARAVAGLIA, y Andreas LEED, *Quantitative*

Cost and Schedule Risk Analysis of Nuclear Waste Storage, Oxford (Reino Unido), Oxford Global Projects, 2018.

BUEHLER, Roger, Dale GRIFFIN, y Heather MACDONALD, «The Role of Motivated Reasoning in Optimistic Time Predictions», *Personality and Social Psychology Bulletin*, vol. 23, n.º 3 (1997), pp. 238-247.

—, Dale GRIFFIN, y Johanna PEETZ, «The Planning Fallacy: Cognitive, Motivational, and Social Origins», *Advances in Experimental Social Psychology*, n.º 43 (2010), pp. 1-62.

—, Dale GRIFFIN, y Michael ROSS, «Exploring the "Planning Fallacy": Why People Underestimate Their Task Completion Times», *Journal of Personality and Social Psychology*, vol. 67, n.º 3 (1994), pp. 366-381.

BYRON, Kristin, Deborah NAZARIAN, y Shalini KHAZANCHI, «The Relationships Between Stressors and Creativity: A Meta-analysis Examining Competing Theoretical Models», *Journal of Applied Psychology*, vol. 95, n.º 1 (2010), pp. 201-212.

CALIFORNIA HIGH-SPEED RAIL AUTHORITY, *Financial Plan*, Sacramento, California High-Speed Rail Authority, 1999.

—, *California High-Speed Train Business Plan*, Sacramento, California High-Speed Rail Authority, 2008.

—, *California High-Speed Rail Program, Revised 2012 Business Plan: Building California's Future*, Sacramento, California High-Speed Rail Authority, 2012.

—, *Connecting California: 2014 Business Plan*, Sacramento, California High-Speed Rail Authority, 2014.

—, *Connecting and Transforming California: 2016 Business Plan*, Sacramento, California High-Speed Rail Authority, 2016.

—, *2018 Business Plan*, Sacramento, California High-Speed Rail Authority, 2018.

—, *2020 Business Plan: Recovery and Transformation*, Sacramento, California High-Speed Rail Authority, 2021.

—, *2020 Business Plan: Ridership and Revenue Forecasting Report*, Sacramento, California High-Speed Rail Authority, 2021.

—, *Revised Draft 2020 Business Plan: Capital Cost Basis of Estimate Report*, Sacramento, California High-Speed Rail Authority, 2021.

CALIFORNIA LEGISLATIVE INFORMATION, *Safe, Reliable High-Speed Passenger Train Bond Act for the 21st Century*, Propuesta de ley de la Asamblea n.º 3034. California Legislative Information, 2008. <https://leginfo.legislature.ca.gov/faces/billNavClient.xhtml?bill_id=200720080AB3034>.

CAMPBELL, Joseph, *The Hero with a Thousand Faces*, San Francisco, New World Library, 2008. [Hay trad. cast.: *El héroe de las mil caras*, Madrid, Fondo de Cultura Económica, 2005].

CAMPION-AWWAD, Oliver, Alexander HAYTON, Leila SMITH, y Mark VUARAN, *The National Programme for IT in the NHS: A Case History*, Cambridge (Reino Unido), University of Cambridge, 2014.

CANTARELLI, Chantal C., Bent FLYVBJERG, y Søren L. BUHL, «Geographical Variation in Project Cost Performance: The Netherlands Versus Worldwide», *Journal of Transport Geography*, n.º 24 (2012), pp. 324-331.

—, Bent FLYVBJERG, Eric J. E. MOLIN, y Bert van WEE, «Cost Overruns in Large-Scale Transportation Infrastructure Projects: Explanations and Their Theoretical Embeddedness», *European Journal of Transport and Infrastructure Research*, vol. 10, n.º 1 (2010), pp. 5-18.

—, «Lock-in and Its Influence on the Project Performance of Large-Scale Transportation Infrastructure Projects: Investigating the Way in Which Lock-in Can Emerge and Affect Cost Overruns», *Environment and Planning B: Planning and Design*, vol. 37, n.º 5 (2010), pp. 792-807.

—, «Characteristics of Cost Overruns for Dutch Transport Infrastructure Projects and the Importance of the Decision to Build and Project Phases», *Transport Policy*, n.º 22 (2012), pp. 49-56.

CARREYROU, John, *Bad Blood: Secrets and Lies in a Silicon Valley Startup*, Nueva York, Alfred A. Knopf, 2018. [Hay trad. cast.: *Mala sangre*, Madrid, Capitán Swing, 2019].

CARO, Robert A., *The Power Broker: Robert Moses and the Fall of New York*, Nueva York, Vintage, 1975.

—, *Working: Researching, Interviewing, Writing*, Nueva York, Vintage, 2019.

CARSON, Thomas L., «The Definition of Lying», *Noûs*, vol. 40, n.º 2 (2006), pp. 284-306.

CATMULL, Ed, *Creativity, Inc.: Overcoming the Unseen Forces That Stand in the Way of True Inspiration*, Nueva York, Random House, 2014.

CBC NEWS, «Jean Drapeau Dead», CBC News, 13 de agosto de 1999. <https://www.cbc.ca/news/canada/jean-drapeau-dead-1.185985>.

CHANDLER, Alfred D., *Scale and Scope: Dynamics of Industrial Capitalism*, nueva ed., Cambridge (Massachusetts), Harvard University Press, 1990. [Hay trad. cast.: *Escala y diversificación: la dinámica del capitalismo industrial*, Zaragoza, Prensas de la Universidad de Zaragoza, 1996].

CHANDRA, Ramesh, *Encyclopedia of Education in South Asia*, vol. 6, Delhi, Gyan Publishing House, 2014.

CHANG, Welton, Eva CHEN, Barbara MELLERS, y Philip TETLOCK, «Developing Expert Political Judgment: The Impact of Training and Practice on Judgmental Accuracy in Geopolitical Forecasting Tournaments», *Judgment and Decision Making*, vol. 11, n.º 5 (2016), pp. 509-526.

CHAPMAN, Gretchen B., y Eric J. JOHNSON, «Anchoring, Activation, and the Construction of Values», *Organizational Behavior and Human Decision Processes*, vol. 79, n.º 2 (1999), pp. 115-153.

CHAREST, Paul, «Aboriginal Alternatives to Megaprojects and Their Environmental and Social Impacts», *Impact Assessment*, vol. 13, n.º 4 (1995), pp. 371-386.

CHRISTIAN, Alex, «The Untold Story of the Big Boat That Broke the World», *Wired*, 22 de junio de 2021. <https://www.wired.co.uk/article/ever-given-global-supply-chain>.

CHRISTOFFERSEN, Mads, Bent FLYVBJERG, y Jørgen Lindgaard PEDERSEN, «The Lack of Technology Assessment in Relation to Big Infrastructural Decisions», en: *Technology and Democracy: The Use and Impact of Technology Assessment in Europe. Proceedings from the 3rd European Congress on Technology Assessment*, Copenhague, 1992, pp. 54-75.

CIALDINI, Robert B., *Influence, New and Expanded: The Psychology of Persuasion*, Nueva York, Harper Business, 2021.

CLARK, Gordon L., y Neil WRIGLEY, «Sunk Costs: A Framework for Economic Geography», *Transactions of the Institute of British Geographers*, vol. 20, n.° 2 (1995), pp, 204-223.

CLAUSET, Aaron, Cosma R. SHALIZI, y Mark E. J. NEWMAN, «Power-Law Distributions in Empirical Data», *SIAM Review*, vol. 51, n.° 4 (2009), pp. 661-703.

—, Maxwell YOUNG, y Kristian S. GLEDITSCH, «On the Frequency of Severe Terrorist Events», *Journal of Conflict Resolution*, vol. 51, n.° 1 (2007), pp. 58-87.

COLLINGRIDGE, David, *The Management of Scale: Big Organizations, Big Decisions, Big Mistakes*, Londres, Routledge, 1992.

COLLINS, Jeffrey, «Former Executive Faces Prison Time in SC Nuclear Debacle», Associated Press, 25 de noviembre de 2020.

CONBOY, Kieran, «Project Failure en Masse: A Study of Loose Budgetary Control in ISD Projects», *European Journal of Information Systems*, vol. 19, n.° 3 (2010), pp. 273-287.

CONSTRUCTION TASK FORCE, 1998 «Rethinking Construction—The Egan Report», Londres, Dept. of the Environment, Transport, and the Regions. Constructing Excellence. <https://constructingexcellence.org.uk/wp-content/uploads/2014/10/rethinking_construction_report.pdf>.

CONSTRUCTIVE DEVELOPMENTS, «Storebaelt Tunnels, Denmark», Constructive Developments, 2022. <https://sites.google.com/site/constructivedevelopments/storebaelt-tunnels>.

COOPER, Arnold C., Carolyn Y. WOO, y William C. DUNKELBERG, «Entrepreneurs' Perceived Chances for Success», *Journal of Business Venturing*, vol. 3, n.° 2 (1988), pp. 97-108.

CULLINANE, Kevin, y Mahim KHANNA, «Economies of Scale in Large Containerships: Optimal Size and Geographical Implications», *Journal of Transport Geography*, vol. 8, n.° 3 (2000), pp. 181-195.

CZERLINSKI, Jean, Gerd GIGERENZER, y Daniel G. GOLDSTEIN, «How Good Are Simple Heuristics?», en: *Simple Heuristics That Make Us Smart*, eds. Gerd GIGERENZER, Peter M. TODD, y ABC RESEARCH GROUP, Oxford (Reino Unido), Oxford University Press, 1999, pp. 97-118.

DALEY, James, «Owner and Contractor Embark on War of Words over Wembley Delay», *The Independent*, 22 de septiembre de 2011.

DANTATA, Nasiru A., Ali TOURAN, y Donald C. SCHNECK, «Trends in US Rail Transit Project Cost Overrun», *Transportation Research Board Annual Meeting*, Washington, DC, National Academies, 2006.

DARDICK, Hal, «Ald. Burke Calls Great Chicago Fire Festival a "Fiasco"», *Chicago Tribune*, 6 de octubre de 2014.

DAVIES, Andrew, David GANN, y Tony DOUGLAS, «Innovation in Megaprojects: Systems Integration at London Heathrow Terminal 5», *California Management Review*, vol. 51, n.º 2 (2009), pp. 101-125.

—, y Michael HOBDAY, *The Business of Projects: Managing Innovation in Complex Products and Systems*, Cambridge (Reino Unido), Cambridge University Press, 2005.

DE BRUIJN, Hans, y Martijn LEIJTEN, «Megaprojects and Contested Information», *Transportation Planning and Technology*, vol. 30, n.º 1 (2007), pp. 49-69.

DE REYCK, Bert, Yael GRUSHKA-COCKAYNE, Ioannis FRAGKOS, y Jeremy HARRISON, *Optimism Bias Study: Recommended Adjustments to Optimism Bias Uplifts*, Londres, Department for Transport, 2015.

—, *Optimism Bias Study—Recommended Adjustments to Optimism Bias Uplifts*, actualización, Londres, Department for Transport, 2017.

DEGROOT, Gerard, *Dark Side of the Moon: The Magnificent Madness of the American Lunar Quest*, Londres, Vintage, 2008.

DEL CERRO SANTAMARÍA, Gerardo, «Iconic Urban Megaprojects in a Global Context: Revisiting Bilbao»., en: *The Oxford Handbook of Megaproject Management*, ed. Bent FLYVBJERG, Oxford (Reino Unido), Oxford University Press, 2017, pp. 497-518.

DELANEY, Kevin J., y Rick ECKSTEIN, *Public Dollars, Private Stadiums: The Battle over Building Sports Stadiums*, New Brunswick (NJ), Rutgers University Press, 2003.

DEL REY, Jason, «The Making of Amazon Prime, the Internet's Most Successful and Devastating Membership Program», Vox, 3 de mayo de 2019. <https://www.vox.com/recode/2019/5/3/18511544/amazon-prime-oral-history-jeff-bezos-one-day-shipping>.

DETTER, Dag, y Stefan FÖLSTER, *The Public Wealth of Nations*, Nueva York, Palgrave, 2015.

DIPPER, Ben, Carys JONES, y Christopher WOOD, «Monitoring and Post-auditing in Environmental Impact Assessment: A Review», *Journal of Environmental Planning and Management*, vol. 41, n.º 6 (1998), pp. 731-747.

DOIG, Jameson W., *Empire on the Hudson: Entrepreneurial Vision and Political Power at the Port of New York Authority*, Nueva York, Columbia University Press, 2001.

DOWLING, Stephen, «The Boeing 747: The Plane That Shrank the World», BBC, 19 de junio de 2020. <https://www.bbc.com/future/article/20180927-the-boeing-747-the-plane-that-shrank-the-world>.

DREW, Philip, *The Masterpiece: Jørn Utzon, a Secret Life*, South Yarra, Victoria (Australia), Hardie Grant Books, 2001.

DRUMMOND, Helga, «Is Escalation Always Irrational?», en: *Megaproject Planning and Management: Essential Readings*, vol. 2, ed. Bent FLYVB-JERG, Cheltenham (Reino Unido), Edward Elgar, 2014, pp. 291-309. Publicado originalmente *Organization Studies*, vol. 19, n.º 6.

—, «Megaproject Escalation of Commitment: An Update and Appraisal», en: *The Oxford Handbook of Megaproject Management*, ed. Bent FLYVBJERG, Oxford (Reino Unido), Oxford University Press, 2017, pp. 194-216.

DUFLO, Esther, y Rohini PANDE, «Dams», *The Quarterly Journal of Economics* 122 (2007), pp. 601-646.

DUHIGG, Charles, «What Google Learned from Its Quest to Build the Perfect Team», *The New York Times Magazine*, 25 de febrero de 2016.

DYSON, Freeman, «The Green Universe: A Vision», *The New York Review of Books*, 13 de octubre de 2016, pp. 4-6.

EDMONDSON, Amy, *The Fearless Organization: Creating Psychological Safety in the Workplace for Learning, Innovation, and Growth*, Hoboken (NJ), John Wiley & Sons, 2018.

EISENHARDT, Kathleen M., «Agency Theory: An Assessment and Review», *Academy of Management Review*, vol. 14, n.º 1 (1989), pp. 57-74.

ELECTRIC LADY STUDIOS, <http://electricladystudios.com>.

EMMONS, Debra L., Robert E. BITTEN, y Claude W. FREANER, «Using Historical NASA Cost and Schedule Growth to Set Future Program and Project Reserve Guidelines», *2007 IEEE Aerospace Conference*, 2007, pp. 1-16.

EMPIRE STATE INC., *Empire State: A History*, Nueva York, Publicity Association, 1931.

EPLEY, Nicholas, y Thomas GILOVICH, «The Anchoring-and-Adjustment Heuristic: Why the Adjustments Are Insufficient», *Psychological Science*, vol. 17, n.° 4 (2006), pp. 311-318.

ESCOBAR-RANGEL, Lina, y François LÉVÊQUE, «Revisiting the Cost Escalation Curse of Nuclear Power: New Lessons from the French Experience», *Economics of Energy and Environmental Policy*, vol. 4, n.° 2 (2015), pp. 103-126.

ESSEX, Stephen, y Brian CHALKLEY, «Mega-Sporting Events in Urban and Regional Policy: A History of the Winter Olympics», *Planning Perspectives*, vol. 19, n.° 2 (2004), pp. 201-232.

ESTY, Benjamin C., «Why Study Large Projects? An Introduction to Research on Project Finance», *European Financial Management*, vol. 10, n.° 2 (2004), pp. 213-224.

ETHIRAJ, Sendil K., y Danial A. LEVINTHAL, «Modularity and Innovation in Complex Systems», *Management Science*, vol. 50, n.° 2 (2004), pp. 159-173.

EU COMISSION, *Guidelines for the Construction of a Transeuropean Transport Network*, EU Bulletin L228, Bruselas, EU Commission, 1996.

EUROPEAN COURT OF AUDITORS, *EU-Funded Airport Infrastructures: Poor Value for Money*, European Court of Auditors, 2014. <https://www.eca.europa.eu/Lists/ECADocuments/SR14_21/QJAB14021ENC.pdf>.

EXEMPLARS IN GLOBAL HEALTH, *What Did Nepal Do?*, Exemplars in Global Health, 2022. <https://www.exemplars.health/topics/stunting/nepal/what-did-nepal-do>.

FABRICIUS, Golo, y Marion BÜTTGEN, «Project Managers' Overconfidence: How Is Risk Reflected in Anticipated Project Success?», *Business Research*, vol. 8, n.° 2 (2015), pp. 239-263.

FAINSTEIN, Susan S., «Mega-Projects in New York, London and Amsterdam», *International Journal of Urban and Regional Research*, vol. 32, n.º 4 (2008), pp. 768-785.

FALLIS, Don, «What Is Lying?», *The Journal of Philosophy*, vol. 106, n.º 1 (2009), pp. 29-56.

FARAGO, Jason, «Gehry's Quiet Interventions Reshape the Philadelphia Museum», *The New York Times*, 30 de mayo de 2021.

FARMER, J. Doyne, y John GEANAKOPLOS, *Power Laws in Economics and Elsewhere*, Santa Fe (Nuevo México), Santa Fe Institute, 2008.

FEARNSIDE, Philip M., «The Canadian Feasibility Study of the Three Gorges Dam Proposed for China's Yangzi River: A Grave Embarrassment to the Impact Assessment Profession», *Impact Assessment*, vol. 12, n.º 1 (1994), pp. 21-57.

FEYNMAN, Richard P., «Richard P. Feynman's Minority Report to the Space Shuttle Challenger Inquiry», en: FEYNMAN, *The Pleasure of Finding Things Out*, Nueva York, Penguin, 2007, pp. 151-69. [Hay trad. cast.: *El placer de descubrir*, Barcelona, Crítica, 2004].

—, «Mr. Feynman Goes to Washington: Investigating the Space Shuttle *Challenger* Disaster», en: FEYNMAN, *What Do You Care What Other People Think? Further Adventures of a Curious Character*, Nueva York, Penguin, 2007, pp. 113-237. [Hay trad. cast.: *¿Qué te importa lo que piensen los demás?*, Madrid, Alianza, 2015].

FLOWERS, Benjamin, 2009. *Skyscraper: The Politics and Power of Building New York City in the Twentieth Century*, Philadelphia: University of Pennsylvania Press.

FLYVBJERG, Bent, 1998. *Rationality and Power: Democracy in Practice*, Chicago, University of Chicago Press, 1998. [Hay trad. cast.: *Ciudad, razón y poder: la democracia en práctica*, Madrid, Asimétricas, 2021].

—, *Making Social Science Matter: Why Social Inquiry Fails and How It Can Succeed Again*, Cambridge (Reino Unido), Cambridge University Press, 2001.

—, «Delusions of Success: Comment on Dan Lovallo and Daniel Kahneman», *Harvard Business Review*, vol. 81, n.º 12 (2003), pp. 121-122.

—, «Design by Deception: The Politics of Megaproject Approval»,

Harvard Design Magazine, n.° 22 (primavera/verano de 2005), pp. 50-59.

—, «Measuring Inaccuracy in Travel Demand Forecasting: Methodological Considerations Regarding Ramp Up and Sampling», *Transportation Research A*, vol. 39, n.° 6 (2005), pp. 522-530.

—, «From Nobel Prize to Project Management: Getting Risks Right», *Project Management Journal*, vol. 37, n.° 3 (2006), pp. 5-15.

—, «Survival of the Unfittest: Why the Worst Infrastructure Gets Built, and What We Can Do About It», *Oxford Review of Economic Policy*, vol. 25, n.° 3 (2009), pp. 344-367.

—, «Why Mass Media Matter and How to Work with Them: Phronesis and Megaprojects», en: *Real Social Science: Applied Phronesis*, eds. Bent FLYVBJERG, Todd LANDMAN, y Sanford SCHRAM, Cambridge (Reino Unido), Cambridge University Press, 2012, pp. 95-121.

—, «Quality Control and Due Diligence in Project Management: Getting Decisions Right by Taking the Outside View», *International Journal of Project Management*, vol. 31, n.° 5 (2013), pp. 760-774.

—, «What You Should Know About Megaprojects and Why: An Overview», *Project Management Journal*, vol. 45, n.° 2 (2014), pp. 6-19.

—, ed., *Planning and Managing Megaprojects: Essential Readings*, vols. 1-2, Cheltenham (Reino Unido), Edward Elgar, 2014.

—, «The Fallacy of Beneficial Ignorance: A Test of Hirschman's Hiding Hand», *World Development*, n.° 84 (abril de 2016), pp. 176-189.

—, «Introduction: The Iron Law of Megaproject Management», en: *The Oxford Handbook of Megaproject Management*, ed. Bent Flyvbjerg, Oxford (Reino Unido), Oxford University Press, 2017, pp. 1-18.

—, «Planning Fallacy or Hiding Hand: Which Is the Better Explanation?», *World Development*, n.° 103 (marzo de 2018), pp. 383-386.

—, «The Law of Regression to the Tail: How to Survive Covid-19, the Climate Crisis, and Other Disasters», *Environmental Science and Policy*, n.° 114 (diciembre de 2020), pp. 614-618.

—, «Four Ways to Scale Up: Smart, Dumb, Forced, and Fumbled», *Saïd Business School Working Papers*, Oxford (Reino Unido), University of Oxford, 2021.

—, «Make Megaprojects More Modular», *Harvard Business Review*, vol. 99, n.° 6 (2021), pp. 58-63.

—, «Top Ten Behavioral Biases in Project Management: An Overview», *Project Management Journal*, vol. 52, n.º 6 (2021), pp. 531-546.

—, «Heuristics for Masterbuilders: Fast and Frugal Ways to Become a Better Project Leader», *Saïd Business School Working Papers*, Oxford (Reino Unido), University of Oxford, 2022.

—, Atif ANSAR, Alexander BUDZIER, Søren BUHL, Chantal CANTARELLI, Massimo GARBUIO, Carsten GLENTING, Mette Skamris HOLM, Dan LOVALLO, Daniel LUNN, Eric MOLIN, Arne RØNNEST, Allison STEWART, y Bert VAN WEE, «Five Things You Should Know About Cost Overrun», *Transportation Research Part A: Policy and Practice*, n.º 118 (diciembre de 2018), pp. 174-190.

—, y Dirk W. BESTER, «The Cost-Benefit Fallacy: Why Cost-Benefit Analysis Is Broken and How to Fix It», *Journal of Benefit-Cost Analysis*, vol. 12, n.º 3 (2021), pp. 395-419.

—, Nils BRUZELIUS, y Werner ROTHENGATTER, *Megaprojects and Risk: An Anatomy of Ambition*, Cambridge (Reino Unido), Cambridge University Press, 2003.

—, y Alexander BUDZIER, «Why Your IT Project May Be Riskier Than You Think», *Harvard Business Review* 89, n.º 9 (2011), pp. 23-25.

—, *Report for the Commission of Inquiry Respecting the Muskrat Falls Project*, St. John's, provincia de Terranova y Labrador (Canadá), Muskrat Falls Inquiry, 2018.

—, Alexander BUDZIER, Maria D. CHRISTODOULOU, y M. ZOTTOLI, «So You Think Projects Are Unique? How Uniqueness Bias Undermines Project Management» (bajo revisión).

—, Alexander BUDZIER, Mark KEIL, Jong Seok LEE, Dirk W. BESTER, y Daniel LUNN, «The Empirical Reality of IT Project Cost Overruns: Discovering a Power-Law Distribution», *Journal of Management Information Systems* 39, n.º 3 (2022).

—, Alexander BUDZIER, y Daniel LUNN, «Regression to the Tail: Why the Olympics Blow Up», *Environment and Planning A: Economy and Space*, vol. 53, n.º 2 (2021), pp. 233-260.

—, Massimo GARBUIO, y Dan LOVALLO, «Delusion and Deception in Large Infrastructure Projects: Two Models for Explaining and Preventing Executive Disaster», *California Management Review*, vol. 51, n.º 2 (2009), pp. 170-193.

—, Carsten GLENTING, y Arne RØNNEST, *Procedures for Dealing with Optimism Bias in Transport Planning: Guidance Document*, Londres (Reino Unido), Department for Transport, 2004.

—, Mette K. Skamris HOLM, y Søren L. BUHL, «Underestimating Costs in Public Works Projects: Error or Lie?», *Journal of the American Planning Association*, vol. 68, n.º 3 (2002), pp. 279-295.

—, «What Causes Cost Overrun in Transport Infrastructure Projects?», *Transport Reviews*, vol. 24, n.º 1 (2004), pp. 3-18.

—, «How (In)accurate Are Demand Forecasts in Public Works Projects? The Case of Transportation», *Journal of the American Planning Association*, vol. 71, n.º 2 (2005), pp. 131-146.

—, Chi-keung HON, y Wing Huen FOK, «Reference-Class Forecasting for Hong Kong's Major Roadworks Projects», *Proceedings of the Institution of Civil Engineers*, n.º 169 (CE6), 2016, pp. 17-24.

—, y Tsung-Chung KAO, y Alexander BUDZIER, *Report to the Independent Board Committee on the Hong Kong Express Rail Link Project*, Hong Kong, MTR, A1-A122, 2014.

—, Todd LANDMAN, y Sanford SCHRAM, eds., *Real Social Science: Applied Phronesis*, Cambridge (Reino Unido), Cambridge University Press, 2012.

—, y Allison STEWART, «Olympic Proportions: Cost and Cost Overrun at the Olympics, 1960-2012», *Said Business School Working Papers*, Oxford (Reino Unido), University of Oxford, 2012.

—, y Cass R. SUNSTEIN, «The Principle of the Malevolent Hiding Hand; or, The Planning Fallacy Writ Large», *Social Research*, vol. 83, n.º 4 (2017), pp. 979-1004.

FOX BROADCASTING COMPANY, «El informante», *Los Simpson*, temporada 16, episodio 14, 3 de abril de 2005.

FREY, Thomas, «Megaprojects Set to Explode to 24% of Global GDP Within a Decade», *Future of Construction*, 10 de febrero de 2017. <https://futureof construction.org/blog/megaprojects-set-to-explode-to-24-of-global-gdp-within-a-decade>.

FRICK, Karen T., «The Cost of the Technological Sublime: Daring Ingenuity and the New San Francisco-Oakland Bay Bridge», en: *Decision-Making on Mega-Projects: Cost-Benefit Analysis, Planning, and Innovation*, eds. Hugo PRIEMUS, Bent FLYVBJERG, y Bert van WEE, Cheltenham (Reino Unido), Edward Elgar, 2008, pp. 239-262.

FUDENBERG, Drew, David K. LEVINE, y Zacharias MANIADIS, «On the Robustness of Anchoring Effects in WTP and WTA Experiments», *American Economic Journal: Microeconomics*, vol. 4, n.° 2 (2012), pp. 131-145.

GABAIX, Xavier, «Power Laws in Economics and Finance», *Annual Review of Economics*, n.° 1 (2009), pp. 255-294.

GADDIS, Paul O., «The Project Manager», *Harvard Business Review*, vol. 37, n.° 3 (1959), pp. 89-99.

GAGNÉ, Marylène, y Edward L. DECI, «Self-determination Theory and Work Motivation», *Journal of Organizational Behavior*, vol. 26, n.° 4 (2005), pp. 331-362.

GALTON, Francis, «Regression Towards Mediocrity in Hereditary Stature», *The Journal of the Anthropological Institute of Great Britain and Ireland*, n.° 15 (1886), pp. 246-263.

GARBUIO, Massimo, y Gloria GHENO, «An Algorithm for Designing Value Propositions in the IoT Space: Addressing the Challenges of Selecting the Initial Class in Reference Class Forecasting», *IEEE Transactions on Engineering Management*, n.° 99 (2021), pp. 1-12.

GARDNER, Dan, *Risk: The Science and Politics of Fear*, Londres, Virgin Books, 2009.

—, *Future Babble: Why Expert Predictions Fail and Why We Believe Them Anyway*, Londres, Virgin Books, 2010.

GARUD, Raghu, Arun KUMARASWAMY, y Richard N. LANGLOIS, *Managing in the Modular Age: Architectures, Networks, and Organizations*, Oxford (Reino Unido), Blackwell Publishers, 2003.

GASPER, Des, «Programme Appraisal and Evaluation: The Hiding Hand and Other Stories», *Public Administration and Development*, vol. 6, n.° 4 (1986), pp. 467-474.

GATES, Bill, «How We'll Invent the Future: 10 Breakthrough Technologies», *MIT Technology Review*, 27 de febrero de 2019. <https://www.technologyreview.com/2019/02/27/103388/bill-gates-how-well-invent-the-future/>.

GEHRY, Frank O., *Gehry Talks: Architecture + Process*, ed. Mildred Friedmann, Londres, Thames & Hudson, 2003.

—, «Introduction», en: *Symphony: Frank Gehry's Walt Disney Concert Hall*, ed. Gloria GERACE, Nueva York, Harry N. Abrams, 2003.

GELLERT, Paul, y Barbara LYNCH, «Mega-Projects as Displacements», *International Social Science Journal*, vol. 55, n.º 175 (2003), pp. 15-25.

GENUS, Audley, «Managing Large-Scale Technology and Inter-organizational Relations: The Case of the Channel Tunnel», *Research Policy*, vol. 26, n.º 2 (1997), pp. 169-189.

GIEZEN, Mendel, «Keeping It Simple? A Case Study into the Advantages and Disadvantages of Reducing Complexity in Mega Project Planning», *International Journal of Project Management*, vol. 30, n.º 7 (2012), pp. 781-790.

GIGERENZER, Gerd, «Models of Ecological Rationality: The Recognition Heuristic», *Psychological Review*, vol. 109, n.º 1 (2002), pp. 75-90.

—, *Risk Savvy: How to Make Good Decisions*, Londres, Allen Lane, 2014.

—, «The Bias Bias in Behavioral Economics», *Review of Behavioral Economics*, vol. 5, n.º 3-4 (2018), pp. 303-336.

—, «Embodied Heuristics», *Frontiers in Psychology* 12 (septiembre de 2021), pp. 1-12.

—, y Henry BRIGHTON, «Homo Heuristicus: Why Biased Minds Make Better Inferences», en: *Heuristics: The Foundations of Adaptive Behavior*, eds. Gerd Gigerenzer, Ralph Hertwig, y Thorsten Pachur, Oxford (Reino Unido), Oxford University Press, 2011, pp. 2-27.

—, y Wolfgang GAISSMAIER, «Heuristic Decision Making», *Annual Review of Psychology*, vol. 62, n.º 1 (2011), pp. 451-482.

—, y Daniel G. GOLDSTEIN, «Reasoning the Fast and Frugal Way: Models of Bounded Rationality», *Psychological Review*, vol. 103, n.º 4 (1996), pp. 650-669.

—, Ralph HERTWIG, y Thorsten PACHUR, eds., *Heuristics: The Foundations of Adaptive Behavior*, Oxford (Reino Unido), Oxford University Press, 2011.

—, Peter M. TODD, y the ABC RESEARCH GROUP, *Simple Heuristics That Make Us Smart*, Oxford (Reino Unido), Oxford University Press, 1999.

GIL, Nuno, Marcela MIOZZO, y Silvia MASSINI, «The Innovation Potential of New Infrastructure Development: An Empirical Study of Heathrow Airport's T5 Project», *Research Policy*, vol. 41, n.° 2 (2011), pp. 452-466.

GILOVICH, Thomas, Dale GRIFFIN, y Daniel KAHNEMAN, eds., *Heuristics and Biases: The Psychology of Intuitive Judgment*, Cambridge (Reino Unido), Cambridge University Press, 2002.

GINO, Francesca, y Bradley STAATS, «Why Organizations Don't Learn», *Harvard Business Review*, vol. 93, n.° 10 (2015), pp. 110-118.

GLADWELL, Malcolm, *Blink: The Power of Thinking Without Thinking*, Nueva York, Back Bay Books, 2007. [Hay trad. cast.: *Blink: el poder de pensar sin pensar*, Madrid, Taurus, 2005].

—, «The Gift of Doubt: Albert O. Hirschman and the Power of Failure», *The New Yorker*, 17 de junio de 2013.

GLEICK, Peter, Santos GOMEZ, Penn LOH, y Jason MORRISON, «California Water 2020: A Sustainable Vision», Oakland (California), Pacific Institute, 1995.

GOEL, Rajnish K., Bhawani SINGH, y Jian ZHAO, *Underground Infrastructures: Planning, Design, and Construction*, Waltham (Massachusetts), Butterworth-Heinemann, 2012.

GOETHALS, George R., David M. MESSICK, y Scott T. ALLISON, «The Uniqueness Bias: Studies in Constructive Social Comparison», en: *Social Comparison: Contemporary Theory and Research*, eds. Jerry Suls y T. A. Wills, Hillsdale (New Jersey), Erlbaum, 1991, pp. 149-176.

GOLDBERGER, Paul, *Building Art: The Life and Work of Frank Gehry*, Nueva York, Alfred A. Knopf, 2015.

GOLDBLATT, David, *The Games: A Global History of the Olympics*, Londres, Macmillan, 2016.

GOLDER, Peter N., y Gerard J. TELLIS, «Pioneer Advantage: Marketing Logic or Marketing Legend?», *Journal of Marketing Research*, vol. 30, n.° 2 (1993), pp. 158-170.

GOLDSTEIN, Daniel G., y Gerd GIGERENZER, «The Recognition Heuristic: How Ignorance Makes Us Smart», en: *Simple Heuristics That Make Us Smart*, eds. Gerd GIGERENZER, Peter M. TODD, and the ABC RESEARCH GROUP, Oxford (Reino Unido), Oxford University Press, 1999, pp. 37-58.

GORDON, Christopher M., «Choosing Appropriate Construction Contracting Method», *Journal of Construction Engineering and Management*, vol. 120, n.° 1 (1994), pp. 196-211.

GREEN, Jim, «Japan Abandons Monju Fast Reactor: The Slow Death of a Nuclear Dream», *The Ecologist*, 6 de octubre de 2016.

GRIFFIN, Dale W., David DUNNING, y Lee ROSS, «The Role of Construal Processes in Overconfident Predictions About the Self and Others», *Journal of Personality and Social Psychology*, vol. 59, n.° 6 (1990), pp. 1128-1139.

GRIFFITH, Saul, *Electrify: An Optimist's Playbook for Our Clean Energy Future*, Cambridge (Massachusetts), MIT Press, 2021.

GRUBLER, Arnulf, «The Costs of the French Nuclear Scale-up: A Case of Negative Learning by Doing», *Energy Policy*, vol. 38, n.° 9 (2010), pp. 5174-5188.

GUADAGNO, Rosanna E., y Robert B. CIALDINI, «Preference for Consistency and Social Influence: A Review of Current Research Findings», *Social Influence*, vol. 5, n.° 3 (2010), pp. 152-163.

GUINOTE, Ana, «How Power Affects People: Activating, Wanting, and Goal Seeking», *Annual Review of Psychology*, vol. 68, n.° 1 (2017), pp. 353-381.

—, y Theresa K. VESCIO, eds., *The Social Psychology of Power*, Nueva York, Guilford Press, 2010.

GUMBEL, Emil J., *Statistics of Extremes*, Mineola (Nueva York), Dover Publications, 2004.

HALL, Peter, *Great Planning Disasters*, Harmondsworth (Reino Unido), Penguin Books, 1980.

—, *Great Planning Disasters Revisited*, papel, Londres, Bartlett School, s. f.

HENDERSON, P. D., «Two British Errors: Their Probable Size and Some Possible Lessons», *Oxford Economic Papers*, vol. 29, n.° 2 (1977), pp. 159-205.

HENDY, Jane, Barnaby REEVES, Naomi FULOP, Andrew HUTCHINGS, y Cristina MASSERIA, «Challenges to Implementing the National Programme for Information Technology (NPfIT): A Qualitative Study», *The BMJ*, vol. 331, n.° 7512 (2005), pp. 331-336.

HGTV, «What It's Like to Live in a Sears Catalog Home», YouTube, 13 de mayo de 2018. <https://www.youtube.com/watch?v=3kb24 gwnZ18>.

HILTZIK, Michael A., *Colossus: Hoover Dam and the Making of the American Century*, Nueva York, Free Press, 2010.

HIROKO, Tabuchi, «Japan Strains to Fix a Reactor Damaged Before Quake», *The New York Times*, 17 de junio de 2011.

HIRSCHMAN, Albert O., «The Principle of the Hiding Hand», *The Public Interest*, n.º 6 (invierno de 1967), pp. 10-23.

—, *Development Projects Observed* (Brookings Classic), 3.ª ed., con un nuevo prefacio de Cass R. SUNSTEIN y un nuevo prefacio de Michele ALACEVICH, Washington, DC: Brookings Institution, 2014.

HM Treasury, *The Green Book: Appraisal and Evaluation in Central Government*, Londres, The Stationery Office (TSO), 2003.

—, *Supplementary Green Book Guidance: Optimism Bias*, Londres, The Stationery Office (TSO), 2003.

—, *The Orange Book. Management of Risk: Principles and Concepts*, Londres, The Stationery Office (TSO), 2004.

—, *The Green Book: Appraisal and Evaluation in Central Government*, edición de 2003 con enmiendas de 2011, Londres, The Stationery Office (TSO), 2011.

—, *Green Book Supplementary Guidance: Optimism Bias*, Londres, The Stationery Office (TSO), 2013.

—, *Early Financial Cost Estimates of Infrastructure Programmes and Projects and the Treatment of Uncertainty and Risk*, actualización de 26 de marzo, Londres, The Stationery Office (TSO), 2015.

—, *The Green Book: Central Government Guidance on Appraisal and Evaluation*, Londres, The Stationery Office (TSO), 2018.

—, *The Orange Book. Management of Risk: Principles and Concepts*, Londres, The Stationery Office (TSO), 2019.

—, *The Green Book: Central Government Guidance on Appraisal and Evaluation*, Londres, The Stationery Office (TSO), 2020.

HOBDAY, Mike, «Product Complexity, Innovation and Industrial Organisation», *Research Policy*, vol. 26, n.º 6 (1998), pp. 689-710.

HODGE, Graeme A., y Carsten GREVE, «PPPs: The Passage of Time Permits a Sober Reflection», *Institute of Economic Affairs*, vol. 29, n.º 1 (2009), pp. 33-39.

—, y Carsten GREVE, «On Public-Private Partnership Performance: A Contemporary Review», *Public Works Management and Policy*, vol. 22, n.° 1 (2017), pp. 55-78.

HOFSTADTER, Douglas R., *Gödel, Escher, Bach: An Eternal Golden Braid*, Nueva York, Basic Books, 1979. [Hay trad. cast.: *Gödel, Escher, Bach: Un eterno y grácil bucle*, Barcelona, Tusquets, 2007].

HONG, Byoung H., Kyoun E. LEE, y Jae W. LEE, «Power Law in Firms Bankruptcy», *Physics Letters A*, n.° 361 (2007), pp. 6-8.

HONG KONG DEVELOPMENT BUREAU, PROJECT COST MANAGEMENT OFFICE, y OXFORD GLOBAL PROJECTS, *AI in Action: How the Hong Kong Development Bureau Built the PSS, an Early-Warning-Sign System for Public Work Projects*, Hong Kong, Development Bureau, 2022.

HORNE, John, «The Four "Knowns" of Sports Mega Events», *Leisure Studies*, vol. 26, n.° 1 (2007), pp. 81-96.

HS2, Ltd., «Exploring Our Past, Preparing for the Future». <https://www.hs2.org.uk/building-hs2/archaeology/>.

HUGHES, Thomas P., *Rescuing Prometheus: Four Monumental Projects That Changed the Modern World*, Nueva York, Vintage, 2000.

INTERNATIONAL AIRPORT REVIEW, «Heathrow Terminal 5 Named "World's Best" at Skytrax Awards», *International Airport Review*, 28 de marzo de 2019. <https://www.internationalairportreview. com/news/83710/heathrow-worlds-best-skytrax/>.

INTERNATIONAL ENERGY AGENCY (IEA), *Net Zero by 2050: A Roadmap for the Global Energy Sector*, París, IEA, mayo de 2021. <https://www.iea.org/reports/net-zero-by-2050>.

—, *Pathway to Critical and Formidable Goal of Net-Zero Emissions by 2050 Is Narrow but Brings Huge Benefits*, París: IEA, 18 de mayo de 2021. <https://www.iea.org/news/pathway-to-critical-and-for-midable-goal-of-net-zero-emissions-by-2050-is-narrow-but-brings-huge-benefits>.

INTERNATIONAL HYDROPOWER ASSOCIATION (IHA), «Country Profile: Norway», IHA, 2019. <https://www.hydropower.org/country-profiles/norway>.

INTERNATIONAL RENEWABLE ENERGY AGENCY (IRENA), *Renewable Capacity Statistics 2021*, IRENA, marzo de 2021. <https://www.

irena.org/publications/2021/March/Renewable-Capacity-Statistics-2021>.

IPCC, «Summary for Policymakers», en: *Climate Change 2021: The Physical Science Basis, Contribution of Working Group I to the Sixth Assessment Report of the Intergovernmental Panel on Climate Change*, eds. V. MASSON-DELMOTTE, P. ZHAI, A. PIRANI, S. L. CONNORS, C. PÉAN, S. BERGER, N. CAUD, Y. CHEN, L. GOLDFARB, M. I. GOMIS, M. HUANG, K. LEITZELL, E. LONNOY, J.B.R. MATTHEWS, T. K. MAYCOCK, T. WATERFIELD, O. YELEKÇI, R. YU, Y B. ZHOU, Cambridge (Reino Unido), Cambridge University Press, 2021.

IRISH DEPARTMENT OF PUBLIC EXPENDITURE AND REFORM, *Public Spending Code: A Guide to Evaluating, Planning and Managing Public Investment*, Dublín, Department of Public Expenditure and Reform, 2019.

ISAACSON, Walter, *Steve Jobs*, Nueva York, Simon & Schuster, 2011. [Hay trad. cast.: *Steve Jobs*, Barcelona, Debate, 2012].

ISRAEL, Paul, *Edison: A Life of Invention*, Hoboken (New Jersey), John Wiley and Sons, 1998.

JACOBSSON, Mattias, y Timothy L. WILSON, «Revisiting the Construction of the Empire State Building: Have We Forgotten Something?», *Business Horizons*, vol. 61, n.° 1 (2018), pp. 47-57.

Japan Times, The, «Falsified Inspections Suspected at Monju Fast-Breeder Reactor», 11 de abril de 2014.

—, «More Maintenance Flaws Found at Monju Reactor», 26 de marzo de 2015.

—, «Monju Prototype Reactor, Once a Key Cog in Japan's Nuclear Energy Policy, to Be Scrapped», 21 de diciembre de 2016.

JENSEN, Henrik J., *Self-Organized Criticality: Emergent Complex Behavior in Physical and Biological Systems*, Cambridge (Reino Unido), Cambridge University Press, 1998.

JONES, Lawrence R., y Kenneth J. EUSKE, «Strategic Misrepresentation in Budgeting», *Journal of Public Administration Research and Theory*, vol. 1, n.° 4 (1991), pp. 437-460.

JOSEPHSON, Paul R., «Projects of the Century in Soviet History: Large-Scale Technologies from Lenin to Gorbachev», *Technology and Culture*, vol. 36, n.° 3 (1995), pp. 519-559.

Journal of the House of Representatives of the United States, 77.º Congreso, 2.º sesión, 5 de enero de 1942, Washington, DC, US Government Printing Office, 6.

JØRGENSEN, Magne, y Kjetil MOLØKKEN-ØSTVOLD, «How Large Are Software Cost Overruns? A Review of the 1994 CHAOS Report», *Information and Software Technology*, vol. 48, n.º 4 (2006), pp. 297-301.

KAHNEMAN, Daniel, «Reference Points, Anchors, Norms, and Mixed Feelings», *Organizational Behavior and Human Decision Processes*, vol. 51, n.º 2 (1992), pp. 296-312.

—, «New Challenges to the Rationality Assumption», *Journal of Institutional and Theoretical Economics*, vol. 150, n.º 1 (1994), pp. 18-36.

—, *Thinking, Fast and Slow*, Nueva York, Farrar, Straus and Giroux, 2011. [Hay trad. cast.: *Pensar rápido, pensar despacio*, Barcelona, Debate, 2012].

—, y Gary KLEIN, «Conditions for Intuitive Expertise: A Failure to Disagree», *American Psychologist*, vol. 64, n.º 6 (2009), pp. 515-526.

—, y Dan LOVALLO, «Timid Choices and Bold Forecasts: A Cognitive Perspective on Risk Taking», *Management Science*, vol. 39, n.º 1 (1993), pp. 17-31.

—, «Response to Bent Flyvbjerg», *Harvard Business Review*, vol. 81, n.º 12 (2003), p. 122.

—, Dan LOVALLO, y Olivier SIBONY, «Before You Make That Big Decision», *Harvard Business Review*, vol. 89, n.º 6 (2011), pp. 51-60.

—, Olivier SIBONY, y Cass R. SUNSTEIN, *Noise: A Flaw in Human Judgment*, Londres, William Collins, 2021. [Hay trad. cast.: *Ruido: un fallo en el juicio humano*, Barcelona, Debate, 2021].

—, Paul SLOVIC, y Amos TVERSKY, eds., *Judgment Under Uncertainty: Heuristics and Biases*, Cambridge (Reino Unido), Cambridge University Press, 1982.

—, y Amos TVERSKY, «Intuitive Prediction: Biases and Corrective Procedures», en: *Studies in the Management Sciences: Forecasting*, vol. 12, eds. Spyros MAKRIDAKIS and S. C. WHEELWRIGHT, Ámsterdam, North Holland, 1979, pp. 313-327.

—, «Prospect Theory: An Analysis of Decisions Under Risk», *Econometrica*, n.º 47 (1979), pp. 313-327.

KAIN, John F., «Deception in Dallas: Strategic Misrepresentation in Rail

Transit Promotion and Evaluation», *Journal of the American Planning Association*, vol. 56, n.° 2 (1990), pp. 184-196.

KAZAN, Elia, 1997. *A Life*, Nueva York, Da Capo. [Hay trad. cast.: *Elia Kazan, mi vida*, Barcelona, Temas de Hoy, 1990].

KEIL, Mark, Joan MANN, y Arun RAI, «Why Software Projects Escalate: An Empirical Analysis and Test of Four Theoretical Models», *MIS Quarterly*, vol. 24, n.° 4 (2000), pp. 631-664.

—, y Ramiro MONTEALEGRE, «Cutting Your Losses: Extricating Your Organization When a Big Project Goes Awry», *Sloan Management Review*, vol. 41, n.° 3 (2000), pp. 55-68.

—, Arun RAI, y Shan LIU, «How User Risk and Requirements Risk Moderate the Effects of Formal and Informal Control on the Process Performance of IT Projects», *European Journal of Information Systems*, vol. 22, n.° 6 (2013), pp. 650-672.

KELLY, Brendan, «Olympic Stadium Architect Remembered as a Man of Vision», *Montreal Gazette*, 3 de octubre de 2019.

KIM, Byung-Cheol, y Kenneth F. REINSCHMIDT, «Combination of Project Cost Forecasts in Earned Value Management», *Journal of Construction Engineering and Management*, vol. 137, n.° 11 (2011), pp. 958-966.

KING, Anthony, y Ivor CREWE, *The Blunders of Our Governments*, Londres, Oneworld Publications, 2013.

KITROEFF, Natalie, Maria ABI-HABIB, James GLANZ, Oscar LOPEZ, Wei-yi CAI, Evan GROTHJAN, Miles PEYTON, y Alejandro CEGARRA, «Why the Mexico City Metro Collapsed», *The New York Times*, 13 de junio de 2021.

KLEIN, Gary, «Performing a Project Premortem», *Harvard Business Review*, vol. 85, n.° 9 (2007), pp. 18-19.

KNOWLES, Elizabeth, ed., *Oxford Dictionary of Quotations*, 8.ª ed., Nueva York, Oxford University Press, 2014, p. 557.

KOCH-WESER, Iacob N., *The Reliability of China's Economic Data: An Analysis of National Output*, Washington, DC, US-China Economic and Security Review Commission, US Congress, 2013.

KOSHALEK, Richard, y Dana HUTT, «The Impossible Becomes Possible: The Making of Walt Disney Concert Hall», en: *Symphony: Frank Gehry's Walt Disney Concert Hall*, ed. Gloria Gerace, Nueva York, Harry N. Abrams, 2003.

Krapivsky, Paul, y Dmitri Krioukov, «Scale-Free Networks as Preasymptotic Regimes of Superlinear Preferential Attachment», *Physical Review E*, vol. 78, n.º 2 (2008), pp. 1-11.

Krugman, Paul, «How Complicated Does the Model Have to Be?», *Oxford Review of Economic Policy*, vol. 16, n.º 4 (2000), pp. 33-42.

Kubota, Yoko, «Fallen Device Retrieved from Japan Fast-Breeder Reactor», Reuters, 24 de junio de 2011. <https://www.reuters.com/article/us-japan-nuclear-monju-idUSTRE75N0H320110624>.

Kunthara, Sophia, «A Closer Look at Theranos' Big-Name Investors, Partners, and Board as Elizabeth Holmes' Criminal Trial Begins», *Crunchbase News*, 14 de septiembre de 2014. <https://news.crunchbase.com/news/theranos-elizabeth-holmes-trial-investors-board/>.

Lacal-Arántegui, Roberto, José M. Yusta, y José A. Domínguez-Navarro, «Offshore Wind Installation: Analysing the Evidence Behind Improvements in Installation Time», *Renewable and Sustainable Energy Reviews*, n.º 92 (septiembre de 2018), pp. 133-145.

Lamb, William F., «The Empire State Building», *Architectural Forum*, vol. 54, n.º 1 (1931), pp. 1-7.

Larsen, Henning, *De skal sige tak! Kulturhistorisk testamente om Operaen*, Copenhague, People's Press, 2009, p. 14.

Latour, Bruno, *Aramis; or, The Love of Technology*, Cambridge (Massachusetts), Harvard University Press, 1996.

Lauermann, John, y Anne Vogelpohl, «Fragile Growth Coalitions or Powerful Contestations? Cancelled Olympic Bids in Boston and Hamburg», *Environment and Planning A*, vol. 49, n.º 8 (2017), pp. 1887-1904.

Lawson, Rebecca, «The Science of Cycology: Failures to Understand How Everyday Objects Work», *Memory & Cognition*, vol. 34, n.º 8 (2006), pp. 1667-1675.

LeBlanc, Richard D., *Muskrat Falls: A Misguided Project*, vols. 1-6, provincia de Terranova y Labrador, Canadá, Commission of Inquiry Respecting the Muskrat Falls Project, 2020.

Lee, Douglass B., Jr., «Requiem for Large-Scale Models», *Journal of the American Institute of Planners*, vol. 39, n.º 3 (1973), pp. 163-178.

Lenfle, Sylvian, y Christoph Loch, «Lost Roots: How Project Management Came to Emphasize Control over Flexibility and Novelty», *California Management Review*, vol. 53, n.° 1 (2010), pp. 32-55.

LEVINSON, Marc, *The Box: How the Shipping Container Made the World Smaller and the World Economy Bigger*, Princeton (New Jersey), Princeton University Press, 2016.

LEVY, Steven, «One More Thing», *Wired*, 16 de mayo de 2017.

—, «20 Years Ago, Steve Jobs Built the "Coolest Computer Ever". It Bombed», *Wired*, 24 de julio de 2020.

LIA, Leif, Trond JENSEN, Kjell E. STENSBY, y Grethe H. MIDTTØMME, «The Current Status of Hydropower Development and Dam Construction in Norway», *Hydropower & Dams*, vol. 22, n.° 3 (2015).

LIEBERMAN, Marvin, B., «First-Mover Advantage», en: *Palgrave Encyclopedia of Strategic Management*, eds. Mie Augier and David J. Teece, Londres, Palgrave Macmillan, 2018.

—, y David B. MONTGOMERY, «First-Mover Advantages», *Strategic Management Journal*, vol. 9, n.° 51 (1988), pp. 41-58.

LINDSEY, Bruce, *Digital Gehry: Material Resistance, Digital Construction*, Basilea, Birkhäuser, 2001.

LIOU, Joanne, «What Are Small Modular Reactors (SMRs)?», International Atomic Energy Agency, 4 de noviembre de 2021. <https://www.iaea.org/newscenter/news/what-are-small-modular-reactors-smrs>.

LITTLE, Angela W., *Education for All and Multigrade Teaching: Challenges and Opportunities*, Dordrecht (Países Bajos), Springer, 2007.

LIU, Li, y Zigrid NAPIER, «The Accuracy of Risk-Based Cost Estimation for Water Infrastructure Projects: Preliminary Evidence from Australian Projects», *Construction Management and Economics*, vol. 28, n.° 1 (2010), pp. 89-100.

—, George WEHBE, y Jonathan SISOVIC, «The Accuracy of Hybrid Estimating Approaches: A Case Study of an Australian State Road and Traffic Authority», *The Engineering Economist*, vol. 55, n.° 3 (2010), pp. 225-245.

LOPEZ, Oscar, «Faulty Studs Led to Mexico City Metro Collapse, Attorney General Says», *The New York Times*, 14 de octubre de 2021.

LOVALLO, Dan, Carmine CLARKE, y Colin CAMERER, «Robust Analogizing and the Outside View: Two Empirical Tests of Case-Based Decision Making», *Strategic Management Journal*, n.° 33 (2012), pp. 496-512.

—, Matteo CRISTOFARO, y Bent FLYVBJERG, «Addressing Governance Errors and Lies in Project Forecasting», *Academy of Management Perspectives*, pendiente de publicación.

—, y Daniel KAHNEMAN, «Delusions of Success: How Optimism Undermines Executives' Decisions», *Harvard Business Review*, vol. 81, n.° 7 (2003), pp. 56-63.

LOVERING, Jessica R., Arthur YIP, y Ted NORDHAUS, «Historical Construction Costs of Global Nuclear Power Reactors», *Energy Policy*, n.° 91 (2016), pp. 371-382.

LUBEROFF, David, y Alan ALTSHULER, *Mega-Project: A Political History of Boston's Multibillion Dollar Central Artery/Third Harbor Tunnel Project*, Cambridge (Massachusetts), Taubman Center for State and Local Government, Kennedy School of Government, Harvard University, 1996.

MADSEN, Heather L., y John P. ULHØI, «Sustainable Visioning: Reframing Strategic Vision to Enable a Sustainable Corporation Transformation», *Journal of Cleaner Production* 288 (marzo de 2021), p. 125602.

MAILLART, Thomas, y Didier SORNETTE, «Heavy-Tailed Distribution of Cyber-Risks», *The European Physical Journal B*, vol. 75, n.° 3 (2010), pp. 357-364.

MAJOR PROJECTS ASSOCIATION, *Beyond 2000: A Source Book for Major Projects*, Oxford (Reino Unido), Major Projects Association, 1994.

MAKRIDAKIS, Spyros, y Nassim N. TALEB, «Living in a World of Low Levels of Predictability», *International Journal of Forecasting*, vol. 25, n.° 4 (2009), pp. 840-844.

MALAMUD, Bruce D., y Donald L. TURCOTTE, «The Applicability of Power-Law Frequency Statistics to Floods», *Journal of Hydrology*, vol. 322, n.° 1-4 (2006), pp. 168-180.

Manchester Evening News, «Timeline: The Woes of Wembley Stadium», 15 de febrero de 2007.

MANDELBROT, Benoit B., «The Pareto-Lévy Law and the Distribution of Income», *International Economic Review*, vol. 1, n.° 2 (1960), pp. 79-106.

—, «New Methods in Statistical Economics», *Journal of Political Economy*, vol. 71, n.° 5 (1963), pp. 421-440.

—, «The Variation of Certain Speculative Prices», *The Journal of Business*, vol. 36, n.° 4 (1963), pp. 394-419; corrección impresa en MANDELBROT, Benoit B., *The Journal of Business*, vol. 45, n.° 4 (1972), pp. 542-543; versión reimpresa en MANDELBROT, Benoit B., *Fractals and Scaling in Finance*, Nueva York, Springer, 1997, pp. 371-418.

—, *Fractals and Scaling in Finance*, Nueva York, Springer, 1997. [Hay trad. cast.: *Fractales y finanzas*, Barcelona, Tusquets, 2006].

—, y Richard L. HUDSON, *The (Mis)behavior of Markets*, Londres, Profile Books, 2008.

—, y James R. WALLIS, «Noah, Joseph, and Operational Hydrology», *Water Resources Research*, vol. 4, n.° 5 (1968), pp. 909-918.

MANN, Michael E., *The New Climate War: The Fight to Take the Planet Back*, Londres, Scribe, 2021.

MAREWSKI, Julian N., Wolfgang GAISSMAIER, y Gerd GIGERENZER, «Good Judgments Do Not Require Complex Cognition», *Cognitive Processing*, vol. 11, n.° 2 (2010), pp. 103-121.

MARKOVIC´, Dimitrije, y Claudius GROS, «Power Laws and Self-Organized Criticality in Theory and Nature», *Physics Reports*, vol. 536, n.° 2 (2014), pp. 41-74.

McADAM, Doug, Hilary S. BOUDET, Jennifer DAVIS, Ryan J. ORR, W. Richard SCOTT, y Raymond E. LEVITT, «Site Fights: Explaining Opposition to Pipeline Projects in the Developing World», *Sociological Forum*, n.° 25 (2010), pp. 401-427.

McCORMICK, Iain A., Frank H. WALKEY, y Dianne E. GREEN, «Comparative Perceptions of Driver Ability: A Confirmation and Expansion», *Accident Analysis & Prevention*, vol. 18, n.° 3 (1986), pp. 205-208.

McCULLY, Patrick, *Silenced Rivers: The Ecology and Politics of Large Dams*, Londres, Zed Books, 2001.

McCURDY, Howard E., *Faster, Better, Cheaper: Low-Cost Innovation in the U.S. Space Program*, Baltimore (Maryland), Johns Hopkins University Press, 2001.

MELIS, Manuel, «Building a Metro: It's Easier Than You Think», *International Railway Journal*, abril de 2002, pp. 16-19.

—, *Apuntes de introducción al Proyecto y Construcción de Túneles y Metros en suelos y rocas blandas o muy rotas: La construcción del Metro de Madrid y la M-30*, Madrid, Politécnica, 2011.

MERRIAM-WEBSTER, «Your "Deadline" Won't Kill You», Merriam-Webster. <https://www.merriam-webster.com/words-at-play/your-deadline-wont-kill-you>.

MERROW, Edward W., *Industrial Megaprojects: Concepts, Strategies, and Practices for Success*, Hoboken (New Jersey), Wiley, 2011.

MIDLER, Christophe, «Projectification of the Firm: The Renault Case», *Scandinavian Journal of Management*, vol. 11, n.° 4 (1995), pp. 363-375.

MILLER, Roger, y Donald R. LESSARD, *The Strategic Management of Large Engineering Projects: Shaping Institutions, Risks, and Governance*, Cambridge (Massachusetts), MIT Press, 2000.

MINISTERIO DE TRANSPORTE Y ENERGÍA DANÉS [TRANSPORTOG ENERGIMINISTERIET], *Aktstykke 16: Orientering om nye budgetteringsprincipper for anlægsprojekter*, Copenhague, Finansudvalget, Folketinget, 2 de noviembre de 2006.

—, *Ny anlægsbudgettering på Transportministeriets område, herunder om økonomistyringsmodel og risikohåndtering for anlægsprojekter*, Copenhague, Transportministeriet, 18 de noviembre de 2008.

MINISTERIO DE TRANSPORTE, CONSTRUCCIÓN Y ALOJAMIENTO DANÉS, [TRANSPORT-, BYGNINGS- OG BOLIGMINISTERIET], *Hovednotat for ny anlægsbudgettering: Ny anlægsbudgettering på Transport-, Bygnings- og Boligministeriets område. Herunder om økonomistyringsmodel og risikohåndtering for anlægsprojekter*, Copenhague, Transport-, Bygnings- og Boligministeriet, 2017.

MINISTERIO DE TRANSPORTE FRANCÉS, *Ex-Post Evaluation of French Road Projects: Main Results*, París, French Ministry of Transport, 2007.

MIT ENERGY INITIATIVE, *The Future of Nuclear Energy in a Carbon-Constrained World*, Cambridge (Massachusetts), MIT, 2018.

MITZENMACHER, Michael, «A Brief History of Generative Models for Power Law and Lognormal Distributions», *Internet Mathematics*, vol. 1, n.° 2 (2004), pp. 226-251.

—, «Editorial: The Future of Power Law Research», *Internet Mathematics*, vol. 2, n.° 4 (2005), pp. 525-534.

MOLLE, François, y Philippe FLOCH, «Megaprojects and Social and Environmental Changes: The Case of the Thai Water Grid», *AMBIO: A Journal of the Human Environment*, vol. 37, n.° 3 (2008), pp. 199-204.

MONTEALEGRE, Ramiro, y Mark KEIL, «De-escalating Information Technology Projects: Lessons from the Denver International Airport», *MIS Quarterly*, vol. 24, n.° 3 (2000), pp. 417-447.

MOORE, Don A., y Paul J. HEALY, «The Trouble with Overconfidence», *Psychological Review*, vol. 115, n.° 2 (2008), pp. 502-517.

MORRIS, Peter W. G., *Reconstructing Project Management*, Oxford (Reino Unido), Wiley-Blackwell, 2013.

—, y George H. HOUGH, *The Anatomy of Major Projects: A Study of the Reality of Project Management*, Nueva York, John Wiley and Sons, 1987.

MORTEN, Alf, Yasutami SHIMOMURE, y Annette Skovsted HANSEN, *Aid Relationships in Asia: Exploring Ownership in Japanese and Nordic Aid*, Londres, Palgrave Macmillan, 2008.

MÜLLER, Martin, y Chris GAFFNEY, «Comparing the Urban Impacts of the FIFA World Cup and the Olympic Games from 2010 to 2016», *Journal of Sport and Social Issues*, vol. 42, n.° 4 (2018), pp. 247-269.

MURRAY, Peter, *The Saga of the Sydney Opera House*, Londres, Routledge, 2003.

NATIONAL AUDIT OFFICE OF DENMARK, DE AF FOLKETINGET VALGTE STATSREVISORER, *Beretning om Storebæltsforbindelsens økonomi*, Beretning 4/97, Copenhague, Statsrevisoratet, 1998.

NEWBY-CLARK, Ian R., Michael ROSS, Roger BUEHLER, Derek J. KOEHLER, y Dale W. GRIFFIN, «People Focus on Optimistic and Disregard Pessimistic Scenarios While Predicting Task Completion Times», *Journal of Experimental Psychology: Applied*, vol. 6, n.° 3 (2000), pp. 171-182.

NEWMAN, Alexander, Ross DONOHUE, y Nathan EVA, «Psychological Safety: A Systematic Review of the Literature», *Human Resource Management Review*, vol. 27, n.° 3 (2015), pp. 521-535.

NEWMAN, Mark E., «Power Laws, Pareto Distributions and Zipf's Law», *Contemporary Physics*, vol. 46, n.° 5 (2005), pp. 323-351.

NEW ZEALAND TREASURY, *Better Business Cases: Guide to Developing a Detailed Business Case*, Wellington (Nueva Zelanda), Crown, 2018.

NOUVEL, Jean, «Interview About DR-Byen», *Weekendavisen*, Copenhague, 16 de enero de 2009.

O'REILLY, Charles, y Andrew J. M. BINNS, «The Three Stages of Disruptive Innovation: Idea Generation, Incubation, and Scaling», *California Management Review*, vol. 61, n.º 3 (2019), pp. 49-71.

ORR, Ryan J., y W. Richard SCOTT, «Institutional Exceptions on Global Projects: A Process Model», *Journal of International Business Studies*, vol. 39, n.º 4 (2008), pp. 562-588.

ØRSTED, «Making Green Energy Affordable: How the Offshore Wind Energy Industry Matured—and What We Can Learn from It», 2020. <https:// orsted.com/en/about-us/whitepapers/making-green-energy-affordable>.

O'SULLIVAN, Owen P., «The Neural Basis of Always Looking on the Bright Side», *Dialogues in Philosophy, Mental and Neuro Sciences*, vol. 8, n.º 1 (2015), pp. 11-15.

Our World in Data, «Share of Electricity Production by Source, World», 2022. <https://ourworldindata.org/grapher/share-elec-by-source>.

PALLIER, Gerry, Rebecca WILKINSON, Vanessa DANTHIIR, Sabina KLEITMAN, Goran KNEZEVIC, Lazar STANKOV, y Richard D. ROBERTS, «The Role of Individual Differences in the Accuracy of Confidence Judgments», *The Journal of General Psychology*, vol. 129, n.º 3 (2002), pp. 257-299.

PARK, Jung E., «Curbing Cost Overruns in Infrastructure Investment: Has Reference Class Forecasting Delivered Its Promised Success?», *European Journal of Transport and Infrastructure Research*, vol. 21, n.º 2 (2021), pp. 120-136.

PATANAKUL, Peerasit, «Managing Large-Scale IS/IT Projects in the Public Sector: Problems and Causes Leading to Poor Performance», *The Journal of High Technology Management Research*, vol. 25, n.º 1 (2014), pp. 21-35.

PATEL, Ashish, Paul A. BOSELA, y Norbert J. DELATTE, «1976 Montreal Olympics: Case Study of Project Management Failure», *Journal of Performance of Constructed Facilities*, vol. 27, n.º 3 (2013), pp. 362-369.

PBS, «Looking Back at Frank Gehry's Building-Bending Feats», *PBS NewsHour*, 15 de septiembre de 2015. <https://www.pbs.org/newshour/show/frank-gehry>.

PERROW, Charles, *Normal Accidents: Living with High-Risk Technologies*, ed. actualizada, Princeton (New Jersey), Princeton University Press, 1999. [Hay trad. cast.: *Accidentes normales: convivir con tecnologías de alto riesgo*, Madrid, Modus Laborandi, 2009].

PHYS.ORG, «Japan to Abandon Troubled Fast Breeder Reactor», 7 de febrero de 2014. <https://phys.org/news/2014-02-japan-abandon-fast-breeder-reactor.html>.

PICKRELL, Don, «Estimates of Rail Transit Construction Costs», *Transportation Research Record*, n.º 1006 (1985), pp. 54-60.

—, «Rising Deficits and the Uses of Transit Subsidies in the United States», *Journal of Transport Economics and Policy*, vol. 19, n.º 3 (1985), pp. 281-298.

—, *Urban Rail Transit Projects: Forecast Versus Actual Ridership and Cost*, Washington, DC, US Department of Transportation, 1990.

—, «A Desire Named Streetcar: Fantasy and Fact in Rail Transit Planning», *Journal of the American Planning Association*, vol. 58, n.º 2 (1992), pp. 158-176.

PISARENKO, Valeriy F., y Didier SORNETTE, «Robust Statistical Tests of Dragon-Kings Beyond Power Law Distributions», *The European Physical Journal: Special Topics*, n.º 205 (2012), pp. 95-115.

PITSIS, Tyrone S., Stewart R. CLEGG, Marton MAROSSZEKY, y Thekla Rura-POLLEY, «Constructing the Olympic Dream: A Future Perfect Strategy of Project Management», *Organization Science*, vol. 14, n.º 5 (2003), pp. 574-590.

POLANYI, Michael, *The Tacit Dimension*, Chicago, University of Chicago Press, 1966.

POPOVICH, Nadja, y Winston Choi-SCHAGRIN, «Hidden Toll of the Northwest Heat Wave: Hundreds of Extra Deaths», *The New York Times*, 11 de agosto de 2021.

PRIEMUS, Hugo, «Mega-Projects: Dealing with Pitfalls», *European Planning Studies*, vol. 18, n.º 7 (2010), pp. 1023-1039.

—, Bent FLYVBJERG, y Bert VAN WEE, eds., *Decision-Making on Mega-Projects: Cost-Benefit Analysis, Planning and Innovation*, Cheltenham (Reino Unido), Edward Elgar, 2008.

PROEGER, Till, y Lukas MEUB, «Overconfidence as a Social Bias: Experimental Evidence», *Economics Letters* 122, n.º 2 (2014), pp. 203-207.

PUBLIC ACCOUNTS COMMITTEE, *The Dismantled National Programme for IT in the NHS: Nineteenth Report of Session 2013-14*, HC 294, Londres, House of Commons, 2013.

QIU, Jane, «China Admits Problems with Three Gorges Dam», *Nature*, 25 de mayo de 2011. <https://www.nature.com/articles/news.2011.315>.

QUINN, Ben, «253m Legal Battle over Wembley Delays», *The Guardian*, 16 de marzo de 2008.

RAMIREZ, Joshua Elias, *Toward a Theory of Behavioral Project Management*, disertación doctoral, Chicago, Chicago School of Professional Psychology, 2021.

RANDALL, Tom, «Tesla Flips the Switch on the Gigafactory», Bloomberg, 4 de enero de 2017. <https://www.bloomberg.com/news/articles/2017-01-04/tesla-flips-the-switch-on-the-gigafactory>.

REICHOLD, Klaus, y Bernhard GRAF, *Buildings That Changed the World*, Londres, Prestel, 2004.

REN, Xuefei, «Architecture as Branding: Mega Project Developments in Beijing», *Built Environment*, vol. 34, n.º 4 (2008), pp. 517-531.

—, «Biggest Infrastructure Bubble Ever? City and Nation Building with Debt-Financed Megaprojects in China», en: *The Oxford Handbook of Megaproject Management*, ed. Bent FLYVBJERG, Oxford (Reino Unido), Oxford University Press, 2017, pp. 137-151.

REUTERS, «Bill Gates and Warren Buffett to Build New Kind of Nuclear Reactor in Wyoming», *The Guardian*, 3 de junio de 2021.

RICH, Motoko, Stanley REED, y Jack EWING, «Clearing the Suez Canal Took Days. Figuring Out the Costs May Take Years», *The New York Times*, 31 de marzo de 2021.

RICHMOND, Jonathan, *Transport of Delight: The Mythical Conception of Rail Transit in Los Angeles*, Akron (Ohio), University of Akron Press, 2005.

RIES, Eric, *The Lean Startup*, Nueva York, Currency, 2011. [Hay trad. cast.: *El método Lean startup*, Barcelona, Deusto, 2012].

RIGA, Andy, «Montreal Olympic Photo Flashback: Stadium Was Roofless at 1976 Games», *Montreal Gazette*, 21 de julio de 2016.

ROBINSON, John B., «Futures Under Glass: A Recipe for People Who Hate to Predict», *Futures*, vol. 22, n.º 8 (1990), pp. 820-842.

Romzek, Barbara S., y Melvin J. Dubnick, «Accountability in the Public Sector: Lessons from the Challenger Tragedy», *Public Administration Review*, vol. 47, n.º 3 (1987), pp. 227-238.

Roser, Christopher, *Faster, Better, Cheaper in the History of Manufacturing*, Boca Ratón (Florida), CRC Press, 2017.

Roser, Max, Cameron Appel, y Hannah Ritchie, «Human Height», *Our World in Data*, 2013. <https://ourworldindata.org/human-height>.

Ross, Jerry, y Barry M. Staw, «Expo 86: An Escalation Prototype», *Administrative Science Quarterly*, vol. 31, n.º 2 (1986), pp. 274-297.

—, «Organizational Escalation and Exit: The Case of the Shoreham Nuclear Power Plant», *Academy of Management Journal*, vol. 36, n.º 4 (1993), pp. 701-732.

Rothengatter, Werner, «Innovations in the Planning of Mega-Projects», en: *Decision-Making on Mega-Projects: Cost-Benefit Analysis, Planning, and Innovation*, eds. Hugo Priemus, Bent Flyvbjerg, y Bert van Wee, Cheltenham (Reino Unido), Edward Elgar, 2008, pp. 215-238.

Royer, Isabelle, «Why Bad Projects Are So Hard to Kill», *Harvard Business Review*, vol. 81, n.º 2 (2003), pp. 48-56.

Rozenblit, Leonid, y Frank Keil, «The Misunderstood Limits of Folk Science: An Illusion of Explanatory Depth», *Cognitive Science*, vol. 26, n.º 5 (2002), pp. 521-562.

Rumsfeld, Donald, «DoD News Briefing: Secretary Rumsfeld and Gen. Myers», U.S. Department of Defense, 12 de febrero de 2002. <https://archive.ph/20180320091111/http://archive.defense.gov/Transcripts/Transcript.aspx?TranscriptID=2636#selection-401.0-401.53>.

Ryan, Richard M., y Edward L. Deci, *Self-Determination Theory: Basic Psychological Needs in Motivation, Development, and Wellness*, Nueva York, Guilford Press, 2017.

Sacks, Rafael, y Rebecca Partouche, «Empire State Building Project: Archetype of "Mass Construction"», *Journal of Construction Engineering and Management*, vol. 136, n.º 6 (2010), pp. 702-710.

Sanders, Heywood T., *Convention Center Follies: Politics, Power, and Public Investment in American Cities*, Filadelfia, University of Pennsylvania Press, 2014.

SAPOLSKY, Harvey M., *The Polaris System Development*, Cambridge (Massachusetts), Harvard University Press, 1972.

SAWYER, John E., «Entrepreneurial Error and Economic Growth», *Explorations in Entrepreneurial History*, vol. 4, n.º 4 (1951), pp. 199-204.

SAYLES, Leonard R., y Margaret K. CHANDLER, *Managing Large Systems: Organizations for the Future*, Nueva York, Free Press, 1971.

SCHMIDT-NIELSEN, Knut, *Scaling: Why Is Animal Size So Important?* Cambridge (Reino Unido), Cambridge University Press, 1984.

SCHÖN, Donald A., «Hirschman's Elusive Theory of Social Learning», en: *Rethinking the Development Experience: Essays Provoked by the Work of Albert O. Hirschman*, eds. Lloyd Rodwin y Donald A. Schön, Washington, DC, Brookings Institution and Lincoln Institute of Land Policy, 1994, pp. 67-95.

SCHUMACHER, Ernst F., *Small Is Beautiful: A Study of Economics as If People Mattered*, nueva ed., Londres, Vintage, 1973.

SCOTT, James C., *Seeing Like a State: How Certain Schemes to Improve the Human Condition Have Failed*, New Haven (Connecticut), Yale University Press, 1999.

SCOTT, W. Richard, «The Institutional Environment of Global Project Organizations», *Engineering Project Organization Journal*, vol. 2, n.º 1-2 (2012), pp. 27-35.

—, Raymond E. LEVITT, y Ryan J. ORR, eds., *Global Projects: Institutional and Political Challenges*, Cambridge (Reino Unido), Cambridge University Press, 2011.

SCUDDER, Thayer, «The Human Ecology of Big Projects: River Basin Development and Resettlement», *Annual Review of Anthropology*, n.º 2 (1973), pp. 45-55.

—, *The Future of Large Dams: Dealing with Social, Environmental, Institutional and Political Costs*, Londres, Earthscan, 2005.

—, «The Good Megadam: Does It Exist, All Things Considered?», en: *The Oxford Handbook of Megaproject Management*, ed. Bent Flyvbjerg, Oxford (Reino Unido), Oxford University Press, 2017, pp. 428-450.

SELZNICK, Philip, *TVA and the Grass Roots: A Study in the Sociology of Formal Organization*, Berkeley, University of California Press, 1949.

SERVRANCKX, Tom, Mario VANHOUCKE, y Tarik AOUAM, «Practical Application of Reference Class Forecasting for Cost and Time Estimations: Identifying the Properties of Similarity», *European Journal of Operational Research*, vol. 295, n.° 3 (2021), pp. 1161-1179.

SHAPIRA, Zur, y Donald J. BERNDT, «Managing Grand Scale Construction Projects: A Risk Taking Perspective», *Research in Organizational Behavior*, n.° 19 (1997), pp. 303-360.

SHAROT, Tali, *The Optimism Bias: A Tour of the Irrationally Positive Brain*, Nueva York, Pantheon, 2011.

—, Alison M. RICCARDI, Candace M. RAIO, y Elizabeth A. PHELPS, «Neural Mechanisms Mediating Optimism Bias», *Nature*, vol. 450, n.° 7166 (2007), pp. 102-105.

SHEPPERD, James A., Patrick CARROLL, Jodi GRACE, y Meredith TERRY, «Exploring the Causes of Comparative Optimism», *Psychologica Belgica*, vol. 42, n.° 1-2 (2002), pp. 65-98.

SIEMIATYCKI, Matti, «Delivering Transportation Infrastructure Through Public-Private Partnerships: Planning Concerns», *Journal of the American Planning Association*, vol. 76, n.° 1 (2009), pp. 43-58.

—, y Jonathan FRIEDMAN, «The Trade-Offs of Transferring Demand Risk on Urban Transit Public-Private Partnerships», *Public Works Management & Policy*, vol. 17, n.° 3 (2012), pp. 283-302.

SILBERSTON, Aubrey, «Economies of Scale in Theory and Practice», *The Economic Journal*, vol. 82, n.° 325 (1972), pp. 369-391.

SIMMONS, Joseph P., Robyn A. LEBOEUF, y Leif D. NELSON, «The Effect of Accuracy Motivation on Anchoring and Adjustment: Do People Adjust from Provided Anchors?», *Journal of Personality and Social Psychology*, vol. 99, n.° 6 (2010), pp. 917-932.

SIMON, Herbert A., «The Architecture of Complexity», en: *Facets of Systems Science*, ed. G. J. Klir, Boston, Springer, 1991, pp. 457-476.

SINGH, Satyajit, *Taming the Waters: The Political Economy of Large Dams in India*, Nueva Delhi, Oxford University Press, 2002.

SIVARAM, Varun, *Taming the Sun: Innovations to Harness Solar Energy and Power the Planet*, Cambridge (Massachusetts), MIT Press, 2018.

SKAMRIS, Mette K., y Bent FLYVBJERG, «Inaccuracy of Traffic Forecasts and Cost Estimates on Large Transport Projects», *Transport Policy*, vol. 4, n.° 3 (1997), pp. 141-146.

SKAR, Harald O., y Sven CEDERROTH, *Development Aid to Nepal: Issues and Options in Energy, Health, Education, Democracy, and Human Rights*, Abingdon-on-Thames (Reino Unido), Routledge, 1997.

SLEESMAN, Dustin J., Donald E. CONLON, Gerry MCNAMARA, y Jonathan E. MILES, «Cleaning Up the Big Muddy: A Meta-analytic Review of the Determinants of Escalation of Commitment», *The Academy of Management Journal*, vol. 55, n.º 3 (2012), pp. 541-562.

SLOVIC, Paul, *The Perception of Risk*, Sterling (Virginia), EarthScan, 2000.

SMITH, Stanley K., «Further Thoughts on Simplicity and Complexity in Population Projection Models», *International Journal of Forecasting*, vol. 13, n.º 4 (1997), pp. 557-565.

SORKIN, Andrew R., *Too Big to Fail: The Inside Story of How Wall Street and Washington Fought to Save the Financial System—and Themselves*, Londres, Penguin, 2010.

SORNETTE, Didier, y Guy OUILLON, «Dragon-Kings: Mechanisms, Statistical Methods and Empirical Evidence», *The European Physical Journal Special Topics*, vol. 205, n.º 1 (2012), pp. 1-26.

SOVACOOL, Benjamin K., y L. C. BULAN, «Behind an Ambitious Megaproject in Asia: The History and Implications of the Bakun Hydroelectric Dam in Borneo», *Energy Policy*, vol. 39, n.º 9 (2011), pp. 4842-4859.

—, y Christopher J. COOPER, *The Governance of Energy Megaprojects: Politics, Hubris and Energy Security*, Cheltenham (Reino Unido), Edward Elgar, 2013.

—, Peter ENEVOLDSEN, Christian KOCH, y Rebecca J. BARTHELMIE, «Cost Performance and Risk in the Construction of Offshore and Onshore Wind Farms», *Wind Energy*, vol. 20, n.º 5 (2017), pp. 891-908.

STANOVICH, Keith, y Richard WEST, «Individual Differences in Reasoning: Implications for the Rationality Debate», *Behavioral and Brain Sciences*, vol. 23, n.º 5 (2000), pp. 645-665.

STATENS OFFENTLIGE UTREDNINGAR (SOU), *Betalningsansvaret för kärnavfallet*, Estocolmo, Statens Offentlige Utredningar, 2004.

STAW, Barry M., «Knee-Deep in the Big Muddy: A Study of Escalating Commitment to a Chosen Course of Action», *Organizational Behavior and Human Resources*, vol. 16, n.º 1 (1976), pp. 27-44.

—, «The Escalation of Commitment: An Update and Appraisal», en: *Organizational Decision Making*, ed. Zur Shapira, Cambridge (Reino Unido), Cambridge University Press, 1997, pp. 191-215.

STEINBERG, Marc, «From Automobile Capitalism to Platform Capitalism: Toyotism as a Prehistory of Digital Platforms», *Organization Studies*, vol. 43, n.º 7 (2021), pp. 1069-1090.

STEINEL, Wolfgang, y Carsten K. W. De DREU, «Social Motives and Strategic Misrepresentation in Social Decision Making», *Journal of Personality and Social Psychology*, vol. 86, n.º 3 (2004), pp. 419-434.

STEVENS, Joseph E., *Hoover Dam: An American Adventure*, Norman, University of Oklahoma Press, 1988.

STIGLER, George J., «The Economies of Scale», *Journal of Law & Economics*, vol.1, n.º 1 (1958), p. 54.

STINCHCOMBE, Arthur L., y Carol A. HEIMER, *Organization Theory and Project Management: Administering Uncertainty in Norwegian Offshore Oil*, Oslo, Norwegian University Press, 1985.

STONE, Brad, *Amazon Unbound: Jeff Bezos and the Invention of a Global Empire*, Nueva York, Simon & Schuster, 2021. [Hay trad. cast.: *Amazon desatado: Jeff Bezos y la invención de un imperio global*, Madrid, Indicios, 2021].

STONE, Richard, «Three Gorges Dam: Into the Unknown», *Science*, vol. 321, n.º 5889 (2008), pp. 628-632.

—, «The Legacy of the Three Gorges Dam», *Science*, vol. 333, n.º 6044 (2011), p. 817.

SUÁREZ, Fernando, y Gianvito LANZOLLA, «The Half-Truth of First-Mover Advantage», *Harvard Business Review*, vol. 83, n.º 4 (2005), pp. 121-127.

SULS, Jerry, y Choi K. WAN, «In Search of the False Uniqueness Phenomenon: Fear and Estimates of Social Consensus», *Journal of Personality and Social Psychology*, vol. 52, n.º 1 (1987), pp. 211-217.

—, Choi K. WAN, y Glenn S. SANDERS, «False Consensus and False Uniqueness in Estimating the Prevalence of Health-Protective Behaviors», *Journal of Applied Social Psychology*, vol. 18, n.º 1 (1988), pp. 66-79.

SUNSTEIN, Cass R., «Probability Neglect: Emotions, Worst Cases, and Law», *Yale Law Review*, vol. 112, n.º 1 (2002), pp. 61-107.

—, «An Original Thinker of Our Time», *The New York Review of Books*, 23 de mayo de 2013, pp. 14-17.

SUTTERFIELD, Scott J., Shawnta FRIDAY-STROUD, y Sheryl SHIVERS-BLACKWELL, «A Case Study of Project and Stakeholder Management Failures: Lessons Learned», *Project Management Journal*, vol. 37, n.° 5 (2006), pp. 26-36.

SWISS ASSOCIATION OF ROAD AND TRANSPORTATION EXPERTS, *Kosten-Nutzen-Analysen im Strassenverkehr*, Grundnorm 641820, válido desde el 1 de agosto de 2006, Zúrich, Swiss Association of Road and Transportation Experts.

SWYNGEDOUW, Erik, Frank MOULAERT, y Arantxa RODRÍGUEZ, «Neoliberal Urbanization in Europe: Large-Scale Urban Development Projects and the New Urban Policy», *Antipode*, vol. 34, n.° 3 (2002), pp. 542-577.

SZYLIOWICZ, Joseph S., y Andrew R. GOETZ, «Getting Realistic About Megaproject Planning: The Case of the New Denver International Airport», *Policy Sciences*, vol. 28, n.° 4 (1995), pp. 347-367.

TALEB, Nassim N., *Fooled by Randomness: The Hidden Role of Chance in Life and in the Markets*, Londres, Penguin, 2004. [Hay trad. cast.: *¿Existe la suerte? Engañados por el azar: el papel oculto de la suerte en la vida y en los negocios*, Madrid, Paraninfo, 2006].

—, *The Black Swan: The Impact of the Highly Improbable*, Nueva York, Random House, 2007. [Hay trad. cast.: *El cisne negro: el impacto de lo altamente improbable*, Barcelona, Paidós, 2008].

—, *Antifragile: How to Live in a World We Don't Understand*, Londres, Allen Lane, 2012. [Hay trad. cast.: *Antifrágil: las cosas que se benefician del desorden*, Barcelona, Paidós, 2013].

—, *Skin in the Game: Hidden Asymmetries in Daily Life*, Londres, Penguin Random House, 2018.

—, *Statistical Consequences of Fat Tails: Real World Preasymp totics, Epistemology, and Applications (Technical Incerto)*, Nueva York, STEM Academic Press, 2020.

—, Yaneer BAR-YAM, y Pasquale CIRILLO, «On Single Point Forecasts for Fat-Tailed Variables», *International Journal of Forecasting*, vol. 38, n.° 2 (2022), pp. 413-422.

TALLMAN, Erin, «Behind the Scenes at China's Prefab Hospitals Against

Coronavirus», *E-Magazine* por MedicalExpo, 5 de marzo de 2020. <https://emag.medicalexpo.com/qa-behind-the-scenes-of-chinas-prefab-hospitals-against-coronavirus/>.

TAURANAC, John, *The Empire State Building: The Making of a Landmark*, Ithaca (Nueva York), Cornell University Press, 2014.

TEIGLAND, Jon, «Mega Events and Impacts on Tourism; the Predictions and Realities of the Lillehammer Olympics», *Impact Assessment and Project Appraisal*, vol. 17, n.° 4 (1999), pp. 305-317.

TEPPER, Fitz, «Satellite Maker Planet Labs Acquires BlackBridge's Geospatial Business», *TechCrunch*, 15 de julio de 2015. <https://techcrunch.com/2015/07/15/satellite-maker-planet-labs-acquires-blackbridges-geospatial-business/>.

TETLOCK, Philip E., *Expert Political Judgment: How Good Is It? How Can We Know?* Princeton (New Jersey), Princeton University Press, 2005.

—, y Dan GARDNER, *Superforecasting: The Art and Science of Prediction*, Nueva York, Random House, 2015. [Hay trad. cast.: *Superpronosticadores: el arte y la ciencia de la predicción*, Zaragoza, Katz, 2017].

THALER, Richard H., *Misbehaving: How Economics Became Behavioural*, Londres, Allen Lane, 2015.

TORRANCE, Morag I., «Forging Global Governance? Urban Infrastructures as Networked Financial Products», *International Journal of Urban and Regional Research*, vol. 32, n.° 1 (2008), pp. 1-21.

TURNER, Barry A., y Nick F. PIDGEON, *Man-Made Disasters*, Oxford (Reino Unido), Butterworth-Heinemann, 1997.

TURNER, Rodney, y Ralf MÜLLER, «On the Nature of the Project as a Temporary Organization», *International Journal of Project Management*, vol. 21, n.° 7 (2003), pp. 1-8.

TVERSKY, Amos, y Daniel KAHNEMAN, «Availability: A Heuristic for Judging Frequency and Probability», *Cognitive Psychology*, vol. 5, n.° 2 (1973), pp. 207-232.

—, «Judgment Under Uncertainty: Heuristics and Biases», *Science*, vol. 185, n.° 4157 (1974), pp. 1124-1131.

—, «The Framing of Decisions and the Psychology of Choice», *Science*, vol. 211, n.° 4481 (1981), pp. 453-458.

—, «Evidential Impact of Base Rates», en: *Judgment Under Uncertainty: Heuristics and Biases*, eds. Daniel KAHNEMAN, Paul SLOVIC, y Amos TVERSKY, Cambridge (Reino Unido), Cambridge University Press, 1982, pp. 153-162.

TYRNAUER, Matt, «Architecture in the Age of Gehry», *Vanity Fair*, 30 de junio de 2010.

UK Department for Transport, *Changes to the Policy on Funding Major Projects*, Londres, Department for Transport, 2006.

—, *The Estimation and Treatment of Scheme Costs: Transport Analysis Guidance*, Londres, Department for Transport, 2006. <http:// www.dft.gov.uk/webtag/documents/expert/unit3.5.9.php>.

—, *Optimism Bias Study: Recommended Adjustments to Optimism Bias Uplifts*, Londres, Department for Transport, 2015.

—, y Oxford Global Projects, *Updating the Evidence Behind the Optimism Bias Uplifts for Transport Appraisals: 2020 Data Update to the 2004 Guidance Document «Procedures for Dealing with Optimism Bias in Transport Planning»*, Londres, Department for Transport, 2020.

UK Infrastructure and Projects Authority, *Improving Infrastructure Delivery: Project Initiation Routemap*, Londres, Crown Publishing, 2016.

UK National Audit Office, *Supplementary Memorandum by the National Audit Office on Optimism Bias*, Londres, UK Parliament, 2009.

—, *Over-Optimism in Government Projects*, Londres, National Audit Office, 2013.

—, *Lessons from Major Rail Infrastructure Programmes*, No. HC, n.º 267 (2014), pp. 14-15, Londres, National Audit Office, 40.

UNESCO World Heritage Convention, «Sydney Opera House», 2022. <https:// whc.unesco.org/en/list/166>.

US Congress, House Committee on Science and Astronautics, *1974 NASA Authorization, Hearings, 93rd Congress, First Session, on H.R. 4567*, Washington, DC, US Government Printing Office, 1973.

US Department of Justice, *U.S. v. Elizabeth Holmes, et al.*, US Attorney's Office, Northern District of California, 3 de agosto, Department of Justice, 2021. <https://www.justice.gov/usao-ndca/us-v-elizabeth-holmes-et-al>.

—, «Former SCANA CEO Sentenced to Two Years for Defrauding Ratepayers in Connection with Failed Nuclear Construction Program», Department of Justice, 7 de octubre de 2021. <https://www.justice.gov/usao-sc/pr/former-scana-ceo-sentenced-two-years-defrauding-ratepayers-connection-failed-nuclear>.

US National Research Council, *Metropolitan Travel Forecasting: Current Practice and Future Direction*, Special report n.° 288. Washington, DC, Committee for Determination of the State of the Practice in Metropolitan Area Travel Forecasting and Transportation Research Board, 2007.

US Office of the Inspector General, *NASA's Challenges to Meeting Cost, Schedule, and Performance Goals*, Report n.° IG-12-021 (Assignment N. A-11-009-00). Washington, DC, NASA, 2012.

VAN DER KRAATS, Marion, «BER Boss: New Berlin Airport Has Money Only Until Beginning of 2022», *Aviation Pros*, 2021. <https://www.aviationpros.com/airports/news/21244678/ber-boss-new-berlin-airport-has-money-only-until-beginning-of-2022>.

VAN DER WESTHUIZEN, Janis, «Glitz, Glamour and the Gautrain: Mega-Projects as Political Symbols», *Politikon*, vol. 34, n.° 3 (2007), pp. 333-351.

VANWYNSBERGHE, Rob, Björn SURBORG, y Elvin WYLY, «When the Games Come to Town: Neoliberalism, Mega-Events and Social Inclusion in the Vancouver 2010 Winter Olympic Games», *International Journal of Urban and Regional Research*, vol. 37, n.° 6 (2013), pp. 2074-2093.

VÉLIZ, Carissa, *Privacy Is Power: Why and How You Should Take Back Control of Your Data*, Londres, Bantam, 2020. [Hay trad. cast.: *Privacidad es poder: datos, vigilancia y libertad en la era digital*, Barcelona, Debate, 2021].

VICKERMAN, Roger, «Wider Impacts of Megaprojects: Curse or Cure?», en: *The Oxford Handbook of Megaproject Management*, ed. Bent Flyvbjerg, Oxford (Reino Unido), Oxford University Press, 2017, pp. 389-405.

VINING, Aiden R., y Anthony E. BOARDMAN, «Public-Private Partnerships: Eight Rules for Governments», *Public Works Management & Policy*, vol. 13, n.° 2 (2008), pp. 149-161.

VOGEL, Steve, *The Pentagon: A History*, Nueva York, Random House, 2007.

WACHS, Martin, «Technique vs. Advocacy in Forecasting: A Study of Rail Rapid Transit», *Urban Resources*, vol. 4, n.° 1 (1986), pp. 23-30.

—, «When Planners Lie with Numbers», *Journal of the American Planning Association*, vol. 55, n.° 4 (1989), pp. 476-479.

—, «Ethics and Advocacy in Forecasting for Public Policy», *Business and Professional Ethics Journal*, vol. 9, n.° 1 (1990), pp. 141-157.

—, «The Past, Present, and Future of Professional Ethics in Planning», en: *Policy, Planning, and People: Promoting Justice in Urban Development*, eds. Naomi Carmon and Susan S. Fainstein, Filadelfia, University of Pennsylvania Press, 2013, pp. 101-119.

WAL, S., *Education and Child Development*, Derby (Reino Unido), Sarup and Sons, 2006.

WALLIS, Shane, «Storebaelt Calls on Project Moses for Support», *Tunnel-Talk*, abril de 1993. <https://www.tunneltalk.com/Denmark-Apr1993-Project-Moses-called-on-to-support-Storebaelt-undersea-rail-link.php>.

—, «Storebaelt: The Final Chapters», *TunnelTalk*, mayo de 1995. <https://www.tunneltalk.com/Denmark-May1995-Storebaelt-the-final-chapters.php>.

WARD, William A., «Cost-Benefit Analysis: Theory Versus Practice at the World Bank, 1960 to 2015», *Journal of Benefit-Cost Analysis*, vol. 10, n.° 1 (2019), pp. 124-144.

WEBB, James, *Space-Age Management: The Large-Scale Approach*, Nueva York, McGraw-Hill, 1969.

WEICK, Mario, y Ana GUINOTE, «When Subjective Experiences Matter: Power Increases Reliance on the Ease of Retrieval», *Journal of Personality and Social Psychology*, vol. 94, n.° 6 (2008), pp. 956-970.

WEINSTEIN, Neil D., Stephen E. MARCUS, y Richard P. MOSER, «Smokers' Unrealistic Optimism About Their Risk», *Tobacco Control*, vol. 14, n.° 1 (2005), pp. 55-59.

WEINTRAUB, Seth, «Tesla Gigafactory Tour Roundup and Tidbits: "This Is the Coolest Factory in the World"», *Electrek*, 28 de julio de 2016. <https://electrek.co/2016/07/28/tesla-gigafactory-tour-roundup-and-tidbits-this-is-the-coolest-factory-ever/>.

WEINZIERL, Matthew C., Kylie LUCAS, y Mehak SARANG, *SpaceX, Economies of Scale, and a Revolution in Space Access*, Boston, Harvard Business School, 2021.

WEST, Geoffrey, *Scale: The Universal Laws of Life and Death in Organisms, Cities, and Companies*, Londres, Weidenfeld and Nicolson, 2017.

WHALEY, Sean, «Tesla Officials Show Off Progress at Gigafactory in Northern Nevada», *Las Vegas Review-Journal*, 20 de marzo de 2016.

WILLIAMS, Terry M., y Knut SAMSET, «Issues in Front-End Decision Making on Projects», *Project Management Journal*, vol. 41, n.º 2 (2010), pp. 38-49.

—, Knut SAMSET, y Kjell SUNNEVÅG, eds., *Making Essential Choices with Scant Information: Front-End Decision Making in Major Projects*, Londres, Palgrave Macmillan, 2009.

WILLIAMS, Walter, *Honest Numbers and Democracy*, Washington, DC, Georgetown University Press, 1998.

WILLIS, Carol, *Form Follows Finance: Skyscrapers and Skylines in New York and Chicago*, Nueva York, Princeton Architectural Press, 1995.

—, ed., *Building the Empire State Building*, Nueva York, Norton Architecture, 1998.

WILSON, Michael, «Study Finds Steady Overruns in Public Projects», *The New York Times*, 11 de julio de 2002.

WILSON, Timothy D., Christopher E. HOUSTON, Kathryn M. ETLING, y Nancy BREKKE, «A New Look at Anchoring Effects: Basic Anchoring and Its Antecedents», *Journal of Experimental Psychology: General*, vol. 125, n.º 4 (1996), pp. 387-402.

WINCH, Graham M., *Managing Construction Projects: An Information Processing Approach*, 2.ª ed., Oxford (Reino Unido), Wiley-Blackwell, 2010.

WOO, Andrea, «Nearly 600 People Died in BC Summer Heat Wave, Vast Majority Seniors: Coroner», *The Globe and Mail*, 1 de noviembre de 2021.

WORLD BANK, *Cost-Benefit Analysis in World Bank Projects*, Washington, DC, World Bank, 2010.

WORLD HEALTH ORGANIZATION (WHO), «Climate Change». <https://www.who.int/health-topics/climate-change#tab=tab_1>.

World Nuclear News, «Japanese Government Says Monju Will Be Scrapped», 22 de diciembre de 2016. <https://www.world-nuclear-news.org/NP-Japanese-government-says-Monju-will-be-scrapped-2212164.html>.

Young, H. Kwak, John Waleski, Dana Sleeper, y Hessam Sadatsafavi, «What Can We Learn from the Hoover Dam Project That Influenced Modern Project Management?», *International Journal of Project Management*, vol. 32, n.º 2 (2014), pp. 256-264.

Zimbalist, Andrew, *Circus Maximus: The Economic Gamble Behind Hosting the Olympics and the World Cup*, 3.ª ed., Washington, DC, Brookings Institution, 2020. [Hay trad. cast.: *Circus maximus: el negocio económico detrás de la organización de los Juegos Olímpicos y la Copa del Mundo*, Tres Cantos, Akal, 2016].

Zou, Patrick X., Guomin Zhang, y Jiayuan Wang, «Understanding the Key Risks in Construction Projects in China», *International Journal of Project Management*, vol. 25, n.º 6 (2007), pp. 601-614.

Índice temático

McLean, Malcolm, 207
Mead, Margaret, 135
medios y fines, confusión de, 74
megaproyectos, 14, 22, 23, 65, 126, 129
  acabar con el hambre en el mundo como, 211
  aeropuertos, 29, 180, *209*
  ajustes y, 131, 133, 137, 138, 139, 140, 144, 275 n.
  anclaje y, 131-134, 139-140, 155, 158, 270 n., 275 n.
  distribución de cola gruesa y, 32, 147, 148, 149, 150, 190, 191, 193, 208, 210, 227, 276 n.
  distribución normal y, 27-28, 147, 148, 252
  equipos y, 94, 113, 125, 179, 185, 193, 207, 224, 240, 284 n.
  escalada del compromiso en, 61-62, 258 n.
  estimaciones y, 12, 23, 53, 55, 57, 58, 60, 89, 128, 131-132, 133, 140
  experiencia y, *véase* experiencia
  gestión de, 207, 241
  heurísticas para un mejor liderazgo, 223-224, 291 n., 292 n.
  Lego y, 194, 198, 199, 200, 201, 203, 204-208, 219, 222, 225, 287 n.
  ley de hierro de los, 25
  mitigación de riesgos y, 154
  modularidad y, 40, 192, 198, 199, 202, 204, 205, 206, 209, 219, 222, 286 n.
  pensar de derecha a izquierda, 66-84
  piensa despacio, actúa rápido y, 19, 20-41, 42, 89, 95, 150, 176, 223
  planificación y, *véase también* Pixar, planificación; planificación; planificación falacia de la
  planificadores de, 48
  plazos y, *véase* plazos/calendarios
  previsión de clase de referencia (RCF) y, 139, 141, 148, 149, 153, 155, 156, 158, 181, 272 n.
  previsión y, 40, 49, 55, 57, 126, 128, 130-134, 136-141, 143, 148, 149, 153, 155-156, 177, 181, 190, 193, 226, 272 n.
  producción de películas, 40, 59, 66, 95, 102, 105
  proyectos de tecnología de la infor-

mación (IT), 24, 28, 30, 111, 169, 210, 252
  proyectos ferroviarios, 23, 150, 155
  renovaciones de viviendas y cocinas, 31
  sesgo de singularidad y, 112, 135, 138, 141, 142, 147, 153, 264 n.
  sobrecostes de, 24, 27, 28-29, 35, 47, 63, 86, 113, 115, 117, 122, 134, 137, 173, 209, 230, 250 n., 252 n., 266 n., 267 n., 269 n.
  superación de presupuestos, 23, 49, 57, 89, 111, 168, 206, 217, 254 n., 273 n.
  túneles, 20, 21, 23, 29, 113, 156, 170, 180, 190, 207, *210*, *232*, 287 n.
  vista exterior (exactitud) y, 135, 136-139, 145, 153, 154, 226
  vista interior (detalle) y, 135-136, 145
meteorológicos extremos, fenómenos, 215
metro, líneas de, 40, 191, 225
México, ciudad de, 36
Microsoft, 201
Miller, Diane Disney, 268
minería, 24, *210*, *232*
mínimo producto viable, modelo del, 105
modelos, 37, 92, 99, 124, 130
modularidad, 40, 192, 198, 199, 202, 204, 205, 206, 209, 219, 222, 286 n.
molinos, 209
Møller, Arnold Maersk Mc-Kinney, 35
Monju, central nuclear de, Japón, 192-196, 217
Montreal, Juegos Olímpicos de (1976), 115, 117, 149
Montreal Gazette, 118
Moses, Robert, 79, 129
muestreo, 27, 277
Museo de Arte Moderno, Nueva York, 163
Museo Nacional de Qatar, 175
Musk, Elon, 205

NASA (National Aeronautics and Space Administration), 29, 104, 206
Nepal, proyecto de escuelas en, 13, 14, 16, 150, 196, 197, 198, 200, 285 n.
New York Review of Books, The, 164
New York Times, The, 23, 36

presa hidroeléctrica a pequeña escala, 179, 204, 205
presas, 16, 24, 29, 148, 170, 178-179, 190, 194, 204, 205, 210, *210*
presupuestos, superación de, 23, 49, 57, 89, 111, 168, 206, 217, 254 n., 273 n.
previsión, 40, 49, 55, 57, 126, 128, 130-134, 136-141, 143, 148, 149, 153, 155-156, 177, 181, 190, 193, 226, 272 n.
previsión de clase de referencia (RCF), 139, 141, 148, 149, 153, 155, 156, 158, 181, 272 n.
«Principle of the Hiding Hand, The» (Hirschman), 164-165
Pritzker de Arquitectura, Premio, 56, 262
probabilidad, teoría de la, 251 n.
Proyecto Digital, 263 n.
proyectos anteriores, 112, 143, 177
proyectos de cola gruesa, 288 n.
proyectos pasados, 144
pruebas, 27, 50, 56, 88, 94, 103, 104, 105, 121, 125, 139, 150, 156, 171, 193, 244, 258, 277
psicología, 45, 47, 48, 49-50, 62, 63, 74, 131, 132, 140, 229, 259 n.
y poder, 15-16
puentes, 20, 22, 23, 29, 146, 170, *210*, 228
Pulitzer, Premio, 129, 130

R. J. Reynolds Tobacco Company, 119
rapidez, 17, 18, 19, 32, 35-36, 119, 155, 176, 177, 197, 202, 212
rascacielos, 15, 16, 17, 18, 25, 43, 44, 73, 104, 119, 127, 172, 178, 194, 224
Raskob, John J., 16, 17
Reed, Lou, 163
referencia, clase de, 134, 135, 139-141, 143, 145, 148, 149, 152-153, 155, 156, 157, 158, 181, 226, 275 n.
regresión a la cola, 147-149, 276 n., 277 n., 278 n.
regresión a la media, 27, 147, 148, 276 n., 277 n., 278 n.
Reino Unido, 24, 152, 180, 181, 188, 203, 211, 248 n., 272 n.
renovaciones de viviendas y cocinas, 31
ResearchGate, 233
reversibilidad, 56
Reynolds Building, Winston-Salem, North Carolina, 119

Ries, Eric, 103-104
riesgo, mitigación del, 154
riesgo en los costes, 230-231
riqueza, 28, 32
per cápita, 251 n.
Robinson, John B., 75
Rolling Stones, 163
romper-arreglar, ciclo, 46
Roosevelt, Eleanor, 131
Roosevelt, Franklin Delano, 42, 44, 46, 63, 131, 152
Rountree, Stephen, 267 n.
Rumsfeld, Donald, 137, 140

San Francisco, 11, 12, 57
San Francisco Chronicle, 57
satélites, 191, 206, 225
Schelling, Friedrich von, 114
Sears Modern Homes, 202-203, 286 n.
Seattle, en Washington, 113, 114
seguridad psicológica, 188, 284 n.
sequías, 215
Serra, Richard, 86
Servicio Nacional de Salud del Reino Unido, 24
sesgos
anclaje, 131-134, 139-140, 155, 158, 270 n., 275 n.
cognitivo, 100, 142, 254 n.
contra el pensamiento, 55-56
de comportamiento, 112
de disponibilidad, 56, 257 n.
de optimismo, 171, 220, 256 n.
escalada del compromiso, 61-62, 258 n.
exceso de confianza, 49
falacia de la planificación, 52
falacia de la planificación omnipresente, 53
ignorancia de la tasa base, 230
poder, 253 n.
singularidad, 112, 135, 138, 141, 142, 147, 153, 264 n.
supervivencia, 169
tergiversación estratégica, 47-48, 56-58, 134, 140, 253 n., 254 n., 255 n.
Shreve, Richmond, 18-19
Shultz, George, 100
Sídney, Ópera de, Australia, 72, 73, 85, 86, 88, 89, 100, 107, 108, 122, 167, 168, 170, 172, 173, 260, 262, 269, 281 n.
747, avión, 16

Silicon Valley, 11, 76, 100, 102, 103, 105, 198, 221
Simpson, Los, serie de televisión, 94, 174
simulación digital, 92, 94, 181
simulaciones, 39, 51, 87, 92, 94, 181
singularidad, sesgo de, 112, 135, 138, 141, 142, 147, 153, 264 n.
Sleesman, Dustin J., 258 n.
Smith, Al, 16-17
Smith, Patti, 162
SMS, aplicación de mensajes de texto, 16
SNCF, Francia, 109
sobrecostes, 24, 27, 28-29, 35, 47, 63, 86, 113, 115, 117, 122, 134, 137, 173, 209, 230, 250 n., 252 n., 266 n., 267 n., 269 n.
véase también presupuestos
Social Science Research Network (SSRN), 233
Solomon R. Guggenheim, Fundación, 72
Somervell, Brehon B., 42, 43-45, 46, 51-52, 62-64, 67
Sonning, Premio, 262
Soul, película, 95
SpaceX, 205
Spielberg, Steven: *Tiburón,* 166, 168
Staats, Bradley, 56
Stanovich, Keith, 50
Starrett Brothers y Eken, 119
Staw, Barry M., 258
Stone, Brad, 79
Storyk, John, 159, 160-161, 163, 167, 175-176
Sudáfrica, 139
Suecia, 146, 147, 211
Suez, Canal de, 33
Suiza, 25, 139
    edificio del Parlamento de, 175
Sunstein, Cass R., 52-53, 164, 167
supervivencia, sesgo de, 169
supervivencia del más apto, 198

Taillibert, Roger, 117-118
Taj Mahal, India, 85
Takemori, Tensho, 94
Taleb, Nassim Nicholas, 30
Tali, Sharot, 254 n.
Target, 30
tartas nupciales, 40, 191, 199, 225
tasas base del riesgo en los costes, 230-231, 232

tecnología, 11, 24, 28, 30, 66, 76, 100, 101, 105, 106, 111, 114, 115, 163, 169, 178, 195, 203, 204, 210, 214, 219, 221, 222, 227, 231, 252 n.
tecnología de la información (IT), proyectos de, 24, 28, 30, 111, 169, 210, 252 n.
    véase también proyectos específicos
tergiversación estratégica, 47-48, 56-58, 134, 140, 253 n., 254 n., 255 n.
Terminal 5 (T5), Heathrow, Reino Unido, 180, 201, 225
terremotos, 13, 150, 196, 197, 277 n., 278 n.
Tesla, 205
Theranos, 100, 105
Thompson, Louis, 39
Three-Mile Island, 146
Tiburón, película, 166, 167, 168, 170
toma de decisiones naturalista (NDM), 266 n.
Toy Story, película, 37, 95, 102
Toyota, 283 n.
trabajo hacia atrás, 77
Transbay, terminal, San Francisco, 57
transporte, proyectos de, 23, 24, 31, 39, 57, 133, 146, 205, 207, 208, 225
    véase también proyectos específicos
transporte marítimo, 207
Tren de Alta Velocidad de California, proyecto, 11, 14, 38-39, 62, 70, 109, 151, 217, 242
tsunamis, 150, 196
túnel de la ruta estatal 99 de Seattle, 113
túnel del Canal de la Mancha, 23
túneles, 20, 21, 29, 156, 170, 180, 190, 207, *210, 232,* 287 n.
Tversky, Amos, 48, 52, 132, 134, 135
Twain, Mark, 253 n.
Twitter, 105

U2, 163
UNESCO, 85
Unión Europea, 211
United Artists, 59-61
«uno de esos», 126, 134-136, 137, 154, 226
Up, película, 95
Utzon, Jan, 262
Utzon, Jørn, 91, 107, 172, 173
    arquitecto de un solo edificio, 172, 281 n.